Impressum

Katalog der Burgenländischen Landesausstellung 2000
= Burgenländische Forschungen, Sonderband XXIII

Eisenstadt 2000

Medieninhaber (Herausgeber und Verleger):
Amt der Burgenländischen Landesregierung
Abteilung 7 - Kultur, Wissenschaft und Archiv, Hauptreferat: Landesarchiv und Landesbibliothek
A 7001 Eisenstadt, Europaplatz 1
Hauptreferatsleiter: W. Hofrat Dr. Roland Widder

Hauptredaktion: Dr. Wolfgang Vogt, Hamburg
Text-Redaktion: Ortrun Venth, Wilhelm Nolte
Bild-Redaktion: Dr. Wolfgang Vogt

Layout und Satz: Falk Zirkel, Lübeck

Herstellung: Rötzer Druck GesmbH & Co. KG, Mattersburger Str. Nr. 25, A-7000 Eisenstadt

ISBN-Nr.:3-901517-20-0

Die Autoren der namentlich gekennzeichneten Beiträge vertreten persönlich deren Inhalte.

Krieg oder Frieden – Vom Kult der Gewalt zur Kultur des Friedens

8. Mai – 5. November 2000

Burg Schlaining, Stadtschlaining/Burgenland

...Grußworte

This exhibition has a mission that is both timeless and timely. Spreading cultural knowledge is a timeless pursuit that encourages tolerance and appreciation for those different from ourselves. Art is uniquely positioned to be a vehicle for fostering peace through understanding, in that it is accessable to all. It is a universal language which can help to focus attention on the aims of the UN Charter: a world without war, respect for human rights, international law, and social and economic progress. This exhibition is also timely, as it contributes to the celebration of the International Year of a Culture of Peace. The more we know about each other, the more we will realize that our differences are something to be celebrated, rather than feared. For the first in what I am sure will be a fine tradition of exellent exhibitions, let me wish you all every success. I applaud the establishment of a European Museum for Peace, and welcome its addition to the great museums of the region. May we look forward to many wonderful exhibitions under its auspices.
Kofi Annan, Secretary General of UNO

This exhibition aptly illustrates UNESCO's approach to that terrible dichotomy on which human well-being hangs: "Peace or War". The words of peace, the search for tolerance, the determined effort to place education, science, culture and communication at the service of the personal fulfilment of every human being and at the service of social development - this is the way to counter violence and militarism. I thank the organisers for this valuable contribution to the International Year for the Culture of Peace.
Koïchiro Matsuura, Director-General of UNESCO

Frieden - das ist viel mehr als «Nicht-Krieg». Natürlich ist die Abwesenheit gewaltsamer Konfliktlösung eine Voraussetzung für eine friedliche Gesellschaft. Eine friedliche Gesellschaft ist aber darüber hinaus eine, die gelernt hat, Konflikte zu erkennen und mit ihnen konstruktiv umzugehen.Die Landesausstellung zeigt in beeindruckender Weise, wie und wo in unseren Gesellschaften Konflikte entstehen und bestehen - Kriegsgewalt ist nur ein Aspekt, wenngleich ein besonders grausamer, der sehr langfristige materielle, soziale und seelische Folgen hinterlässt. Gewalt begegnet uns aber allenthalben im täglichen Leben, oft so selbstverständlich, dass wir sie unerkannt oder unbewusst akzeptieren. Das gilt für den Umgang der Bürger miteinander ebenso wie für unseren Umgang mit der Natur. Als Generalsekretär des Europarates, der das friedliche Zusammenwachsen Europas bei gegenseitigem Respekt für die Vielfalt unserer Kulturen, Sprachen und Religionen zum Ziel hat, begrüße ich die Initiative des Friedenszentrums Burg Schlaining für das Friedensmuseum und die Landesausstellung. Sie können einen wesentlichen Beitrag zur politischen Bildung leisten und besonders junge Menschen in eine Gesellschaft ohne Gewalt und eine Zukunft ohne Krieg führen.
Dr. Walter Schwimmer, Generalsekretär des Europarates

Ihre Fratze zeigen Hass und Krieg auf jede Weise: im Gesellschaftlichen wie im Privaten, im Problemkreis der Menschenrechte, in der unterschiedlichsten Gestalt von Fremdenfeindlichkeit, in Ausgrenzungen aller Art, in bestimmten Formen des Wirtschaftens und auch im schonungslosen Umgang mit der Natur. Aber dem Menschen ist grundsätzlich die Kraft gegeben, um zu lernen. Europa ist nur ein kleiner Teil der Welt, aber es ist jener Teil, für den wir - und zwar jeder Einzelne von uns - unmittelbar Verantwortung tragen. Also müssen wir Europäer lernen. Die Zukunft ist eine noch größere Verantwortung als die Gegenwart. Es geht um die nachwachsenden Generationen, denen wir äußerlich eine heile Welt und innerlich Maßstäbe zu vermitteln haben, die sie in der Abwehr der dunklen Mächte in ihnen selbst festigen. Wenn Kultur und Erziehung der Firnis sind, um das Menschliche im Menschen zu stärken, so haben wir jeden Grund, unsere Anstrengungen in Europa nachhaltig darauf zu konzentrieren. Der Beitrag des Europäischen Museums für Frieden liegt in unser aller Interesse. Ich wünsche ihm für diese ebenso zentrale wie lohnende Aufgabe jede nur denkbare Unterstützung und allen Erfolg.
Viviane Reding, EU-Kommissarin für Kultur und Bildung

Heraklit konnte noch sagen: "Der Krieg ist der Vater aller Dinge." Nach den beiden großen Kriegen in dem zu Ende gegangenen 20. Jahrhundert und den jüngsten Erfahrungen mit dem schrecklichen Kriegs- und Konfliktgeschehen auf dem Balkan sollten wir den "Krieg" endgültig aus unserem Vokabular und politischen Repertoire streichen und im Sinne einer von UNO und UNESCO im Jahr 2000 geforderten "Kultur des Friedens" mit allen Kräften dem Frieden eine Stimme geben. Ich freue mich vor diesem geistig-politischen Hintergrund außerordentlich, dass es dem "Österreichischen Studienzentrum für Frieden und Konfliktlösung" in Stadtschlaining gelungen ist, seine erfolgreiche Friedensarbeit mit der Burgenländischen Landesausstellung 2000 "Krieg oder Frieden" zu krönen. Und ich empfinde es als interessante Konzeption, dass damit auch der große Plan eines "Friedensmuseums" realisiert werden kann, in dem der Begriff "Friede" nicht isoliert gesehen oder als "Abwesenheit von Krieg" definiert, sondern in seinen konkreten und spannungsreichen Wechselbezügen dargestellt wird. Auf diese Weise kann ein wichtiger Beitrag zu einer "Kultur des Friedens" geleistet werden, die sich bewusst um Gerechtigkeit und Vertrauen, Toleranz und Offenheit bemüht und die Lösung bestehender Gegensätze im ehrlichen Dialog sucht.
Thomas Klestil, , Bundespräsident der Bundesrepublik Österreich

Man muss dem Gedanken zum Durchbruch verhelfen, dass Krieg und Friede nicht zwei Seiten derselben Medaille sind und dass sich die Kultur des Friedens vom Kult der Gewalt und des Krieges ganz grundlegend unterscheidet. Der Gedanke, dass derjenige, der den Frieden will, den Krieg vorbereiten muss, akzeptiert unausgesprochen das Recht des Stärkeren und geht davon aus, dass eben auch der Friede nur durch Einsatz oder Androhung von Gewalt gesichert werden kann. Das heißt aber in letzter Konsequenz: Stärke geht vor Recht bzw. - auf Aktuelles Bezug nehmend - die NATO steht über dem Völkerrecht. Die Kultur des Friedens akzeptiert nicht das Recht des Stärkeren als ultimatives Entscheidungskriterium, sondern stellt das «Recht des Rechtes» über das Recht des Stärkeren.Die Kultur des Friedens wird sich aber nicht von selbst entwickeln, sie muss in die Köpfe und Herzen der Menschen gepflanzt werden, sie muss wachsen können, sie muss gefördert werden, sie muss vorgelebt werden und sie muss letztendlich auch im internationalen Recht stärker verankert werden. Ich wünsche dieser Ausstellung, dass sie in der Lage ist, einen Beitrag zur Annäherung an dieses große und für das Überleben der Menschen wichtige Ziel zu leisten.
Dr. Heinz Fischer, Präsident des Nationalrates

Nach einem Jahrtausend voll Blut und Schrecken - wann geht der alte Menschheitstraum nach ewigem Frieden endlich in Erfüllung?
Die Änderung von Grundeinstellungen, die ständige (wissenschaftliche) Arbeit über die Ursachen von Konflikten und Kriegen und die Grundlagen für wahrhaften Frieden in allen Bereichen und die Vermittlung einer glaubwürdigen Friedensbotschaft an breiteste Bevölkerungskreise - das kann und wird die Landesausstellung und das Friedensmuseum überzeugend leisten. Also wird sich die Friedenstaube in die alte Ritterburg Schlaining dauerhaft einnisten.
Dr.Dr. Erwin Schranz, Landtagspräsident von Burgenland

Die Grundvoraussetzungen für eine "Kultur des Friedens": soziale Sicherheit und Gerechtigkeit. Und ständige Gesprächsbereitschaft - auch und gerade dann, wenn es Mühe kostet, sie aufrecht zu erhalten.
Karl Stix, Landeshauptmann von Burgenland

"Wollen wir in Frieden leben, muss der Friede aus uns selbst kommen." Dieses Zitat von Jean Jaques Rousseau sagt im Grunde aus, was für Frieden notwendig ist: Toleranz, Solidarität, Rücksichtnahme auf die Interessen der anderen und Hilfe für jene, die sie brauchen.
Dipl. Ing. Gerhard Jellasitz, Landeshauptmann-Stellvertreter

Die Burgenländische Landesausstellung 2000 "Vom Kult der Gewalt zur Kultur des Friedens" ist ein besonderes Ereignis in der österreichischen Ausstellungslandschaft. Sie dokumentiert anschaulich, dass Frieden als umfassender kultureller Wert zu verstehen ist und dass Verhaltensweisen und Qualifikationen- wie Respekt vor allen Formen des Lebens, Gewaltfreiheit, Dialogfähigkeit, Solidarität und Umweltbewusstsein wesentliche Elemente zur Erhaltung des Friedens sind. Bildung vermittelt diese Werte schon seit langem. Politische Bildung, Erziehung zu Frieden, Menschenrechten und Demokratie und globales Lernen widmen sich dieser Aufgabe im Besonderen. Diese Ausstellung, in der die Grundlagen und Ursachen für Krieg und Frieden unter den verschiedensten Blickwinkeln sichtbar und greifbar gemacht werden, bildet einen wertvollen Baustein für diese Erziehungsarbeit.
Elisabeth Gehrer, Bundesministerin für Unterricht und kulturelle Angelegenheiten

Inh

alt

...zur Idee

Wie eine Burg für den Frieden nutzen?

"Da Kriege in den Köpfen der Menschen entstehen, muss auch der Friede in den Köpfen der Menschen befestigt werden."
UNESCO Präambel

Die Idee des Schlaininger Friedensprojektes entstand am Höhepunkt des Kalten Krieges. Damals träumten die Initiatoren von einem "Center of Encounter", das zum Abbau von Konflikten, insbesondere des Ost-West-Konfliktes beitragen soll, von einer Friedensuniversität und eben auch von einem Friedensmuseum. Stadtschlaining, der kleine burgenländische Ort nahe am Eisernen Vorhang, bot sich mit seiner Burg hierfür an. Ein pikantes Detail am Rande: Der bekannte deutsche Soziologe Helmut Schelsky schrieb in Stadtschlaining seine Thesen gegen Friedensforschung, aber er begrüßte die Belebung der Burg. Doch es waren nur wenige, die an die Verwirklichung dieser kleinen Utopie von einem Friedenszentrum Schlaining glaubten. Rückblickend kann man aber jene gut verstehen, die an der Verwirklichung dieses Traumes gezweifelt haben, weil zu seiner Umsetzung außer Engagement alle Voraussetzungen (Erfahrung, Kenntnisse, politische Macht, Rückhalt einer politischen Partei) fehlten und auch die Stadt Schlaining nicht über die ideale Lage und die erforderliche Infrastruktur für ein internationales Seminar- und Konferenzzentrum verfügte. Mit viel Engagement, Beharrlichkeit und viel Glück wurde der Schlaininger Traum dennoch Wirklichkeit: Aufbau einer einzigartigen Infrastruktur (2 Hotels, 1 Konferenzsaal, 17 Seminarräume), Friedensuniversität, Friedensbibliothek und die Ausbildungsstätte für Peace Building Aktivitäten. Dieser erfolgreiche Aufbau hat das Schlaininger Team motiviert und ermutigt, die Verwirklichung des letzten Stückes seines Traumes in Angriff zu nehmen und sich auf ein neues Abenteuer, sprich die Errichtung eines Europäischen Museums für Frieden, einzulassen. Die Landesausstellung "Krieg oder Frieden – Vom Kult der Gewalt zur Kultur des Friedens" ist der entscheidende Schritt auf dem Weg zu diesem Ziel, das den krönenden Abschluss des Schlaininger Friedensprojektes bilden soll.

Die Landesausstellung bereitet das Europäische Museum für Frieden vor.

Anders als bei der Institutsgründung konnte bei den Vorarbeiten für die Landesausstellung auf die Erfahrungen langjähriger Friedensforschung und vor allem auf die wissenschaftlichen Erkenntnisse des 10-bändigen Forschungsprojektes "Friedensmacht Europa?" zurückgegriffen werden, dessen 6. Band heuer erscheint. Gerade deshalb war und ist allen Verantwortlichen bewusst, wie schwer es ist, Frieden zum Gegenstand einer Ausstellung bzw. eines Museums zu machen.
Friedensforschung geht von einem umfassenden Friedensbegriff aus, wobei die verschiedenen Dimensionen (Politik, Militär, Ökonomie, Ökologie, sowie Kultur und Kommunikation) nicht in einem additiven, sondern in einem komplexen Zusammenhang stehen. Frieden ist mehr als die Abwesenheit von Gewalt, aber Krieg, Gewalt und Konflikt gehören zu den korrespondierenden Grundkategorien eines umfassenden Friedensbegriffes. Eine Friedensausstellung, ein Friedensmuseum hat sich daher mit der Ganzheit der gesellschaftlichen Entwicklung von Kultur und Frieden interdisziplinär auseinanderzusetzen. Die Schwierigkeit, die in dieser Aufgabenstellung liegt, war und ist allen bewusst, die damit befasst sind. Die Landesausstellung kann daher nur ein unvollkommener Versuch sein,

schrittweise ein solches Laboratorium für Friedenspolitik aufzubauen, mit dem wir zeigen wollen, dass Frieden trotz aller gegenläufigen Entwicklungen im 21. Jahrhundert eine Chance hat, wenn diese von der Politik und insbesondere von einer gestärkten Zivilgesellschaft genützt wird.

Die meisten FriedensforscherInnen gehen mit Recht davon aus, dass Frieden ein Prozess ist und Friedensarbeit eine Sisyphusarbeit, die nie zu Ende geht. Das Gleiche gilt für eine Friedensausstellung, für ein Friedensmuseum, das diesen Prozess laufend dokumentieren und visualisieren muss: In Vergangenheit, Gegenwart und Zukunft. Eine Friedensausstellung, die auf ein künftiges Friedensmuseum ausgerichtet ist, braucht daher ein dynamisches Konzept, das sich an der Idee eines Museums in Bewegung orientiert, das die BesucherInnen einbindet und diese zur Mitarbeit und zu Friedensaktivitäten anregt. Mit diesen aktiven BesucherInnen der Ausstellung wollen wir in ein Zwiegespräch über die künftige Gestaltung eines Friedensmuseums treten.

Es ist kein Zufall, dass die Landesausstellung im Jahre 2000 eröffnet wird. UNO und UNESCO haben das Jahr 2000 zum Internationalen Jahr der Kultur des Friedens erklärt, sohin auf eine Zielsetzung ausgerichtet, welcher sich auch die Landesausstellung verpflichtet fühlt. Wir gehen daher in Übereinstimmung mit UNESCO und UNO davon aus, dass Frieden möglich ist und dass die Menschheit nicht zu ewigen Kriegen verdammt ist, auch wenn die Konflikte in einer globalisierten Welt eher zu- als abnehmen werden und die Dynamik zur Erzeugung neuer Konflikte (Umwelt) ungebrochen ist.

Es stimmt, die Menschen sind nicht friedlich. Die Menschen sind aber friedensfähig, wie die Geschichte und der Umstand zeigen, dass es möglich war, Frieden und Wohlstand in Teilen der Welt zu verwirklichen. Auf Dauer wird es aber keinen geteilten Frieden geben. Das Ziel einer Kultur des Friedens kann daher nur sein, bewaffnete Konflikte unnötig, undenkbar und unmöglich zu machen, so wie dies zwischen Burgenland und Niederösterreich, Deutschland und Frankreich sowie den USA und den EU-Ländern bereits der Fall ist. Frieden setzt aber nicht nur einen Bewusstseinsbildungsprozess voraus, es müssen auch die materielle Basis des Friedens und ein Minimum an Freiheit, an Menschenrechten gesichert sein. Der Sieg des kapitalistischen Systems wird die Friedensfähigkeit der Menschen nicht verunmöglichen, solange seine Dynamik nicht die Kluft zwischen Arm und Reich ins Unerträgliche steigert. Wir sind nicht am Ende der Geschichte angelangt, sondern es geht lediglich eine Geschichtsphilosophie zu Ende, die den überholten Anspruch erhob, den Sinn der Geschichte zu kennen. Daraus lässt sich aber nicht der Schluss ziehen, dass es nach dem Sieg des kapitalistischen Prinzips, der Freiheit über die Gleichheit, keine positiven historischen Zielsetzungen mehr geben könne. Postmoderne Beliebigkeit muss nicht unser Schicksal sein. Ist die Abschaffung der Institution Krieg nicht ein großes politisches Ziel? Vergleichbar mit der Ab-

Anja Nolte

schaffung der Sklaverei? Oder droht eine "Versklavung" der Dritte-Welt-Staaten und die "Versklavung" der reichen Staaten durch ein Leben wie aus Huxley's "Schöne Neue Welt"?

Vor ca. 4300 Jahren schrieb die sumerische Prinzessin Enheduanna das erste uns überlieferte Gedicht über den Geist des Krieges. In späteren Zeiten haben Männer nicht nur Gedichte gegen den Krieg und für den Frieden geschrieben, sondern vermehrt Lobpreisungen des Krieges. "Ist es denn Tollheit, so hat es doch Methode" (Shakespeare). Erst der Schrecken des Ersten Weltkrieges und die Atombomben auf Hiroshima und Nagasaki haben das Lob auf den Krieg allmählich verstummen lassen. Diese Entwicklung deckt sich mit der völkerrechtlichen Entwicklung, die mit der Haager Landkriegsordnung (1899), der Errichtung des Haager Schiedsgerichtshofes – die erste internationale Institution der Streitbeilegung – eingeleitet wurde. Völkerbund, Briand/Kellogg-Pakt, Gewaltverbot der UNO, Agenda for Peace, Internationaler Gerichtshof und Sicherheitscharta der OSCE zielen alle in die gleiche Richtung. Das Verbot des Angriffskrieges ist daher heute keine Illusion, sondern eine völkerrechtliche Realität. Daran ändert auch die Zunahme innerstaatlicher Konflikte nach 1989 nichts, welche die Legitimation zur Einmischung der Staatengemeinschaft in innerstaatliche Angelegenheiten schuf. Es stellt jedenfalls einen entscheidenden Fortschritt in der Menschheitsentwicklung dar, dass das Recht auf Krieg abgeschafft wurde und dass zumindest bei zwischenstaatlichen Kriegen ein großer Rückgang zu verzeichnen ist. Die Anwendung von Kriegsgewalt wird dadurch nicht nur für demokratische Regierungen unangenehm, schwierig und gefährlich. Die Völker sind das letzte Mal im Ersten Weltkrieg mit großer Begeisterung in den Krieg gezogen. Heute bedarf es besonderer Ausnahmesituationen (Falkland Inseln, Tschetschenien), um große Zustimmung für einen Krieg zu erhalten (wenig Blutvergießen für das eigene Volk), auch wenn es noch immer viel zu oft vorkommt, dass nationale Interessen, ethnisch-religiöse Konflikte, Menschenrechte und Terrorismusbekämpfung für Kriege und militärische Interventionen instrumentalisiert werden.

Das künftige Friedensmuseum braucht ein dynamisches Konzept.

Die Zeit der falschen Helden und Idealisten ist vorbei. Wer für abstrakte Ideen oder Prinzipien einen Krieg beginnt, ist kein Idealist, sondern ein Kriegsverbrecher.

Niemand kann vorhersagen, ob sich die friedensfördernden oder die friedensfeindlichen Tendenzen, ob sich die völkerrechtliche Realität gegenüber der machtpolitischen Realität durchsetzen wird. Wer aber ständig erklärt, dass es immer und ewig Krieg geben muss, trägt mit solchen Prophezeiungen nicht zur Sicherung des Friedens, sondern zur Fortsetzung des verantwortungslosen Wettrüstens und zur Vorbereitung neuer Kriege bei. Im Gegensatz dazu halten wir Frieden für machbar, denn "es gibt nichts, was die Zivilgesellschaft – unter Führung der Frauen – zusammen mit Regierungen nicht erreichen kann" (UNO-Generalsekretär Kofi Annan). Was wir erreichen müssen, ist ein Umdenken in der Sicherheitspolitik, apokalyptisches Denken und Heilsversprechen helfen nicht weiter. Wenn die Menschheit im 21. Jahrhundert überleben will, dann muss die Institution des Krieges schrittweise verschwinden. Friede ist ein Menschenrecht und die Landesausstellung will im Sinne des Friedensappells von Den Haag (1999) mithelfen, die Vision von einer

Kultur des Friedens wahr werden zu lassen. Nach dem Motto: "Peace is in our hand".
Die konkrete Konzeption für eine Friedensausstellung und ein Friedensmuseum ist mit der herkömmlichen Ausstellungs- und Museumskonzeption nicht zu vergleichen. Die Zielsetzung (Kultur des Friedens), die umfassende und komplexe Thematik, die große historische Zeitspanne und der Prozesscharakter von Frieden sowie die besonderen Anforderungen an eine dynamische und lebendige Friedensausstellung und deren Ausrichtung auf ein künftiges Friedensmuseum machen die Festlegung der Schwerpunkte, der vielen Einzelbereiche und die Auswahl der Exponate zu einer schwer zu bewältigenden Aufgabe, da sich Auswahl und Beschaffung der Exponate nicht zwingend aus der Thematik und den vorhandenen Museumsbeständen ergeben. Diese Grundproblematik, die räumlichen Gegebenheiten und die finanziellen Beschränkungen erfordern bei der Erstellung des Grundkonzeptes viel Kreativität. Die Objekte sollen die Neugier des Betrachters erwecken, also den Anforderungen einer "populären" Ausstellung entsprechen, gleichzeitig sollen sie interessierten Laien und Spezialisten etwas bieten. Trotz dieser Schwierigkeiten und der notwendigen subjektiven Auswahl haben wir uns bemüht, einen objektiven Beitrag zum Thema und zu den Zielen der Ausstellung zu leisten.
Wolfgang Vogt, wissenschaftlicher Leiter des Projektes, hat mit seinem überzeugenden Konzept "Frieden durch Zivilisierung" die Grundlagen für die Realisierung der Ausstellung und für ein künftiges Friedensmuseum geschaffen. Er hat nicht nur grundsätzliche Ideen und konkrete Vorstellungen zur Umsetzung des Konzepts entwickelt, sondern auch im Wesentlichen die Exponate beschafft. Mit großem Engagement hat er mit seinen Teams die schwierige Auswahlproblematik mit einer klaren Didaktik und dem Blick fürs Wesentliche sehr gut gelöst.
Erich Woschitz, der für die künstlerische Gestaltung und Inszenierung verantwortlich zeichnet, hat das wissenschaftliche Konzept in eine ästhetische Form gebracht, die dem schwierigen Thema Frieden künstlerischen Ausdruck verleiht.
Zu danken gilt es aber auch jenen, die durch ihre intensive Mitarbeit am Werden der Ausstellung beteiligt waren. Dazu zählen nicht nur Gerald Schlag von der Burgenländischen Landesregierung, Manfred Hainzl vom ÖSFK, die Teams aus Bremen, Linz, Tübingen und Wien sowie Frau Susanne Jalka, Frau Ellen Diederich, Frau Ortrun Venth und Herr Wilhelm Nolte, sondern auch jene viele anderen freiberuflichen ExpertInnen und MitarbeiterInnen, die zum Erfolg der Ausstellung beigetragen haben. Das Grafik-Design von Falk Zirkel unterstreicht eindrucksvoll die Themen der Ausstellung.
Die Landesausstellung ist ein großartiges Projekt, was die Zielsetzung betrifft, aber ein bescheidenes Projekt, was die finanziellen Mittel anbelangt, die von der Burgenländischen Landesregierung zur Verfügung gestellt werden konnten. Daher ist es uns ein besonderes Anliegen, allen Förderern, Sponsoren, Leihgebern und Kooperationspartnern zu danken, die durch finanzielle Unterstützung, Leihgaben, Sachspenden, Beratung und persönliche Mitarbeit dazu beigetragen haben, dass die Landesausstellung in ihrer umfassenden Konzeption im vorgegebenen finanziellen Rahmen (S 13 Millionen) durchgeführt werden konnte.

Helmut Bieler
Kulturreferent der
Burgenländischen
Landesregierung

Gerald Mader
Präsident des ÖSFK

...Frieden als Projekt

Wie wird eine Vision zur Ausstellung?

"Krieg oder Frieden" – diese existenzielle und komplizierte Frage hat die Menschheit von Anbeginn beschäftigt. Sie hat nie an Aktualität verloren. Im Gegenteil – mit Beginn des dritten Jahrtausends hat ihre Dringlichkeit zugenommen. Zwar sind nach dem Zweiten Weltkrieg die zwischenstaatlichen Kriege weniger geworden, aber die Zahl der Bürgerkriege, der innerstaatlichen Antiregimekriege ist gestiegen. Selbst in Europa ist die Anwendung von Kriegsgewalt zur Durchsetzung politischer, ökonomischer, kultureller, ethnischer und religiöser Interessen noch keineswegs überwunden – wie die kriegerischen Auseinandersetzungen auf dem Balkan beweisen. Frieden ist in vielen Regionen der Welt fern.
So stellt sich die grundsätzliche Frage, ob wir Menschen durch unsere Prägungen und Erfahrungen auch in der Zukunft zu Kriegen verdammt sind oder ob wir in der Lage sind, verlässliche Sicherheit und dauerhaften Frieden in Europa zu entwickeln und darüber hinaus in der Welt zu fördern.
Wir sind der Meinung, dass es dringend an der Zeit ist, einen Perspektiven- und Paradigmenwechsel herbeizuführen. Das Ziel hierfür muss heißen: "Vom Kult der Gewalt zur Kultur des Friedens".
Genau dieser großen zukunftsweisenden Herausforderung stellen sich die Burgenländische Landesausstellung 2000 und das daraus entstehende Europäische Museum für Frieden – ganz im Sinne des UNESCO-Programms "Culture of Peace".
Dahinter steht nicht nur ein fundiertes, komplexes friedenstheoretisches Konzept, sondern auch die optimistische Überzeugung, dass der Mensch nicht von Natur aus böse ist, sondern durchaus friedensfähig, und dass Kriege nicht zum Dasein gehören, nur weil es sie schon immer gegeben hat.

Zu den Absichten und Zielen

Dem Frieden wurde bislang im Vergleich zur (Kriegs-)Gewalt sowohl in den Medien als auch in der Forschung viel zu wenig Aufmerksamkeit geschenkt. Wir wissen und reden in der Regel viel intensiver über die Ursachen, Folgen und Dynamiken der (Kriegs-)Gewalt als über die des Friedens. Krieg ist aufregend – Frieden langweilig, so die herkömmliche, verbreitete Meinung. Dieses schiefe Bild vom Frieden braucht einen Erkenntnis- und Vorstellungswandel: unter Erwachsenen, Jugendlichen und Kindern. Damit sie die Muster des Krieges und seine unbilligen Rechtfertigungen aus den Köpfen bekommen oder gar nicht erst in sie hineinnehmen und sich für die Zukunft "rüsten", aber nicht mit Rüstung, sondern mit Friedensstrategien.

Hierzu beizutragen, haben sich die Landesausstellung und das Friedensmuseum zur Aufgabe gemacht. Dies war ein entscheidender Leitgedanke bei der Konkretisierung und Umsetzung des wissenschaftlichen Konzepts. Die Absichten und Ziele sind im Einzelnen:
Wir wollen die Geschichte des Friedens erzählen und aus den langen Schatten der Kriegsgeschichte und ihrer Heldenverehrung heraustreten. Dabei soll der Frieden erfahrbar und mit allen Sinnen erlebbar gemacht werden. Frieden soll nicht nur vom Kopf her verstanden werden, sondern sich emotional festsetzen und zur bestimmenden Identifikation werden.
Den Krieg als schlimmste Barbarei zu entlarven und ihn in Frage zu stellen, kann Konflikte und Krisen nicht aus der Welt schaffen. Es kann aber Impulse geben, erlernte Denk- und Handlungsschemata verändern und bewusst machen, dass Kriege als Mittel der Konfliktaustragung nicht "naturgegeben" sind, sondern politisch geplant

und oft sozio-kulturell, ökonomisch oder ökologisch bedingt und damit vermeidbar.
Wir wollen die BesucherInnen für den Frieden gewinnen, sie zum Frieden aktivieren. Dafür werden wir keine fertigen Rezepte anbieten und auch kein idealisiertes Bild vom Frieden zeichnen. Vielmehr wird Frieden in vielerlei Brechungen und Widersprüchen vorgestellt und als ein lebendiger Prozess begriffen, der immer wieder gefährdet ist und deshalb der ständigen Unterstützung jedes Einzelnen bedarf. Frieden ist nichts Selbstverständliches, sondern muss permanent aktiv gestaltet werden: mit Verstand und mit Gefühl, durch Information, Aufklärung und persönlichen Einsatz.

Wir wollen Frieden erfahrbar und mit allen Sinnen erlebbar machen.

Insgesamt wollen wir die Ausstellung und das künftige Friedensmuseum zu einem lebendigen, interaktiven Forum machen. Es soll einer breiten Öffentlichkeit – angefangen bei Schulkindern – bewusst machen, dass Kriege ein obsoletes, verbrecherisches und untaugliches Mittel sind, Konflikte auszutragen, und "nie wieder" ultima ratio sein dürfen. Die Politik – und das sind wir als Bürger unserer Demokratien letztlich alle – muss alles in ihren Möglichkeiten Stehende versuchen, eine nachhaltige Friedensgestaltung voranzubringen – durch vorbeugende Gewaltvermeidung und zivile Konfliktbearbeitung.

Wir wollen darüber hinaus innovative Impulse für eine friedenspolitische, zivilorientierte Ausrichtung der geplanten gemeinsamen Außen- und Sicherheitspolitik des vereinten Europas geben. Dabei können die friedenspolitischen Ansätze der österreichischen Außen- und Sicherheitspolitik mit den positiven historischen Erfahrungen der Neutralitätspolitik und den erfolgreichen Aktionen der "guten Dienste" für die UN/OSZE als konstruktive Mitgift in den Prozess der (gesamt-)europäischen Integration eingebracht werden.
Mit der Burgenländischen Landesausstellung 2000 soll die Um- und Aufbruchstimmung im Millenniums-Jahr genutzt werden, den historischen Wandel vom Kult der Gewalt zu einer Kultur des Friedens zu fördern. Die Besucherinnen und Besucher können diese zukunftsweisende Entwicklung mitgestalten.

Zum Konzept

Landesausstellung und Friedensmuseum sind politisch eingebunden in übergreifende Programme der Kultur- und Friedensförderung (UNESCO, EU); sie schweben auch theoretisch nicht in einem freien Raum. Die Struktur der Abteilungen, die Auswahl und Zusammenstellung von Themen und Objekten sind nicht beliebig. Form und Inhalte orientieren sich an einer kritisch-reflexiven Zivilisierungstheorie, dem Modell "Frieden durch Zivilisierung". Zivilisierung bezeichnet hier die bewusste Aggressionsbeherrschung und Gewaltreduzierung durch Individuen, Gruppen oder Gesellschaften mit Hilfe gewaltfreier/-armer Strategien ziviler Konfliktbearbeitung. Ihr Ziel ist es, die Bedingungen für eine nachhaltige Friedensmodellierung herzustellen und zu fördern. Dieser Ansatz hat sich schon bei der Konzipierung und Realisierung des ÖSFK-Forschungsprojekts "Zivilmacht Europa" als äußerst praktikabel bewährt, insofern es alle wesentlichen Aspekte zu integrieren vermag. In diesem Langzeitprojekt untersuchen mehr als 200 europäische Friedens-, Konflikt- und GewaltforscherInnen die Prinzipien, Voraussetzungen

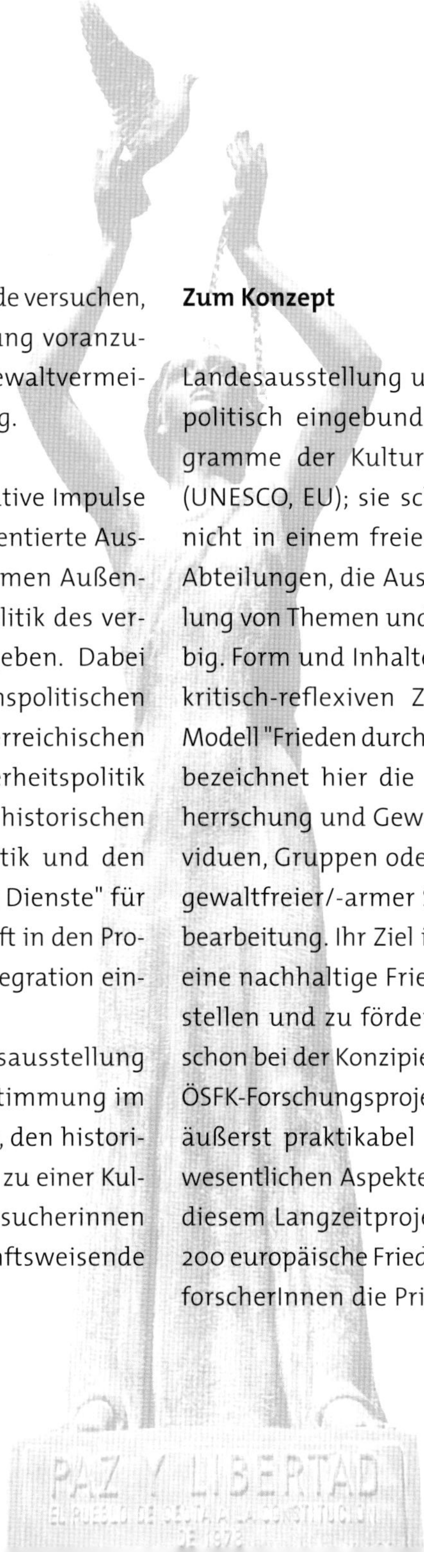

und Techniken nicht-militärischer, ziviler Konfliktbearbeitung und Friedensgestaltung. Die Ansätze und Visionen der Forschungsreihe "Zivilmacht Europa" werden nun in direkter Linie in Ausstellung und Museum fortgeführt, konkretisiert und sichtbar gemacht.
Aus dem theoretischen Rahmenkonzept wurde das Ausstellungs-Konzept entwickelt. Dieses geht von der schlichten, aber eindeutigen Überzeugung aus: Nur wenn die allen Kriegen und Gewalttaten gemeinsamen Prozesse und Muster erkannt sind, können Krisen und Konflikte, Frieden und Zukunft in zivilisierter Weise bearbeitet und gestaltet werden. Demnach ist eine Kultur des Friedens durch vier Qualitäten ausgezeichnet: durch vorsorgliche Gewaltvermeidung, durch zivilisierte Konfliktregelung, durch sorgsame Naturnutzung und durch eine konsequente Friedensgestaltung. Folglich bilden diese Themen die Schwerpunkte der Burgenländischen Landesausstellung 2000. Der Untertitel "Vom Kult der Gewalt zur Kultur des Friedens" ist Programm. Auf der Basis dieses dynamischen Ausstellungskonzeptes wurde ein breit gefächertes Themenspektrum mit den dazugehörigen Exponaten entworfen – in vielen, langen Diskussionen, in Workshops und in intensiver Kooperation mit Experten aus Wissenschaft und Forschung, Kunst und Kultur, Theorie und Praxis. Das Konzept erhielt immer wieder neue Impulse, wurde ständig revidiert und optimiert und ist offen für kreative Anregungen und wichtige Ergänzungen.

Vier Axiome: Gewaltvermeidung, Naturerhaltung, zivile Konfliktlösung, konsequente Friedensgestaltung.

Da Theorie, Inhalte und Form eine auf einander abgestimmte Ganzheit bilden sollen, wurden konkrete Vorstellungen zur didaktischen und gestalterischen Umsetzung im Rahmen des Gesamtkonzepts erarbeitet; das heißt: Themen-Struktur, -Abfolge und räumliche Zuordnung, Beschaffung von Exponaten und In-Szene-Setzen derselben wurden vom wissenschaftlichen Konzept vorgegeben. Oberste Gebote waren, den Charakter und die Struktur der Burg respektvoll zu beachten und die wissenschaftliche Grundlegung nicht vom Design zu überdecken, sondern in ihrer Substanz und Prägnanz zu unterstreichen.
Ebenfalls auf der Grundlage der kritisch-reflexiven Friedenstheorie wurden sinnstiftende und strukturbildende Koordinaten für die Ausstellungsinhalte, die Objektplatzierungen und die Betrachtungswege durch die Ausstellung formuliert:
Ein Prinzip, das sich wie ein roter Faden durch die Ausstellung zieht, ist das Prinzip der dialektischen Gegenüberstellung und komplementären Sinnerschließung: z.B. von Frieden *und* Gewalt, Akteur *und* System, Erwartung *und* Handlung, Vergangenem und Zukünftigem, von Fakten *und* Visionen.
Die wechselseitigen Beziehungen und Spannungen sollen jene Dilemmata, Paradoxien und Ambivalenzen aufdecken, die in der widersprüchlichen Realität die tiefer liegenden Ursachen für Konflikteskalation und Gewalt sind. In dialektischer Darbietungsform verfolgen wir die Absicht, die furchtbaren, da ausschließenden "Entweder-Oder"-Konstruktionen des binären Denkens (der Moderne) durch die fruchtbaren,da einschließenden "Sowohl-Als-Auch"-Perzeptionen des analogen Denkens (der Post-Moderne) zu überwinden. Wir wollen nicht einengen, sondern erweitern, neue Sichtweisen eröffnen.
Ein weiteres Ausstellungsprinzip ist das Angebot unterschiedlicher Informationsniveaus. Die eiligen BesucherInnen werden genauso ange-

sprochen wie diejenigen, die es genauer wissen und sich vertiefen wollen. Dazu stehen an verschiedenen Stationen Text-Bild-Mappen auf Pulten bereit sowie PC-Terminals und Audio- und Video-Installationen. Deren Anzahl reicht noch lange nicht aus. Wir hoffen aber, bis zur Museumseröffnung im Jahr 2001 genügend finanzielle Mittel zu haben, um die Multimedia-Ausstattung zu komplettieren.
Das Konzept sieht ein weiteres didaktisches Leitprinzip vor: die Trilogie von (1.) Probleme und Phänomene aufzeigen, aber nicht auf der beschreibenden Ebene stehen bleiben, sondern (2.) nach den Ursachen und Hintergründen fragen und (3.) Lösungsmöglichkeiten und Alternativen anbieten. Auch sei hervorgehoben, dass wir individuelle, zielgruppenspezifische Zugriffe auf die Ausstellung anbieten wollen: Wer will, kann sein spezielles "Menü" nach seinen Interessen zusammenstellen und seinen eigenen Themen-Weg gehen. Aus diesem Grund – und weil Kinder besonders wichtige und besonders offene Besucher sind – haben wir eigens einen "Friedenspfad für Kinder" entwickelt, der sich durch alle Etagen zieht, nur den Gewaltkeller haben wir außen vor gelassen. Wie die Kinder werden auch die Erwachsenen durch interaktive Angebote zum Mitgestalten des "Gesamtkunstwerks" Frieden eingeladen. Ihre Anregungen werden einen Platz in der Ausstellung und später im Europäischen Museum für Frieden finden, das auf der Basis der Ausstellung aufgebaut wird.

Zu Struktur und Inhalten der Ausstellung

Eine Ausstellung muss man besuchen, um einen persönlichen Eindruck von ihren Inhalten und Strukturen zu gewinnen, sie lässt sich nur unzureichend mit Worten beschreiben. Dennoch möchte ich als Wissenschaftlicher Leiter der Burgenländischen Landesausstellung 2000 zu einem kleinen Rundgang einladen und dabei die Hauptzielsetzungen, Inhalte und Objekte skizzieren.

Der Eingangsbereich: Einstimmung in die Ausstellung

Auf dem Weg in die Ausstellung werden die BesucherInnen auf unterschiedliche Weise zu eigenen Gedanken über die Frage "Krieg oder Frieden?" und die Vision "Vom Kult der Gewalt zur Kultur des Friedens" angeregt. Eine Reihe von Impulsen bereitet auf die Themenfelder vor, die in den Gewölben und Sälen der Burg näher zu betrachten sind. Bereits im Entrée-Bereich wird ein Spannungsfeld von gegensätzlichen Impressionen inszeniert:
"Friedensgrüße und Kriegsgeschrei" heißen die BesucherInnen willkommen. Der Eintritt in die Ausstellung führt über die "Menschenrechte", daran geht kein Weg vorbei. Man überschreitet eine Steinplatte, unter der die Charta der Menschenrechte in Form von sieben großen Druckplatten ruht. Von diesen Matrizen wurden die Menschenrechtstafeln für den Friedensbrunnen in Linz gedruckt. Die Künstler (Günter Miklenic/ Kurt Weckel, Wien) machen mit ihrer Boden-Installation im Großen Burghof darauf aufmerksam, dass auf unserer Welt täglich in vielen Orten und Regionen die Menschenrechte – real und nicht nur symbolisch – "mit Füßen getreten" werden.
In den Tiefhöfen stehen Skulpturen, die Gewalt und Frieden symbolisieren, und eine Installation mit Grußritualen aus verschiedenen Kulturen, gruppiert um eine Weltkugel. Dieses Ensemble ist Sinnbild für die Einheit unserer Erde und die Vielfalt und den Reichtum ihrer Kulturen.
Gleich zu Beginn werden die BesucherInnen zur Interaktion angeregt: Sie können "Friedensga-

ben" aller Art , aber auch "Kriegsgaben" spenden und damit einen persönlichen Beitrag für die zukünftige Sammlung des Europäischen Museums für Frieden leisten. Als Dank werden die interessantesten Stücke mit einem kleinen Friedenspreis prämiert. Wir hoffen, dass sich dafür auch Kinder begeistern und dass sie in einer kleinen "Friedenswerkstatt" in Worten, Bildern oder Gegenständen ihre Spuren als persönliche "Friedenszeichen" hinterlassen.

Über eine leicht überschreitbare "Hemmschwelle" betritt man den ersten Innenraum, in dem die Gesamt-Thematik der Ausstellung präsentiert wird: durch eine historisch-künstlerische "Kriegs-Collage" und eine ihr entgegengestellte "Friedens-Collage" (Andreas Lehner); in einer gerafften "Zeitreise" durch Krieg und Frieden und Waffenentwicklung von der Antike bis in die Zukunft; durch die Installation "Alles hat seine Zeit..." (Hiltrud Schäfer), die zeigt, wie schwer es ist, den überfälligen Bewusstseinswandel zu vollziehen.

Als Leitspruch für die Ausstellung wird den BesucherInnen die Präambel der UNESCO-Charta mit auf den Weg gegeben: "Da Kriege in den Köpfen der Menschen entstehen, muss auch der Friede in den Köpfen der Menschen befestigt werden."

Nach den Einstimmungen auf das Ausstellungsthema "Krieg oder Frieden" betreten die BesucherInnen die katakombenartigen Areale im Untergeschoss der Burg. Sie bilden mit ihren dunklen Gewölben den passenden Rahmen für die Auseinandersetzung mit der "Alltagsgewalt" und der "Kriegsgewalt".

Wege aus der Gewalt

Frieden wie Gewalt beginnen im Alltag. Mit Gewaltpotenzialen umgehen lernen, Gewalt erkennen, abwenden und vermeiden ist Thema der drei Räume zur Alltagsgewalt:

Die tägliche Dosis: Durch die inszenierte Gleichzeitigkeit unangenehmer, aber durchaus bekannter alltäglicher Eindrücke von Gewalt, durch ihre Verstärkung und Verdichtung soll die Wahrnehmung geschärft werden: um uns nicht an die Alltagsgewalt als etwas Normales zu gewöhnen; um allen Formen der Alltagsgewalt rechtzeitig, couragiert und konsequent entgegenzutreten.

Umgang mit Gewalt: Hier geht es um die Frage, wie man mit "typischen" Bedrohungssituationen gewaltvermeidend oder -verringernd umgehen kann: als potenzielles Opfer oder als scheinbar unbeteiligter Dritter, aber auch als potenzieller Täter. Die Darstellungen, die auf authentischen Fällen beruhen, bieten keine Rezepte, geben aber Hinweise auf bewährte Grundsätze der Gewaltvermeidung: für Opfer, Zuschauer und potenzielle Täter.

Anfänge der Gewalt: Gewalt beginnt oft ohne den Einsatz von Muskelkraft oder Waffen, in scheinbar harmlosen alltäglichen Handlungen: im "Behindern" und "Abwerten", im "repressiven Umgang mit Gefühlen" und im Verzicht auf offene Auseinandersetzungen. Und sie endet in der Beschädigung eigenen und fremden Lebens. Gewalt verläuft in Spiralen vom scheinbar Harmlosen zum Dramatischen, von der strukturellen zur personalen Gewalt, vom Täter zum Opfer und zurück.

Den "repressiven Umgang mit Gefühlen" zum Beispiel kann man an der Stahlrohr-Installation "Gefühlsorgel" erfahren (Andreas Lehner). Versinnbildlicht wird außerdem die "Spirale der Gewalt".

Die künstlerische Installation einer "begehbaren" Gewaltszene mit Täter, Opfer und Zuschauern weist darauf hin, dass wir alle immer wieder in eine der drei Rollen geraten. Mit ihrer Installation "Erwachsen werden" verbildlicht Claudia Rogge ein Spektrum subtiler seelischer Verwun-

dungen Heranwachsender, die häufig nicht direkt an der Oberfläche sichtbar sind.
Im Übergang zur Zitadelle läßt sich ein "Schuldrad" drehen, das die BesucherInnen eher ironisch zur Suche nach "Schuldigen" einlädt. Auf diese Weise wird ein mentaler Übergang zur Konstruktion von Feindbildern geschaffen, die in der "Zitadelle des Krieges" genauer dargestellt werden.

Zitadelle des Krieges

Die Zitadelle des Krieges wird über eine Empore betreten, zu deren beiden Seiten zwei "Kindersoldaten"-Bilder (Stefan Kaluza) hängen. Sie machen darauf aufmerksam, dass Kriege selbst vor Kindern nicht Halt machen.
Feldpost-Grüße aus dem Ersten Weltkrieg (in Bild und Ton) spiegeln die Grundmuster des Krieges und die Schicksale unzähliger Familien wider. Das individuelle Schicksal einer Familie – stellvertretend für so viele – wird aus dem Zweiten Weltkrieg erzählt.
Kriegsbiografien: Unter der schier endlosen Auflistung der Kriege der Welt gelangt man zu zwei Zeitzeugen, die ihre persönlichen Sichtweisen und Erlebnisse vor, in und nach dem Zweiten Weltkrieg schildern.
Kreislauf des Krieges: Der "Zyklus der Kriegsbilder" aus dem Ersten und Zweiten Weltkrieg führt die immer wiederkehrenden Prozeduren und Strukturen des Krieges deutlich vor Augen: anhand von Großfotografien in künstlerischer Bearbeitung, von Dokumenten, Wandtafeln, Objekten und originalen Kriegsfunden aus dem Ersten und Zweiten Weltkrieg in Bodenvitrinen. Im Vordergrund stehen die Sichtweisen und Lebenswelten der Akteure – Täter und Opfer, Männer und Frauen, Front und Heimat. Weniger intensiv wird auf die Politik und Strategie der Kriegsführung, die Ausbildung und Ausrüstung der Streitkräfte eingegangen – die Friedensausstellung will schließlich nicht mit den Kriegs- und Militärmuseen in Konkurrenz treten. Es geht nicht um eine Heroisierung des Krieges, sondern um seine Desillusionierung und Delegitimierung.

Die Politik muss die nachhaltige Friedensgestaltung fördern.

Statistiken des Krieges: Gestützt auf wissenschaftliche Erhebungen (AKUF, Hamburg) werden die Kriege seit 1945 nach Typus, Verlauf, Region und Folgen in systematischer Weise anhand von Zahlen, Grafiken und Zugriff auf die Kriege-Website dargestellt.
Kammer der Konversion: Aus den Trümmerfeldern geborgene Materialien und ehemaliges Kriegsgerät werden umfunktioniert zu Objekten, die auf der Flucht und beim Überleben helfen oder auch einen ersten Hauch von "Luxus" gewähren (Sammlung Klaus Dittmer).
Als Gesamtwirkung wird in der Zitadelle des Krieges – am Beispiel des Ersten und Zeiten Weltkrieges – offenbar, wie das Verbrechen des Krieges allen Akteuren und Systemen, Verbündeten wie Verfeindeten seinen unerbittlichen Stempel der Destruktivität aufdrückt: Angriff und Verteidigung, Verfolgung und Vernichtung, Leid und Tod.

Arkaden der Umweltkrise

Im so genannten "Schwarzen Burghof" mit seinen mächtigen Arkadenkonstruktionen werden die Umwelt-Krisen passend zum Thema "open air" thematisiert. Bevölkerungswachstum, Ausbeutung der Ressourcen, Schadstoffbelastung gefährden die natürlichen Existenzgrundlagen. Wir müssen umdenken und unsere Lebensweise ändern, damit Klima, Luft, Boden und Wasser gerettet werden, die Verknappung der Rohstoffe, insbesondere der Kampf um Wasser nicht zu kriegerischer Gewalt führen, die Blechlawine der Automobile uns nicht überrollt. Das "Tribunal der Tiere und Pflanzen" (Comic von Anja Nolte) verurteilt die Menschen – in kindgerechter Ansprache – zu nachhaltiger Entwicklung.

Im Treppenaufgang zur Konflikt-Etage erinnern die eindrucksvollen Holzschnitte von Herbert Friedl an das Verbrechen der so genannten "Hasenjagd" in Mauthausen. Darauf beziehen sich auch die Linolschnitt-Grafiken aus den Kinderzyklen "Und dennoch hoffen ...", die in konstruktiver Absicht aus einem der dunkelsten Kapitel der Vergangenheit ihre persönliche Lehre für die Zukunft ziehen.

Labyrinth der Konflikte und Krisen

Konflikte hat es immer gegeben und wird es immer geben – auf allen Ebenen des Zusammenlebens. Nicht das Vorhandensein von Konflikten ist problematisch oder gar friedensgefährdend, sondern gewaltfördernde Austragungsformen und ihre Eskalation. Konflikte können sogar Chancen bieten, wenn sie konstruktiv bearbeitet werden. Das zeigen drei thematische Einheiten: das Konfliktstudio, das Panorama internationaler Krisen und der Corso der Konfliktlösungen.

Konfliktstudio: Werden Konflikte als Kampfsituationen wahrgenommen, entfalten sie oft eine innere Dynamik, die eine konstruktive, gewaltfreie Regelung nicht mehr möglich macht. Im Rahmen der konstruktiven Konfliktbearbeitung müssen deshalb Handlungsmöglichkeiten gefunden werden, die Gewalt begrenzen und auf Kooperation und Verhandlungslösungen abzielen – wie das Konzept der "Mediation", im Schulbereich als Schüler-Streit-Schlichtungs-Programm bekannt.

Panorama internationaler Krisen: Auf der ganzen Welt bedrohen internationale und innergesellschaftliche Konflikte, Krisen und Kriege das friedliche Zusammenleben der Menschen. Einen Einblick in diese Krisenlagen vermitteln die Konflikt-Weltkarte 2000, die Heidelberger Krisen-Datenbank, die STERN-Fotoreporter Jay Ullal und Perry Kretz.

Mit den Kämpfen, Vertreibungen und Zerstörungen im ehemaligen Jugoslawien ist der Krieg noch offensichtlicher nach Europa zurückgekehrt als mit den Auflösungskriegen im Raum der ehemaligen Sowjetunion. Die Konflikte im Nachbarland bieten den Hintergrund für die Diskussion der Rolle der Medien bei der Kriegsberichterstattung und für die unterschiedlichen Sichtweisen Betroffener im Kosovo-Krieg.

Corso der Konfliktlösungen: Anhand von Beispielen aus den einzelnen Phasen des Krisen- und Konfliktbogens werden konstruktive Fälle präsentiert, wie z. B. die erfolgreiche Präventionspolitik in Litauen, die eine Eskalation der konfliktträchtigen Gemengelage bisher verhindern konnte; die erfolgreiche humanitäre Hilfe durch das Rote Kreuz und andere Hilfsorganisationen; die Versorgung von Minenopfern und die Beseitigung von Minen in Krisengebieten; Versöhnung und Wiederaufbau in Nachkriegsgesellschaften.

Foren der Friedenspolitik

Einem Mehrebenenmodell folgt die Inszenierung der Foren der Friedenspolitik. Denn Frieden ist nicht nur Aufgabe für Politiker und Staaten. Frieden brauchen wir in der Kommune wie im Land, in der Region wie auf dem Kontinent, auf der lokalen wie der globalen Arbeitsebene, von der örtlichen Friedensinitiative bis zur weltumspannenden Friedensbewegung.

Lokale Friedensarbeit: Einsicht in das Innenleben

und breite Spektrum der Aktivitäten einer lokalen Friedensinitiative gewährt das heimische Beispiel Oberwart. Die mühevolle Kleinarbeit einer Friedensinitiative wird mit Originalmaterial anschaulich dokumentiert.

Gesellschaftliche Friedenensordnung: Für eine zivilisierte, gewaltfreie Bearbeitung von Konflikten sind – nach Dieter Senghaas – sechs miteinander verbundene Bedingungen erforderlich, die er in seinem so genannten "Zivilisatorischen Hexagon" zusammengefasst hat. Collagen von Wolfgang Janisch und Karikaturen von Hans-Georg Rauch machen auf künstlerische Weise bewusst, dass auch in unserer Gesellschaft diese Prinzipien bisher nur unvollkommen realisiert worden sind.

Menschenrechte: Hier wird die Bedeutung der UNO-Charta der Menschenrechte für Frieden und Entwicklung thematisiert. Vorbildlich für Menschenrechte und wider den Fremdenhass setzt sich Irmela Schramm ein. Mit viel Zivilcourage beseitigt sie Hetze-Graffitti.

Europäischer Frieden: Vier Schwerpunkte werden behandelt: Ost-West-Konflikt; europäische Integration; Politik neutraler Staaten; Geschichte und Wirken der OSZE.

Globaler Frieden: Die Friedensmissionen der UNO und die humanitären Aktionen der Nichtregierungs-Organisationen (NGO) zeigen, wie wichtig internationale Organisationen für die Schaffung einer Weltfriedensordnung sind. Ihre Kompetenzen und Ressourcen müssten gestärkt werden. Damit Frieden global wirksam und anerkannt wird, muss er auf der Grundlage des Rechts stehen. Frieden durch Recht, davon berichtet die Entwicklungs- und Wirkungsgeschichte des Internationalen Gerichtshofs in Den Haag.

Das richtungsweisende Modell: Frieden durch Zivilisierung.

Frauen für den Frieden: Da Frauen weltweit nicht nur einen großen Teil der Trümmerarbeit nach Kriegen, sondern der Friedensarbeit leisten, dafür aber nur selten die gebührende Anerkennung finden, wird ihnen eine eigene Abteilung gewidmet, in der die internationalen Aktionen der Frauen für den Frieden und gegen Gewalt durch ausdrucksvolle Exponate präsentiert werden.

Sinneswelten des Friedens

Frieden beginnt zwar im Kopf, ist aber nicht nur eine Sache des Verstandes. Seine Kraft gewinnt und entfaltet er erst, wenn auch das Herz beteiligt ist, die Sinne und Gefühle angesprochen werden. Die sinnliche Sprache des Friedens ist eine Weltsprache, sie schlägt interkulturelle Brücken. Eine wesentliche Ausdrucksform dieser Sprache sind die Symbole des Friedens.

Galerie der Friedens-Symbole: Beispiele aus der ägyptischen, asiatischen, arabischen, indianischen und europäischen Kultur zeugen von der phantasievollen Sprache des Friedens. Neben den kulturspezifischen Zeichen gibt es solche, die weltweit allgemein gültig sind und so alt wie die Menschheit. Außerdem werden in einer Gemütsecke Friedensidyllen arrangiert, wobei die Grenzen zum Tand, Kitsch und Nippes bewusst überschritten werden.

Salon des Friedens: Hier kommen Stimmen für den Frieden und wider den Krieg zu Wort. Stimmen von gestern, die heute noch wirken. Stimmen von heute, die auch morgen noch gelten. Stimmen von morgen, die sich an die Zukunft richten.

Nach dem Ersten Weltkrieg schrieb Erich Maria Remarque den Antikriegsroman "Im Westen nichts Neues", der Massen erreichte und bewegte und in seiner Zielrichtung noch so aussagekräftig ist wie zuvor. Deshalb ist seiner Entstehungs- und Wirkungsgeschichte eine eigene Wand gewidmet.

Zeitgenössische Gedanken zu Krieg und Frieden kommen in mehr als 40 Gedichten und Essays zum Ausdruck, die als Anthologie erscheinen sollen. Sie stammen von österreichischen AutorInnen, die sich an der Aktion "DichterInnen für den Frieden" beteiligt haben. Wir möchten allen Autorinnen und Autoren für ihr altruistisches Engagement danken. Ebenso gilt unser Dank den Initiatoren dieser Aktion, dem Förderkreis des Europäischen Museums für Frieden, Hamburg, und der IG Autorinnen, Autoren, Literaturhaus, Wien.

Inspiriert von Ingeborg Bachmann, zeigt die Künstlerin Claudia Rogge in einer Video-Installation "Schaukeln ist an Ketten hängen", dass wir nicht isoliert im Jetzt leben, sondern dass es ein Vorher und ein Nachher gibt, für das alle Generationen Verantwortung tragen.

Und: In einer Leseecke können Kinder in preisgekrönten Bilderbüchern aus aller Welt schmökern und sich heute aneignen, wie sie morgen Frieden denken, machen und erhalten.

Studio des Friedens: Wie Komponisten ihre Vorstellungen von Frieden in Klänge umsetzen und/oder wie Klänge Friedensphantasien auslösen und Musik zum Projektionsmedium für Frieden wird, dafür bietet das Studio des Friedens zahlreiche und sehr unterschiedliche Beispiele. Und: Wer Lust hat, sich zu bewegen, kann das in befreienden und befriedenden Rhythmen auf einer kleinen Tanzfläche tun.

Wir wollen zum Frieden aktivieren.

Atelier des Friedens: Die KünstlerInnen Utz Brocksieper, Hanni Feigl, Stefan Kaluza und Peter-Maria Schäfer setzen sich mit unterschiedlichen Ausdrucksformen in beeindruckender Weise mit der Thematik Krieg oder Frieden auseinander. Ihre Botschaft ist überzeugend.

"Die Rote Couch": Sie ist um die ganze Welt gereist, kennt die Menschen und die Widersprüche. Aber sie kennt keine Schranken. Weder soziale noch kulturelle, religiöse oder ethnische. Der Künstler Horst Wackerbarth hat auf ihr Prominente genauso wie Obdachlose fotografiert, interviewt, gefilmt. "Die Rote Couch" lädt alle BesucherInnen ein, auf ihr friedlichen Gedanken nachzugehen und sich dabei im PC-"Mankind-Archiv" per Maus-Klick digital zu verewigen.

Schatzkammern des Friedens

In den Schatzkammern des Friedens erreicht die Ausstellung ihren Höhepunkt. Hier tritt man nun endgültig aus den langen Schatten des Krieges heraus und in die Geschichte des Friedens hinein, den von gestern, von heute und von morgen. Dabei wird offenkundig: Den Kult der Gewalt durch die Kultur des Friedens zu ersetzen, ist ein ebenso schwieriger wie langwieriger, nie endender Prozess, der viel Engagement und Konsequenz, Energie und Phantasie erfordert. Bespielhafte Persönlichkeiten, Organisationen und Aktionen geben Zeugnis davon und machen Mut, ihre vorgelebten Visionen fortzuschreiben.

Geschichte der Kriegsdienstverweigerung: Beschrieben wird der lange, mühsame und leidvolle Kampf von der Antike bis heute um die Anerkennung der Kriegsdienstverweigerung als Menschenrecht.

Geschichte der Friedensbewegung: Die deutsche Friedensbewegung wird in der Zeit von 1892 bis

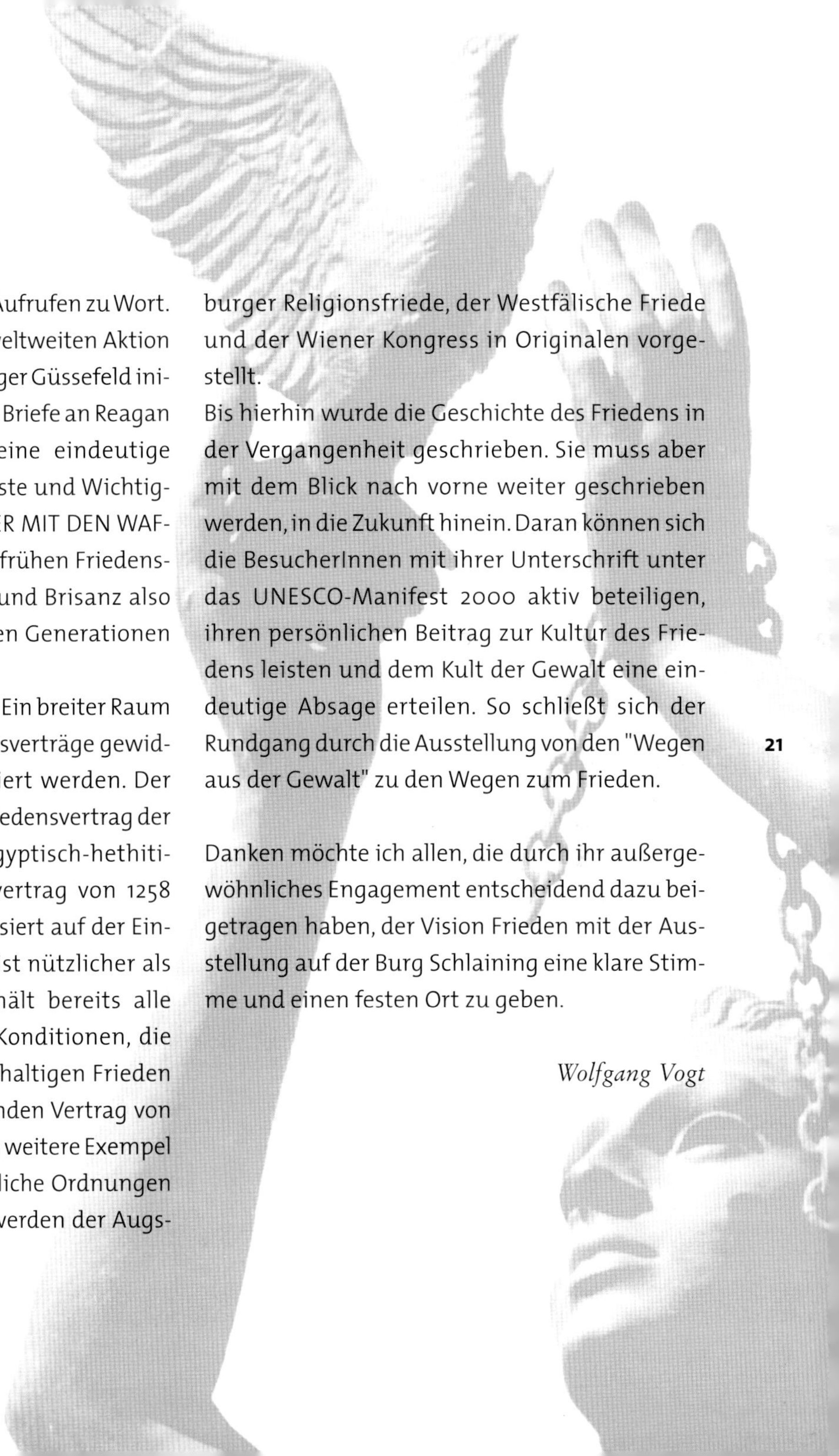

zur Weimarer Republik unter die Lupe genommen, bei der österreichischen wesentliche Stationen und Aktionen nach 1945.

FriedensstifterInnen und -aktionen: Österreichs ganz speziellen Beiträge zur Friedensbewegung werden – pars pro toto – mit der herausragenden Stellung Bertha von Suttners gewürdigt. Ihr, der Initiatorin der Österreichischen Friedensgesellschaft (1891) und späteren Friedensnobelpreisträgerin, wird mit einer eigenen pyramidalen Installation die hoch verdiente Hommage erwiesen.

Neben Bertha von Suttner erfährt eine zweite Persönlichkeit der Friedensgeschichte eine besondere Wertschätzung: Mahatma Gandhi. Die wichtigsten Stationen seines Lebens für den Frieden und für die Wahrheit sind in einer eigenen, kubusförmigen Installation nachzuvollziehen.

Der Rundgang führt von Wegen aus der Gewalt zu Wegen zum Frieden.

Einen weiteren Blick in die Historie der internationalen Beiträge zum Frieden liefern die Leistungen der FriedensnobelpreisträgerInnen (seit 1901). Äußerst lebendig, bunt und international geht es zu in der Installation "Peace Bird": Hier melden sich Kinder aus vielen Ländern der Welt mit Briefen und Bildern, Gedichten und Aufrufen zu Wort. Sie nahmen Mitte 1980 an der weltweiten Aktion teil, die von dem Hamburger Holger Güssefeld initiiert und organisiert wurde. Die Briefe an Reagan und Gorbatschow sprechen eine eindeutige Sprache: "Frieden ist das Schönste und Wichtigste". Viele Briefe fordern "NIEDER MIT DEN WAFFEN" – diese Forderung aus der frühen Friedensbewegung hat ihre Aktualität und Brisanz also nicht verloren, sie lebt in jungen Generationen fort.

Geschichte der Friedensverträge: Ein breiter Raum wird der Geschichte der Friedensverträge gewidmet, die als "Schätze" präsentiert werden. Der erste vollständig überlieferte Friedensvertrag der Menschheitsgeschichte, der ägyptisch-hethitische Friedensvertrag von 1258 vor Christus basiert auf der Einsicht "Frieden ist nützlicher als Krieg". Er enthält bereits alle wesentlichen Konditionen, die für einen nachhaltigen Frieden begründenden und garantierenden Vertrag von Belang sind oder sein sollten. Als weitere Exempel "gelungener", neue rechtsstaatliche Ordnungen einleitender Friedensverträge werden der Augsburger Religionsfriede, der Westfälische Friede und der Wiener Kongress in Originalen vorgestellt.

Bis hierhin wurde die Geschichte des Friedens in der Vergangenheit geschrieben. Sie muss aber mit dem Blick nach vorne weiter geschrieben werden, in die Zukunft hinein. Daran können sich die BesucherInnen mit ihrer Unterschrift unter das UNESCO-Manifest 2000 aktiv beteiligen, ihren persönlichen Beitrag zur Kultur des Friedens leisten und dem Kult der Gewalt eine eindeutige Absage erteilen. So schließt sich der Rundgang durch die Ausstellung von den "Wegen aus der Gewalt" zu den Wegen zum Frieden.

Danken möchte ich allen, die durch ihr außergewöhnliches Engagement entscheidend dazu beigetragen haben, der Vision Frieden mit der Ausstellung auf der Burg Schlaining eine klare Stimme und einen festen Ort zu geben.

Wolfgang Vogt

...der Alltagsgewalt begegnen

Wie den Kreislauf der Gewalt durchbrechen? *(Eva Maringer, Reiner Steinweg)*

...der Alltagsgewalt begegnen

Wie den Kreislauf der Gewalt durchbrechen?

Das Prinzip der Rechtsstaatlichkeit verfolgt mit dem staatlichen Gewaltmonopol das Ziel, unmittelbare Gewalt zwischen Einzelnen und Gruppen zu verhindern bzw. zu erübrigen. Dennoch sind wir auf vielfältige Weise täglich mit einer Bandbreite von unterschiedlichen Gewaltphänomenen konfrontiert: vom Rowdytum im Verkehr über die Kriminal-Berichterstattung in den Medien, über gewalttätiges Konkurrenzverhalten und Machtmissbrauch am Arbeitsplatz bis hin zu Gewalterfahrungen in der Familie und im persönlichen Umfeld. Neben diesen unmittelbar auffälligen Gewaltphänomenen gibt es auch in demokratisch-rechtsstaatlich verfassten Gesellschaften Formen von Gewalt, die das Leben der Menschen teilweise weitaus stärker verformen als gewalttätige Rechtsverletzungen durch einzelne Personen: strukturelle, institutionelle, kulturelle und psychische Gewalt. Diese Gewaltformen sind nicht trennscharf unterscheidbar, sie gehen vielfach ineinander über.

Alltagsgewalt – ein Phänomen

Nach der von *Johan Galtung* Ende der 60er Jahre des vorigen Jahrhunderts eingeführten Definition kann man von *struktureller,* also nicht von einzelnen Personen ausgehender *Gewalt* dann und nur dann sprechen, wenn die Realverfassung einer Gesellschaft Menschen in ihrer geistigen oder körperlichen Entwicklung stark behindert und beeinträchtigt, obwohl die Gesellschaft insgesamt *nachweislich über genügend finanzielle* und *materielle Mittel verfügt*, um eine solche Beeinträchtigung zu vermeiden. (Solange ein solcher Nachweis nicht konkret erbracht ist, kann man folglich nicht von struktureller Gewalt sprechen – eine klare Bedingung, die für gewöhnlich kaum bedacht wird.) Zum Beispiel beruhen die schlechteren Arbeits- und Aufstiegsbedingungen von Frauen auf einem engen Geflecht von gesetzlichen Einzelbestimmungen, Vorschriften, tradierten Rollenzuweisungen und Verhaltensregeln. Der Verfassungsgrundsatz der Gleichstellung von Mann und Frau hat demgegenüber im Alltag nur eine bedingte Bedeutung: Erst in einem umfassenden gesellschaftlichen Prozess, der zu Beginn des 21. Jahrhunderts bei weitem noch nicht abgeschlossen ist, kann diese Form der strukturellen Gewalt Schritt für Schritt abgebaut werden.
Institutionelle Gewalt ist durch eine *Mischung* von personalen und strukturellen Anteilen gekennzeichnet. Einerseits begrenzen institutionelle Regeln und Vorschriften sowie der gesetzliche Rahmen den Handlungsspielraum der MitarbeiterInnen öffentlicher Einrichtungen, andererseits schöpfen sie diesen nicht immer zugunsten der betroffenen Bürger aus. Manche der Regeln und Vorschriften, die in zurückliegenden historischen und politischen Umständen entstanden, sind nur noch begrenzt für die Gegenwart einsichtig. Daher werden "amtliche" Entscheidungen nicht selten *generell* als Willkür und manchmal auch als Gewalt empfunden (Kindesabnahme usw.). Hier ist zugleich der Druck auf jene Personen, die in Ausübung ihres Amtes eine Vermittlerrolle zwischen den Strukturvorgaben der Gesellschaft und den Interessen der einzelnen BürgerInnen haben, besonders groß.

Auch kulturelle Gewalt kann sowohl personale als auch strukturelle Anteile haben. Von ihr sind erstens all jene betroffen, die in einer Minderheitskultur aufwachsen, d.h. diese Kultur wird in ihrer Besonderheit von der Mehrheitskultur nicht oder ungenügend geachtet und der Zugang zu allgemeiner Bildung sowie Aufstiegs- und Verdienstmöglichkeiten wird dadurch für die

Soll Gewaltprävention auf eine breite Basis gestellt werden, so muss sie zu allererst für die Anfänge von Gewalt sensibilisieren.

Für die Anfänge von Gewalt zu sensibilisieren heißt, diese Formen überhaupt wahrnehmbar, spürbar zu machen. Die Ausstellung versucht dies auf zwei miteinander korrespondierenden Wegen: ex negativo, indem sie einzelne Formen psychischer Gewalteinwirkung thematisiert, und ex positivo, indem sie die Qualitäten benennt, die gegeben sein müssen, damit Menschen den vielfachen Versuchungen zu gewaltsamen Lösungen erfolgreich widerstehen können. Diese Qualitäten werden hier – ob ihrer herausragenden Bedeutung – als *"Seelische Grundnahrungsmittel"* bezeichnet: das *Wahrnehmen* von Personen in all ihrer Eigenheit und Besonderheit, das *Anerkennen* ihrer *Bemühungen* und *Leistungen*, das *Mitfühlen* und *Einfühlen* in ihr *Tun*, aber auch die *wohlmeinende Kritik* und der *konstruktive Widerstand* im Aufzeigen von Unterschieden und Grenzen sowie schließlich die *Verlässlichkeit* in Bezug auf *übernommene Verantwortung*.

Wenn mehr als zwei dieser Qualitäten dauerhaft oder regelmäßig ausfallen, können die Hilflosigkeit und Verzweiflung – und damit die Gewaltneigung – der Betroffenen so stark anwachsen, dass sie bei gegebenem Anlass nur mehr einen Ausweg sehen: selbst gewalttätig zu werden, sei es gegen sich selbst oder gegen andere (meist schwächere) Personen.

Friedensfähigkeit und Alltagsgewalt

In einem engen Verständnis von "Frieden" kann man sich fragen, was Gewalt und Gewaltvermeidung im Alltag mit dem weiten Thema der kriegerischen oder friedlichen Beziehungen zwischen oder in Staaten zu tun haben. Es sind doch nicht die Menschen auf der Straße oder am Arbeitsplatz, die Kriege vom Zaun brechen oder führen, sondern die führenden, verantwortlichen Personen in Staat und Politik. Diese Einschätzung stimmt jedoch nur auf den ersten Blick und eigentlich nur in vordemokratischen Gesellschaften. Seit die Grundeinstellungen der Bevölkerungen über die Massenmedien und die Wahlmechanismen nennenswerten Einfluss auf die Auswahl der verantwortlichen Politiker und auf ihre Handlungsorientierung haben, ist die Rechtfertigung von Gewalt in zwischenmenschlichen Beziehungen ein wesentlicher Faktor auch der internationalen Politik. Es ist erwiesen, dass Adolf Hitler kaum an die Macht gekommen wäre ohne die breite Gewaltverherrlichung und entsprechende militante Ideologien in den 20ern und Anfang der 30er Jahre.

Gewaltvermeidung im Alltag und Frieden zwischen Großgruppen und Staaten bilden ein Ganzes.

Noch viel deutlicher ist der enge Zusammenhang zwischen Gewalterfahrungen der Bevölkerung und ihrer Friedensfähigkeit bei innenpolitischen Entwicklungen, die in *Bürgerkriegen* münden können. Wenn die Mehrheit der Bevölkerung positive Erfahrungen mit gewaltvermeidendem Verhalten und mit einer konstruktiven Bearbeitung von Konflikten hat, dann tun sich Volkstribunen schwer, die Massen gegeneinander aufzuhetzen.

Der Frieden beginnt unten, auch wenn die Einsatzbefehle in einem späteren Stadium an den Staatsspitzen gegeben werden. Gewaltvermeidung im Alltag und Frieden zwischen Großgruppen, Bevölkerungen und Staaten bilden ein Ganzes.

Eva Maringer, Reiner Steinweg

Die Repräsentanten des Staates, die den Bürger vor Gewalt schützen, greifen gelegentlich selbst zu illegitimen gewaltförmigen Mitteln. Besonders betroffen sind hier Flüchtlinge und andere Randgruppenangehörige. Der Tod des Schwarzafrikaners Omofuma (von einem österreichischen Botschafter als "misslingende Amtshandlung" bezeichnet), ist ein besonders krasses Beispiel für ein unverhältnismäßiges und manchmal brutales Vorgehen einzelner Beamter. Die Ausstellung zeigt sowohl Beispiele für Zivilcourage von Bürgern und einzelnen Beamten als auch sehr achtbare Versuche von Verwaltung und Exekutive, Menschenrechtsverletzungen dieser Art entgegenzutreten.

Institutionelle Gewaltprävention

Nachhaltige Gewaltvermeidung bzw. vorbeugendes Handeln gegen Gewalt in überschaubaren Räumen bedarf immer auch struktureller Maßnahmen, und zwar sowohl innerhalb der einzelnen Betriebe als auch zwischen den verschiedenen öffentlichen und halböffentlichen Einrichtungen, die sonst nur wenig miteinander zu tun haben, z.B. Polizei, Sozial- und Jugendamt und nichtstaatliche Wohlfahrtseinrichtungen. Eine besonders wichtige strukturelle Maßnahme ist aus der Sicht der Gewaltforschung eine regelmäßige ämterübergreifende "kollektive Selbstreflexion" der MitarbeiterInnen. Damit wurden inzwischen gute Erfahrungen gemacht.

Gewaltprävention auf gesellschaftlich-kultureller Ebene

Soll Gewaltprävention auf eine noch breitere Basis gestellt werden, so muss diese zu allererst für die *Anfänge* von Gewalt sensibilisieren. Diese liegen vorwiegend im psychischen und strukturellen Bereich, sind also meistens nicht auf den ersten Blick wahrnehmbar. In der Ausstellung werden drei alltägliche Gewaltanfänge herausgegriffen: das *Behindern* von Menschen in ihren Entfaltungschancen (übersehen, vereinnahmen, ausschließen usw.), die täglichen *Abwertungspraktiken* in den verschiedenen sozialen Zusammenhängen (z.B. Fähigkeiten absprechen, lächerlich machen, bloßstellen) und schließlich der weithin übliche *repressive und verformende Umgang mit Emotionalität* (das Ausdrücken von Gefühlen verhindern, z.B. durch Bevormunden, Gängeln, Erpressen).

> *Gewaltprävention heißt Sensibilisierung für die Anfänge der Gewalt: für Behinderung, Abwertung, emotionale Repression.*

Solche Praktiken sollen den eigenen Wert erhöhen, indem andere erniedrigt werden, oder sie sollen unverletzbar machen. In beiden Fällen werden Gewaltspiralen in Gang gesetzt, denen mit der Zeit immer schwerer zu entkommen ist. Dabei kann sich die Gewalt gegen andere, aber auch – und manchmal gleichzeitig – gegen einen selbst richten.

Psychische und strukturelle Gewalt sind eng miteinander verwoben, bedingen und stützen einander wechselseitig: Die scheinbar "privaten" Prozesse bleiben nicht ohne gesellschaftliche Folgen, politisch motivierte Gewalt hat nicht selten hier ihre Wurzeln (wie unter anderem an den Biografien von NS-Verbrechern gezeigt werden konnte). Einige solcher stets aktueller Zusammenhänge – wie z.B. jener zwischen angelernter Gefühlsunsicherheit, Konfliktunfähigkeit und Autoritätsfixierung – werden in der Ausstellung visualisiert.

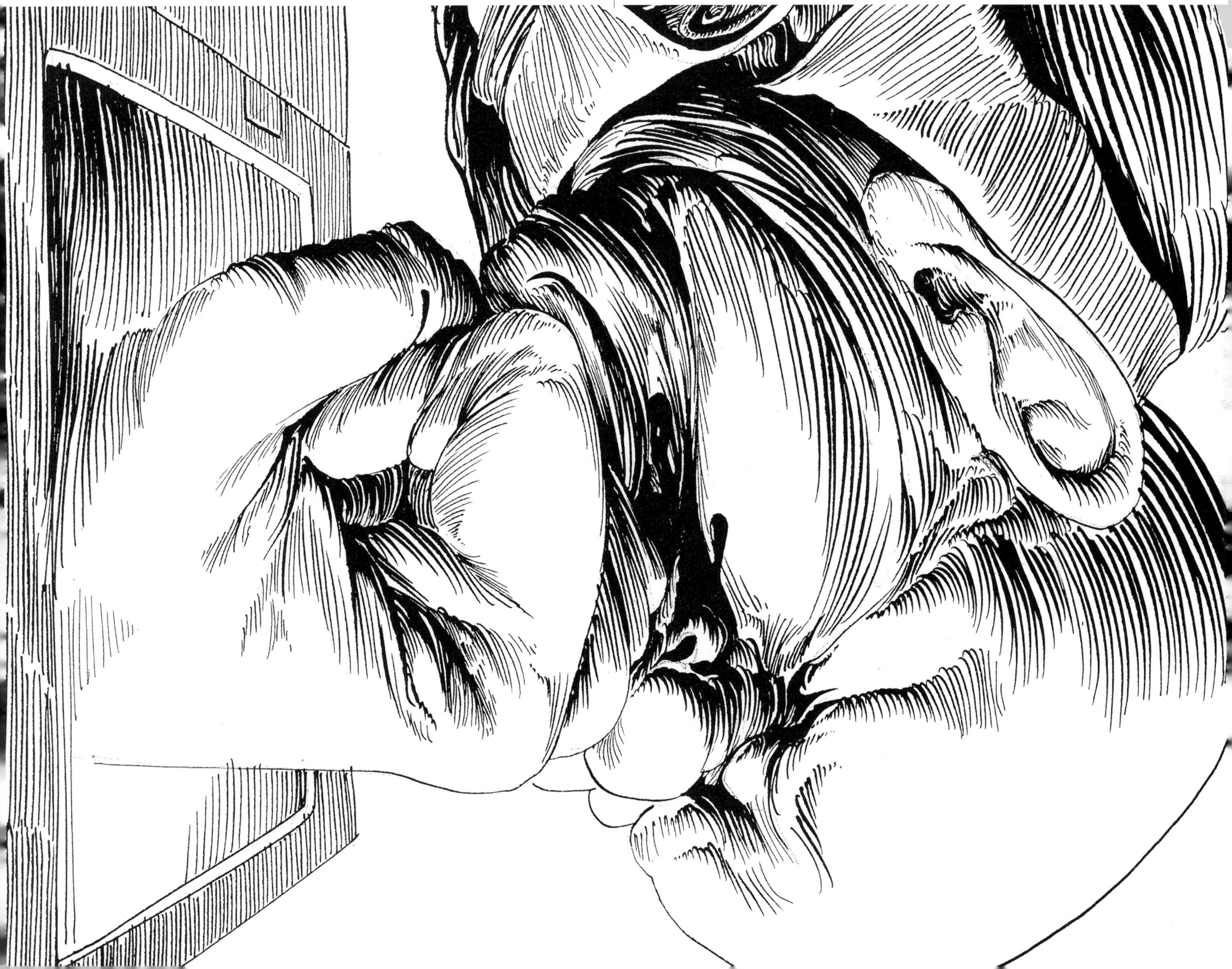

Wege zur Verringerung der Gewalt

Formen, Orte und Opfergruppen der Gewalt zu präsentieren, gewalttätige Personen oder Personengruppen anzuprangern, kann nicht Hauptziel einer Ausstellung sein, die Wege in eine Kultur des Friedens aufzeigen will. Im Zentrum stehen daher Hinweise und Möglichkeiten, Gewalt abzuwenden, zu verringern oder im Vorhinein zu vermeiden. Dies kann auf dreifache Weise geschehen: *erstens* durch einen couragierten und gekonnten individuellen Umgang mit aktuellen Bedrohungen, *zweitens* durch institutionelle Gewaltprävention sowie *drittens* durch eine kollektive Sensibilisierung für die verschiedenartigen Anfänge von Gewaltprozessen auf der zwischenmenschlichen und auf der strukturell-gesellschaftlichen Ebene. Anhand von exemplarischen wahren Geschichten zeigt die Ausstellung an drei *"Tatorten"*, wie Eskalation und Gewalt vermieden werden können: am "Tatort Straße" (bzw. in öffentlichen Räumen), im "Tatort Wohnung" und am "Tatort Arbeitsplatz". Ein *vierter Bereich*, in dem Menschen Gewalt fürchten und manchmal auch erleben, ist nicht ortsgebunden: die Begegnung mit Repräsentanten des Staates.

Individuelle Gewaltvermeidung

Der "Tatort Straße" verführt vor allem durch seine Anonymität zur Gewalt. Hier kann sich das einzelne potenzielle Opfer leicht ausgesetzt und schutzlos, der potenzielle Täter unbeobachtet und überlegen fühlen. Wenn es gelingt, die Anonymität aufzuheben, schwindet meistens auch das Überlegenheitsgefühl des Täters. Auch aggressive Stimmungen zwischen verfeindeten Gruppen, seien es nun Nachbarschaften oder Jugendgruppen, können aufgefangen werden, ohne dass es zu Gewalttaten kommt. Hier geht es meist um das Auflösen von Vorurteilen und Feindbildern sowie um die Relativierung von so genanntem "Ehrgefühl" und anderen Gruppenzwängen.
Ein anderer Ort, an dem viel Gewalt erfahren wird, sind "die eigenen vier Wände". Dort, wo mensch sich für gewöhnlich sicher wähnt und geborgen fühlt, passieren erwiesenermaßen die meisten Gewaltverbrechen: sexueller Missbrauch von Kindern, Vergewaltigungen, Schläge oder Androhung von körperlicher Gewalt, bis hin zum Mord. MitarbeiterInnen von Kinderschutzzentren und Frauenhäusern sind täglich mit diesen Gewaltarten konfrontiert. So wichtig solche Schutzeinrichtungen und Schutzbestimmungen (z.B. das "Wegweiserecht") für die Opfer auch sind, kann diese Art der Existenz- und Überlebenssicherung der Opfer nur der letzte Ausweg sein. Es ist daher für alle Beteiligten wichtig zu lernen, sich gerade im engsten Bekannten- und Familienkreis so zu verhalten, dass auch bei höchster emotionaler Anspannung (und gerade *die* Menschen, die mir am *nächsten* sind, können mich am meisten verletzen) noch vor der Schwelle absoluter Gewalteskalation Halt gemacht werden kann. Auch dazu vermittelt die Ausstellung positive Erfahrungen.
Der *Arbeitsplatz* ist ein weites Feld für Gewalt: vom Schikanieren bis zum offenen "Mobben" einer Person durch die Kollegen oder den Vorgesetzten. Noch ist unklar, ob diese Phänomene quantitativ zunehmen oder ob es nur die gewachsene Sensibilität der Öffentlichkeit ist, die für größere Aufmerksamkeit und damit für häufigere Erwähnung in den Medien sorgen. Gleichviel: Auch hier ist es möglich, etwas zu *tun*. Das gilt auch für Willkürakte seitens der Vorgesetzten, unbegründete Entlassungen oder sexuelle Belästigung am Arbeitsplatz.

Im Grunde ist das Phänomen schon lange bekannt: Als Goethes "Werther" veröffentlicht wurde, der eine ganz bestimmte Stimmung junger Erwachsener seiner Zeit sehr gut traf, zog der am Ende des Romans beschriebene Selbstmord des unglücklichen Liebhabers eine beachtliche Zahl von realen Selbstmorden nach sich.

Im Zeitalter der modernen Massenmedien ist dieser "Ansteckungseffekt" ungleich stärker, weil einzelne Ereignisse, die sonst nur in der näheren Umgebung wahrgenommen würden, für alle sichtbar werden. *Erstens* haben die Medien selbst ein Interesse an *"bad news"*, die eine besondere Art der Spannung zu erzeugen vermögen, ohne dass man selbst gefährdet ist. Sie lassen sich besser verkaufen als "good news".

Zweitens werden manche Taten hauptsächlich deshalb begangen, damit die Täter ins Rampenlicht der Medien gelangen. (Berliner Kontaktbeamte der Polizei berichten von geradezu rührenden Begegnungen mit Jugendlichen, die die Zeitungsmeldung ihrer Straftat in Plastik eingeschweißt auf der Brust tragen und jedem, der sie sehen oder nicht sehen will, stolz vorzeigen.) Die Defizite an Wahr- und Ernstgenommenwerden, an Anerkennung in den eigenen Nähebeziehungen wird solcherart über die Einbeziehung der Medien notdürftig kompensiert.

Gerade in den letzten Jahren des 20. Jahrhunderts, so wurde kürzlich nachgewiesen, war ein guter Teil dessen, was in der Öffentlichkeit als Besorgnis erregende Zunahme von Jugendgewalt z.B. gegen Ausländer und von Ausländern registriert wurde, ein Ergebnis medialer Inszenierungen (und manchmal auch irreführender Statistiken). Weil die Medien, bestimmte Parteien und Bevölkerungsgruppen Gewalt geradezu "brauchen", um sich positiv davon absetzen und die eigene Identität markieren zu können, wird Jugendszenen – insbesondere von Minderheitskulturen – Gewalttätigkeit vielfach angedichtet. Gentlemen in Schlips und Kragen eignen sich weniger zur Projektion eigener Gewaltneigungen, Aggressionen, Rachegefühle usw. als der sich absonderlich verkleidende Punk, Skinhead oder der fremd aussehende Zuwanderer.

> ***Durch Abbau von Anonymität, Vorurteilen, Feindbildern kann Gewalt aufgefangen werden.***

Zwar nehmen die Fälle zu, in denen z.B. Kinder oder Jugendliche auf einen bereits am Boden liegenden Gegner eintrampeln oder in denen sich nicht wehrende Opfer auf brutale Weise misshandelt werden. Diese Enthemmung ist möglicherweise auf die brutalen Gewaltszenen zurückzuführen, die täglich in den verschiedensten Medien, neuerdings besonders in Computerspielen, dargeboten werden – vielleicht aber noch mehr auf die rapide abnehmende Bindungskraft von Regeln und Verhaltenscodices.

Vergleicht man aber diese Formen von – meist – *männlicher* Brutalität mit dem gesellschaftlich akzeptierten Maß an Gewalttätigkeit etwa um die Wende vom 19. zum 20. Jahrhundert, als das tödliche, offiziell verbotene Duell nicht nur gesellschaftlich geduldet, sondern unter besonderen Umständen oft erzwungen wurde – man denke an *Fontanes* "Effi Briest" und an die begeisterte Bereitschaft von Hunderttausenden zur Massenschlächterei im Ersten Weltkrieg, in den Freikorpskämpfen danach und im Zweiten Weltkrieg –, so erübrigt sich die Frage, welche Gesellschaft historisch gesehen eigentlich die gewalttätigere war.

Um die Notwendigkeit solcher Maßnahmen verstehen zu können, muss man sich die Lebensgeschichten von Tätern vor Augen führen: Nahezu alle Gewalttäter sind in ihrer Kindheit selbst Opfer massiver Gewalt gewesen. Sie sind von ihren Eltern oder anderen Bezugspersonen geschlagen, gedemütigt, sexuell missbraucht worden oder anderen Formen des (Psycho-)Terrors ausgesetzt gewesen. Dies trifft auch auf die sog. Wohlstandsverwahrlosung von Kindern und Jugendlichen zu, denen es zu Hause äußerlich gesehen "an nichts gefehlt" hat und die nie oder sehr selten geschlagen wurden, aber aus Mangel an Zuwendung ihrer sozialen Bezugspersonen "auf die schiefe Bahn geraten" sind.

Die Massenmedien sorgen für Aufmerksamkeit. "Ansteckungseffekte" können die Folge sein.

Meistens ist Gewalt ein Ausdruck der Hilflosigkeit, der Griff nach einem letzten Mittel, nachdem man – scheinbar – alle anderen vorher vergeblich versucht hat. Und nicht selten ist der Gewaltakt eigentlich ein *Hilfeschrei*. Das gilt in der Eltern-Kind-Beziehung genauso wie am Arbeitsplatz, in Freizeiteinrichtungen oder im "Krieg der Geschlechter".

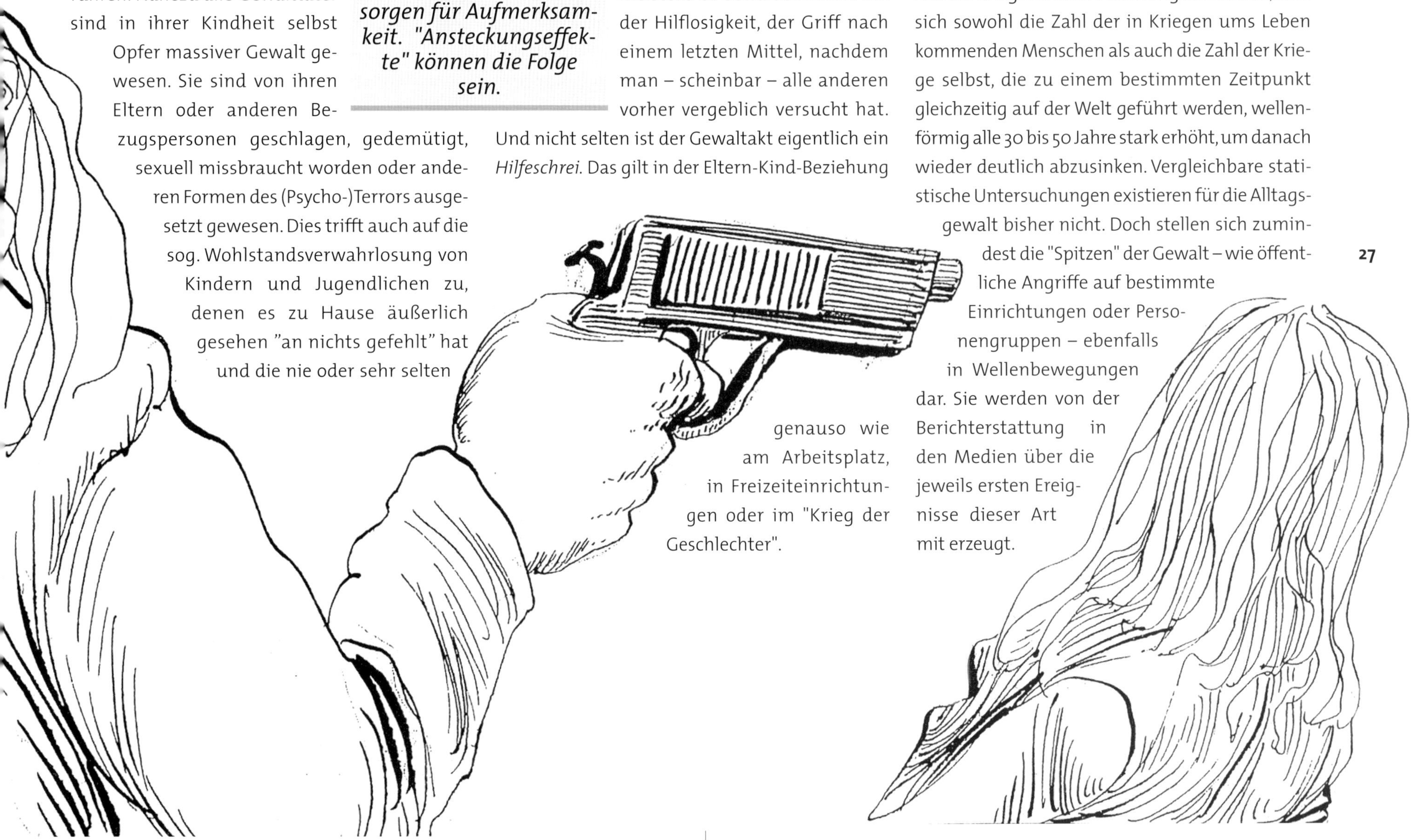

Gewalt als Wellenbewegung und die Rolle der Medien

Aus der Kriegsursachenforschung ist bekannt, dass sich sowohl die Zahl der in Kriegen ums Leben kommenden Menschen als auch die Zahl der Kriege selbst, die zu einem bestimmten Zeitpunkt gleichzeitig auf der Welt geführt werden, wellenförmig alle 30 bis 50 Jahre stark erhöht, um danach wieder deutlich abzusinken. Vergleichbare statistische Untersuchungen existieren für die Alltagsgewalt bisher nicht. Doch stellen sich zumindest die "Spitzen" der Gewalt – wie öffentliche Angriffe auf bestimmte Einrichtungen oder Personengruppen – ebenfalls in Wellenbewegungen dar. Sie werden von der Berichterstattung in den Medien über die jeweils ersten Ereignisse dieser Art mit erzeugt.

kommt der Frage, ob die Hinzukommenden zu wortlosen, nicht eingreifenden Zuschauern oder gar zu "anstachelnden" Komplizen werden, oder ob sie ihrer Missbilligung deutlichen Ausdruck verleihen, entscheidende Bedeutung zu. Allerdings sollte man nicht den einzelnen Bürger für den oft beklagten Mangel an Zivilcourage verantwortlich machen, sondern die Institutionen, die es versäumen, Zivilcourage und ihre gewaltfreien Methoden einzuüben.

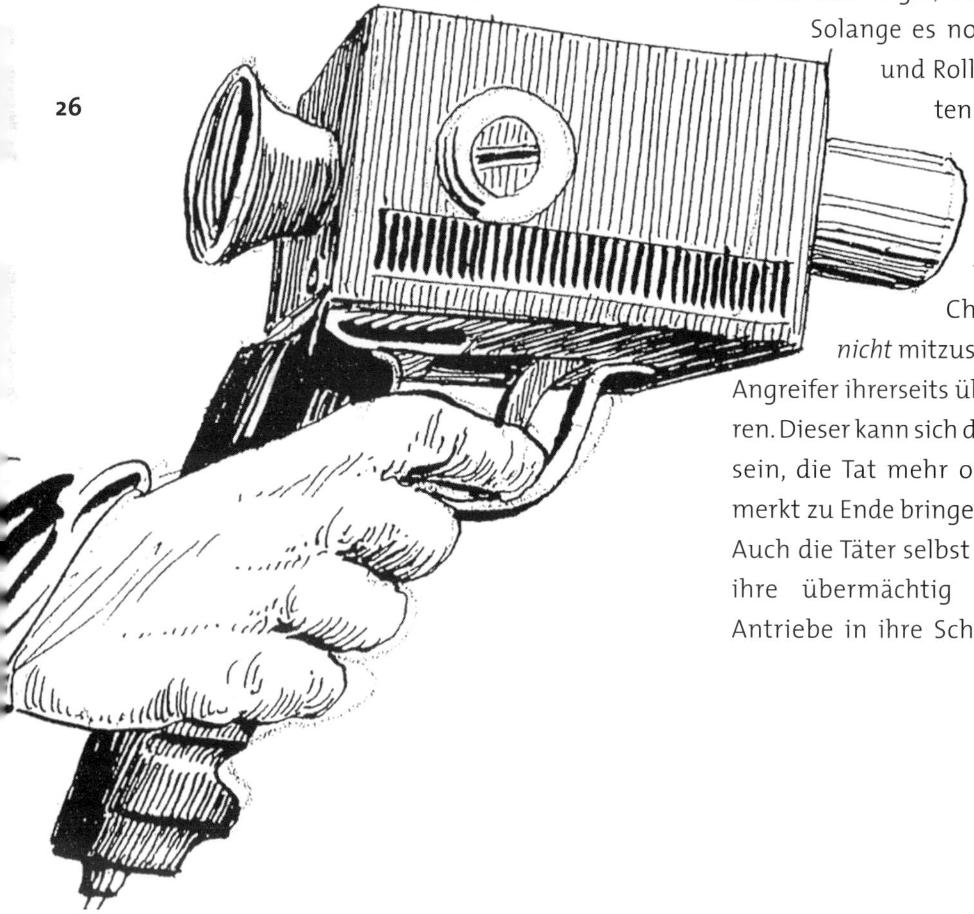

Auch die potenziellen *Opfer* haben reale Chancen, effektiv in das Gewaltgeschehen einzugreifen. Täter gehen in der Regel davon aus, und ihre eigenen Erfahrungen als Opfer in der Kindheit bestätigen sie darin, dass die Opfer die ihnen vom Angreifer/Täter zugedachte Rolle relativ rasch und ohne allzu große Gegenwehr annehmen – sei es aus Angst, Scham oder Überraschung.

Beide - Zuschauer und Opfer - können den Verlauf der Tat beeinflussen.

Solange es noch um die Machtbalance und Rollenverteilung der Beteiligten geht und der Täter den entscheidenden Schritt nicht getan hat, haben die potenziellen Opfer erfahrungsgemäß recht gute Chancen, das Gewaltspiel *nicht* mitzuspielen, z.B. indem sie den Angreifer ihrerseits überraschen oder verwirren. Dieser kann sich dann nicht mehr sicher sein, die Tat mehr oder weniger unbemerkt zu Ende bringen zu können.
Auch die Täter selbst können lernen, ihre übermächtig scheinenden Antriebe in ihre Schranken zu weisen – wenn sie hierbei gesellschaftliche Unterstützung erfahren (z.B. durch Antiaggressionstraining, Gewalt-Entzugstheraphie oder durch Angebote zur kollektiven Selbstreflexion). Wie viele der potenziellen Täter diese Angebote erreichen, hängt nicht zuletzt davon ab, wie viel die Gesellschaft hierfür aufzuwenden bereit ist und wie stark sich Institutionen und Organisationen für dieses Ziel engagieren.

Hans-Georg Rauch

Angehörigen der Minderheit erschwert. Kulturelle Gewalt wird zweitens dann erfahren, wenn das Sprechen der eigenen Sprache, die Verwendung der eigenen, tradierten Kultursymbole und das Praktizieren der damit verbundenen Riten und Gebräuche durch die geschriebenen und ungeschriebenen Gesetze und Vorschriften der Mehrheitskultur erschwert oder unterbunden werden, und drittens, wenn Merkmale einer Minderheitskultur von Angehörigen der Mehrheitskultur zum Anlass für körperliche oder psychische personale Gewalt genommen werden, zum Beispiel, wenn ein europäischer Polizist das in Afrika als höflich geltende Zu-Boden-Schauen eines Schwarzafrikaners als Schuldbewusstsein deutet und diesen daraufhin niederschlägt.

Strukturelle, institutionelle, kulturelle und psychische Gewalt sind genau so Rechtsverletzungen wie physische Gewalt.

Psychische Gewalt wird mit den Mitteln der Sprache, der Gesten, des Tonfalls und der Mimik ausgeübt. Menschen mit Hilfe der eigenen "Wortgewalt" einschüchtern, ihnen drohen, sie erpressen, anschwärzen, erniedrigen usw. kann sie ebenso wie körperliche Grenzüberschreitung in ihrem Selbstwertgefühl und Selbstbewusstsein so nachhaltig stören, dass sie in ihrer Entwicklung weit hinter ihren Möglichkeiten zurück bleiben, mit Erkrankung reagieren oder sogar körperliche Gewalt gegen sich selbst ausüben. Die wiederholte, "gewaltfrei" scheinende bloße Androhung von Sanktionen oder ein ständiges Wechseln zwischen Gewähren und Entziehen von Aufmerksamkeit können eine Person derart einschüchtern und demütigen, dass diese Praxis für ihren gesamten weiteren Umgang mit Menschen handlungsleitend wird.

Psychische Gewalt geht häufig der körperlichen Gewalt voraus. Sie ist im Regelfall *personale* Gewalt. Genauso wie körperliche Gewalt ist sie jedoch eingebettet in ein System strukturell-kultureller Regeln und Praktiken, ohne welches ihr quasi der "Rückhalt" fehlt. Auch ganze Gemeinschaften und Systeme können ohne körperlichen Zwang so auf einzelne Personen einwirken, dass sie psychischen Schaden nehmen. Kollektive *psychische* Gewalt hat in Mitteleuropa gegenwärtig stärkere Folgen als physische Gewalt von Gruppen.

Generell gibt es einen Kreislauf zwischen strukturellen und personalen Formen von Gewalt: Wenn anhaltende personale Gewalt von den Opfern verinnerlicht wird, entstehen mit der Zeit gesellschaftliche Gewaltstrukturen, deren Opfer wieder in personaler, unmittelbar ausgeübter Gewalt Auswege aus ihrer Misere suchen.

Opfer-Zuschauer-Täter – ein Zusammenhang

Bedenkt man die vielen Gesichter der Gewalt, so wird deutlich, dass fast alle Mitglieder der Gesellschaft in der einen oder anderen Weise immer wieder in wechselnden Rollen Anteil an ihr haben: als Opfer, als Zuseher oder als Täter. Gewalt entsteht und wächst immer in einem sozialen Zusammenhang, braucht das "Zusammenspiel" aller Beteiligten. Damit soll keineswegs gesagt sein, dass alle auf *dieselbe* Art und Weise Anteil am Gewaltgeschehen haben. Indem wir von einem Zusammenhang zwischen Opfer, Zuseher und Täter sprechen, wollen wir vielmehr – ohne Schuldzuweisung – auf die *Handlungsspielräume* aller Beteiligten verweisen.

Täter – sofern es ihnen nicht um die bloße Existenzsicherung durch Raub und Diebstahl geht – brauchen *Zuseher*. Gerade Jugendliche sind oft von der geradezu verzweifelten Suche nach Anerkennung und Bestätigung motiviert. Daher

Majestäts jüngster Rekrut!

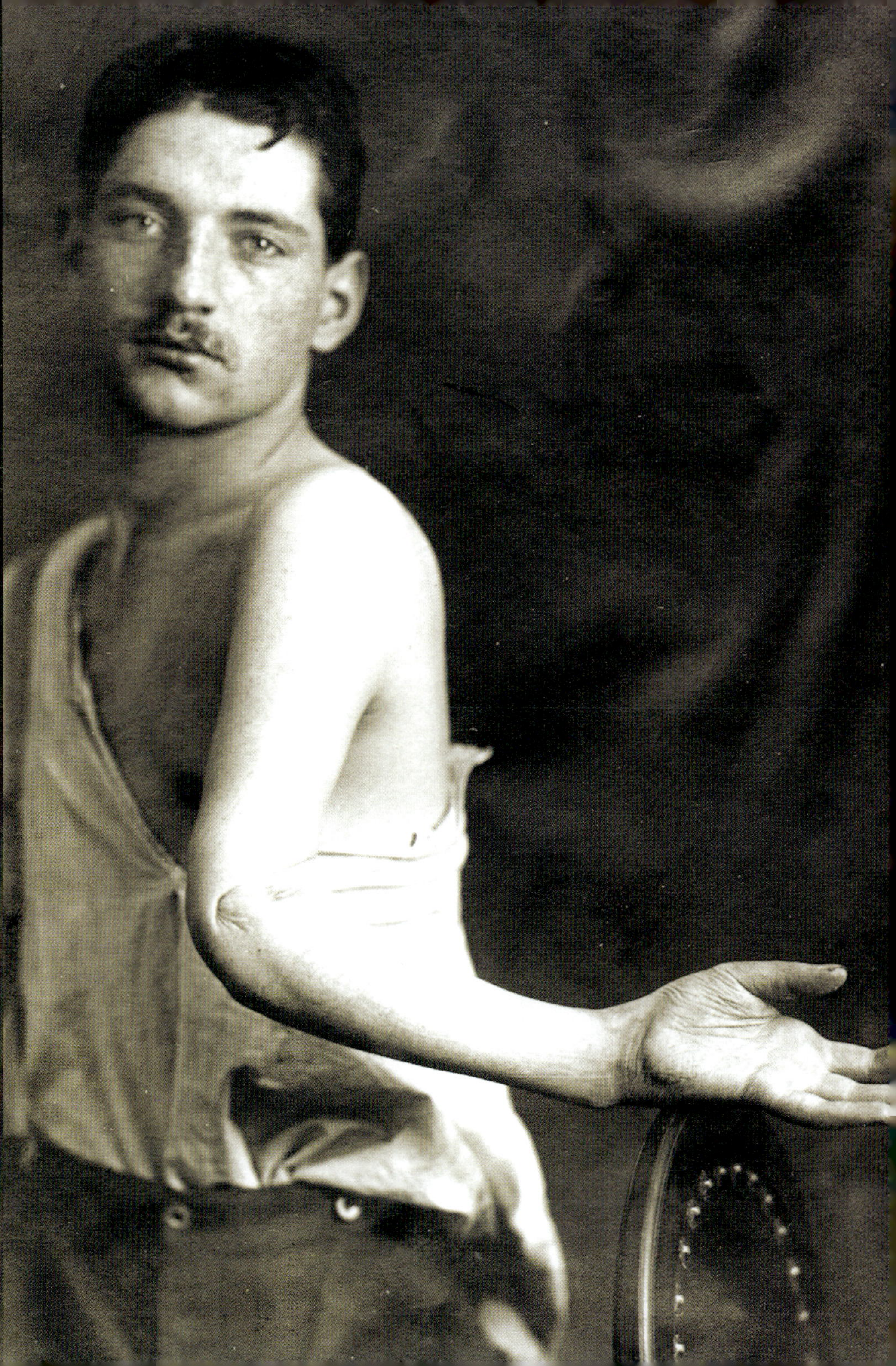

...die Kriegsgewalt verhindern

Was lehren die Kriege seit 1945? *(Klaus-Jürgen Ganzel)*

...die Kriegsgewalt verhindern

Was lehren die Kriege seit 1945?

Die ganze bekannte Menschheitsgeschichte hindurch haben Menschen gegen Menschen gekämpft, meistens Männer gegen Männer. Ob mit primitiven Keulen oder lasergesteuerten Bomben – sie haben verwundet, getötet, zerstört, vernichtet. Es scheint, als wohne dem Menschen ein angeborener Kriegstrieb inne, eine gewaltträchtige Aggressionslust, die er seit Urzeiten stammesgeschichtlich mit sich schleppt und bislang nicht zu bewältigen vermochte. Viele Leute können sich das wiederkehrende Phänomen des Krieges nicht anders erklären, und manche Wissenschaftler liefern dafür Indizien und haben als harmlose Aggressionsabfuhr zum Beispiel Fußballspiele empfohlen. Angesichts der Grausamkeiten, zu denen Krieg führende Menschen fähig sind, wird gesagt, es breche das Tier aus ihnen hervor. Das ist eine Verkehrung der Tatsachen. Kämpfe innerhalb derselben Tierart, derselben Spezies, um das eigene Nahrungsrevier, um die Führungsposition in der Herde, um Weibchen oder zum Schutz der Jungen enden selten mit Verletzungen einer Seite und noch seltener mit dem Tod.
Aber ausgerechnet die so genannte Krone der Schöpfung scheint jede intraspezifische Tötungshemmung verloren, vielleicht nie erworben zu haben.

Krieg ist kein Schicksal

Aber stimmt denn wirklich, was Pessimisten glauben: dass Krieg eine unüberwindbare gesellschaftliche Einrichtung, dass er Schicksal sei? Die Präambel der Charta der Vereinten Nationen beginnt so: "Wir, die Völker der Vereinten Nationen – fest entschlossen, künftige Geschlechter vor der Geißel des Krieges zu bewahren ...". Was mögen sich die Vertreter der Gründerstaaten bei dieser Formulierung wohl gedacht haben? Wollten sie an die epidemischen mittelalterlichen Flagellanten-Umzüge in Europa erinnern, bei denen sich christliche Laien zur Buße selber mit einer Geißel peitschten? Dann würde die Metapher besagen, dass es die Völker, die Menschen selber sind, die sich mit dem Instrument des Krieges quälen. Oder dachten die Verfasser an die masochistische Flagellomanie? Wohl kaum, aber diese Deutung würde die wichtige Frage aufwerfen: Welche Hand führt die Geißel, wer *macht* Krieg? Und warum? Mit dieser Frage kann man den Auslegungen begegnen, die den Krieg ungeschichtlich auf die menschliche (männliche) Triebnatur oder auf eine ominöse Schicksalhaftigkeit zurückführen und damit in Abrede stellen, dass er abgeschafft werden kann.
Wie stark wir vom Krieg geprägt sind, zeigt schon der unbewusste hohe Militarisierungsgrad unserer Alltagssprache: Da werden Argumente "ins Feld geführt", Projekte "in Angriff genommen", geschäftliche "Strategien" entwickelt, da wird der Konkurrent "ausmanövriert", ein Politiker "aufs Korn (oder ins Visier) genommen", da werden Vorwürfe "abgewehrt", da will einer sein "Pulver nicht nass werden lassen", da wird einem Skandal politische "Sprengkraft" zugeschrieben, undsoweiter undsoweiter. Jeder achte mal auf seine Wörter.
Unsere Alltagssprache geht oft recht lax mit dem Begriff des Krieges um; da findet man zwischen Ehekrieg und Atomkrieg unzählige Konfliktformen, die als Krieg tituliert werden. Wir wollen hier genauer sein, bewusster. Krieg ist zunächst ein Akt der Gewalt, um den Gegner zur Erfüllung "unseres" Willens zu zwingen. So definierte ihn 1832 der kluge, weitsichtige, von Hegels dialektischer Philosophie beeinflusste Kriegsschuloffizier Carl von Clausewitz in seinem Buch "Vom Kriege". Als Modell hatte er dabei den Zweikampf

vor Augen. Als Gedankenexperiment dachte er sich alle äußeren Einflüsse auf den Kampf weg und fand heraus, dass allein das Ziel der Unterwerfung unter den eigenen Willen, das sowohl den Angreifer als auch den Verteidiger antreibt, zur gegenseitigen totalen Vernichtung führen müsse; die Gewalteskalation verdränge jeden anderen Zweck. Clausewitz hatte in den "Volkskriegen" im Gefolge der Französischen Revolution und der Industrialisierung zwar erkannt, dass Krieg sich tendenziell zum Vernichtungskrieg hin entwickelte – im Unterschied zu den "Manöverkriegen" oder "Kriegen der Könige" im 17./18. Jahrhundert – eine Tendenz, die sich im amerikanischen Bürgerkrieg und in den beiden Weltkriegen verstärkt hat und in Gestalt des Atomkrieges zur realen Möglichkeit geworden ist.

Krieg ist ein Akt der Gewalt, um den Gegner zur Erfüllung "unseres" Willens zu zwingen.

Aber Logik und Geschichte lehrten ihn, dass in Wirklichkeit die Kriege eben nicht zu jenem Extrem wie im Modell führen müssen: erstens weil Krieg kein "ganz isolierter Akt wäre, der urplötzlich entstünde und nicht mit dem früheren Staatsleben zusammenhinge"; zweitens weil er nicht "aus einer einzigen oder aus eine Reihe gleichzeitiger Entscheidungen bestünde"; drittens weil er keine "in sich vollendete Entscheidung enthielte und (...) der politische Zustand, welcher ihm folgen wird, durch den Kalkül schon auf ihn zurückwirkte". Deshalb trete entgegen dem abstrakten Modell der politische Zweck wieder hervor und Krieg könne somit als "die Fortsetzung der Politik mit Einmischung anderer Mittel" definiert werden. Diese Definition, die viel bekannter ist als die erstgenannte, wird oft missverstanden, als plädiere Clausewitz *für* den Krieg als Mittel der Politik. Er analysiert nur die Realität, ganz nüchtern. Krieg wird, so stellt er fest, geplant, ungeachtet der Erfahrung, dass Zwecksetzung und politisches Kalkül häufig völlig unrealistisch und irrational sind – wie z.B. auf Seiten der USA im Vietnamkrieg, auf Seiten der Sowjetunion im Afghanistankrieg oder auf Seiten des Iraks in den Kriegen gegen den Iran und Kuwait. Andererseits ist hier der tiefere Grund dafür zu finden, dass es bisher keinen atomaren Schlagabtausch gegeben hat. Langsam, aber stetig setzte sich im Ost-West-Konflikt zwischen den Atommächten die Einsicht durch, dass diese absoluten Massenvernichtungswaffen in einem Krieg zu keinem politischen Zweck taugen, was wohl auch die Staatsführungen Indiens und Pakistans lernen werden. Die Clausewitzsche Definition hilft auch zu vermeiden, den Begriff des Krieges unterschiedslos auf die verschiedensten gewaltförmigen Auseinandersetzungen zu übertragen.

Krieg – ob zwischenstaatlicher oder innerstaatlicher Krieg – muss mit Politik und Staat, also mit politischer Herrschaft unmittelbar zusammenhängen. Genau dieses will die aus der Arbeitsgemeinschaft Kriegsursachenforschung (AKUF) an der Universität Hamburg stammende Arbeitsgruppe deutlich machen, die Beiträge zum Konzept des Ausstellungsteils "Zitadelle der Kriegsgewalt" geleistet hat. Vor Friedenspraxis ist Herrschaftskritik gesetzt. Solche Kritik bezieht sich nicht nur auf "die da oben", auf so genannte Entscheidungs- und Verantwortungsträger, sondern umschließt auch uns, "die hier unten", die kriegsträchtiges Entscheiden und Handeln dulden oder gar fördern. Denn dem eigentlichen Kriegsinferno gehen allemal Propaganda und der Aufbau von Feindbildern, Rüstungsproduktion und die Auffüllung von Waffenarsenalen, Ausbildung und Disziplinierung von Kämpfern und deren widerspruchslose Unterordnung unter eine Hierarchie voraus, und was danach kommt, ist immer ein leidvolles Fragezeichen.

Schwerpunkte des Kriegsgeschehens seit 1945

Nähern wir uns nun von einer anderen Seite der Kritik an den Thesen vom Krieg als gleichsam angeborenes sowie als verhängtes "Schicksal", das über einen kommt oder in das man hineinschlittert wie z.B. in den Ersten Weltkrieg, wie uns einige Historiker und Politiker glauben machen wollten, um von der politischen Verantwortung abzulenken. Zunächst ist offensichtlich, dass nicht zu allen Zeiten und allen Orten Krieg geführt wurde und wird. Ferner gibt es Gesellschaften, die oft in Kriege verwickelt sind, und andere, die das ganz selten oder nie sind. Manche Länder, in denen oder zwischen denen früher oft Kriege stattfanden, sind mittlerweile friedfertig geworden, und umgekehrt. Das macht deutlich, dass wir es mit einem historischen, also von Menschen gemachten, somit änderbaren Phänomen zu tun haben.

Seit dem Mittelalter hat kein Kontinent so viele und schwere Kriege erlebt wie Europa bis fast zur Mitte des 20. Jahrhunderts. Und es hat mit seinen überlegenen Schiffen und Waffen fast alle Völker in den anderen Regionen der Welt bekriegt, manche sogar ausgerottet, und die meisten kolonialistisch unterworfen. Seit dem Zweiten Weltkrieg, einem der furchtbarsten Kriege, fanden in Europa aber nur noch wenige Kriege statt, und diese sämtlich an den jeweils weniger entwickelten Peripherien (Griechenland, Spanien, Baskenland, Nordirland, Osteuropa, Ungarn, Zypern, Jugoslawien). Es wäre übertrieben, in Europa schon einen Hort des Friedens auszumachen, zumal es zusammen mit seinen "Ablegern" in Nordamerika durch Rüstungsexporte und Interventionen kräftig zu kriegerischen Auseinandersetzungen in anderen Gegenden beigetragen hat und immer noch beiträgt, wenngleich mit rückläufiger Häufigkeit. (Die schwierige Frage, ob polizeiartige Interventionen wie in Somalia, gegen den Irak oder auf dem Balkan legal, legitim und zweckmäßig gewesen sind, kann hier nicht erörtert werden.) Aber es ist doch auffällig, dass nach den Jahrhunderten blutiger feudalistischer, absolutistischer und nationalistischer Ausscheidungskämpfe das hoch entwickelte Kerneuropa zusammen mit den USA, Kanada, Australien, Neuseeland und Japan als dauerhaft befriedet angesehen werden kann, jedenfalls im Vergleich mit früher und mit den Entwicklungsländern.

Krieg hängt mit politischer Herrschaft unmittelbar zusammen.

Stattdessen hat sich die Kriegehäufigkeit wesentlich, d.h. zu über 90 Prozent von allen rund 200 seit 1945 begonnenen Kriegen, in die so genannte Dritte Welt verlagert. Davon ist mit zwölf Fällen die Zahl der Dekolonisationskriege relativ klein gewesen. Das ist ein nicht unbedeutendes Faktum angesichts der Tatsache, dass die meisten Teile der Welt von europäischen Kolonialmächten beherrscht waren. Am längsten hat das ökonomisch arme Portugal an seinen afrikanischen Kolonien (Mozambique und Angola) festgehalten, mit bis heute schwer wiegenden Folgen. Auch die Zahl der Kriege *zwischen* Entwicklungsländern ist längst nicht so groß, wie angesichts der starken Vermehrung souveräner Staaten als Folge der Dekolonisation zu vermuten wäre. Hier wirkt sich aus, dass das internationale System durch Machtverteilung, durch internationale Organisationen, durch Verträge und Abkommen, durch vielfältige Interdependenzen, durch völkerrechtliche Normen und nicht zuletzt durch die Ächtung des Krieges heute stärker durchstrukturiert ist als früher. Es ist nicht mehr anarchisch, trotz der vielen einzelstaatlichen Souveränitätsansprüche, und wenn eine Regierung die Grenze eines Nachbarstaates in feindlicher Absicht überschreitet, geht sie ein hohes Risiko ein.

Die Hauptmenge der Kriege seit 1945 bilden innerstaatliche Antiregime-Kriege, in denen eine revolutionäre, konterrevolutionäre oder schlicht um die staatlichen "Fleischtöpfe" rivalisierende Gegenelite die Staatsmacht erobern will, oder Kriege, in denen eine ethnisch politisierte Minderheit um mehr Autonomie oder gar um das Ausscheiden aus dem Staatsverband kämpft. Dass der Anteil innerstaatlicher Kriege seit dem frühen 19. Jahrhundert allmählich, aber mit wachsendem Tempo zugenommen hat und nach 1945 insgesamt deutlich überwog, verweist auf bedeutsame, grundlegende Veränderungen in der Weltgeschichte.

Nicht Kriege zwischen Staaten, sondern innerstaatliche Antiregime-Kriege herrschen seit 1995 vor.

Doch auch im Hinblick auf Kriegsanfälligkeit ist die Dritte Welt keine homogene Einheit. Der Kontinent mit der geringsten und am deutlichsten abnehmenden Zahl von Kriegen seit 1945 ist Lateinamerika. Dort liegt die Befreiung von den Kolonialmächten, besonders von Spanien, bald zweihundert Jahre zurück, und gesellschaftliche Modernisierungsprozesse haben sich, obgleich mühsam und noch nirgendwo gänzlich, gegen US-gestützte Oligarchien und krass ungerechte Einkommens- und Vermögensverteilungen bis zu einem gewissen Grade durchgesetzt. Die bedrückendste Ausnahme stellt Kolumbien dar. Gleichwohl entspricht die Entwicklungstendenz der für Europa beobachteten.

Merklich mehr Kriege sind für Asien, besonders Süd- und Südostasien, zu verzeichnen, ebenso für den in eurozentristischer Geografie so genannten Nahen und Mittleren Osten, einschließlich des arabisch geprägten Nordafrika. Hier ist die Herausbildung moderner Staats- und Wirtschaftsstrukturen noch konfliktreich im Gange, wie beispielsweise in Afghanistan, im Iran oder Israel zu beobachten ist, wo gottesstaatlich ori-

Hans-Georg Rauch

entierte oder ideologisch fundamentalistische Gruppen die objektiv notwendigen friedensfördernden Reformen in Wirtschaft und Politik zu verhindern suchen. Ein erheblicher kriegsverursachender bzw. friedensverhindernder Teil der Probleme in beiden Regionen resultiert aus der bislang nicht gelungenen gesellschaftlichen Integration. Dies hängt wiederum eng mit Fragen ungerechter Verteilung zusammen, und diese wiederum mit Fragen ungenügender politischer Partizipation der Masse der Bevölkerung und mit behinderter oder gar unterdrückter Organisation von Interessen, z.B. durch freie Gewerkschaften und Parteibildungen. Die meisten kriegerisch ausgetragenen Konflikte verzeichnet Afrika südlich der Sahara – ein Kontinent, von dem der deutsche Schutzzolltheoretiker Friedrich List im 19. Jahrhundert behauptet hatte, der Tropengürtel sei entwicklungsunfähig und tauge nur zur Rohstoffabsaugung. In der Tat ist zuzugeben, dass dort bis heute die Entwicklung moderner Staats-, Wirtschafts- und Gesellschaftsstrukturen die relativ größten Defizite aufweist. Allerdings, nirgendwo sonst auf der Welt hat der europäische Imperialismus so tief greifende, nachhaltige gesellschaftliche Verwerfungen hervorgerufen wie in Afrika. Was früher in Lateinamerika gang und gäbe war, nämlich Machtwechsel durch Putsch von Offizieren, ist heute in Afrika üblich.

Die meisten kriegerisch ausgetragenen Konflikte seit 1945 verzeichnet Afrika südlich der Sahara.

Die politischen Strukturen sind – mit wenigen Ausnahmen – desolat, autoritär und meistens noch korrupter als in anderen Entwicklungsregionen.

Insgesamt ist die Zahl der in jedem Jahr geführten Kriege von vier im Jahre 1945 immer weiter angestiegen bis zum vorläufigen Höhepunkt 1992, als 52 Kriege gezählt wurden. Im Zusammenhang mit der Auflösung des Ost-West-Konflikts ging die Zahl zurück bis auf 29 Kriege im Jahre 1997. Seitdem steigt sie aber wieder an, und es steht zu befürchten, dass der Anstieg anhalten wird. Diese Gesamtentwicklung der Kriegehäufigkeit, die nach sehr vorsichtiger Schätzung seit 1945 über fünf Millionen Menschen das Leben kostete, vor allem Zivilisten, ist weit überwiegend auf die inneren Kriege in der Dritten Welt und neuerdings in Nachfolgestaaten des ehemaligen Sowjetimperiums zurückzuführen.

Gibt es eine übergreifende Erklärung für diese Entwicklung des Kriegsgeschehens?

In den westlichen Industrieländern hat sich mittlerweile die kapitalistische Gesellschaftsformation endgültig durchgesetzt. Sie bedeutet nicht nur freie Kapitalbildung, freies Unternehmertum, freie Lohnarbeit und Marktwirtschaft, sondern umfasst viel mehr: staatliches Gewaltmonopol, Rechtsstaatlichkeit, Demokratie, relativer Wohlstand und relative Verteilungsgerechtigkeit, geregelten Konfliktaustrag, nicht zuletzt sehr viel Selbstdisziplin bei allen Beteiligten. Sie ist gewiss kein Paradies, doch die Konflikte in und zwischen diesen Staaten werden in aller Regel nicht kriegerisch zu lösen versucht. Zugleich haben Industrialisierung und Hochtechnologisierung das militärische Gewaltpotenzial enorm gesteigert und die Form der Kriegführung enorm verändert. Der gesteigerten Produktivität in der Wirtschaft entspricht die gesteigerte Destruktivität im Zerstörungspotenzial. Ebenso findet entfremdete Industriearbeit ihre Parallele im entfremdeten Kampf: Weder der Panzerschütze noch der Bomberpilot sieht seinem Gegner in die Augen, und die Napalm-, Nadel-, Vakuumbomben unterscheiden nicht zwischen Kämpfern und Zivilisten. Allerdings erweisen sich solche Hochrüstung und die damit verbundenen Militärstrategien als immer weniger geeignet zum Einsatz in den inneren Konflikten, um die es, wie angedeutet, hauptsächlich geht. Die US-Intervention in Vietnam, die sowjetische in Afghanistan, die UN-Intervention in Somalia, die NATO-Intervention gegen Serbien wegen der Vertreibung der Kosovo-Albaner, der Krieg russischer Truppen gegen tschetschenische Separatisten sind deutliche Beispiele, selbst bei der Vertreibung der irakischen Truppen aus Kuwait zeigten sich die Grenzen modernster Waffentechnologie. So ist denkbar, dass der industrialisierte Krieg sich mangels Effizienz mehr und mehr selbst aufhebt, wie es im Bereich der Atomrüstung offenbar schon geschehen ist.

Kurzfristiges Krisenmanagement, wenn es schon brennt, reicht nicht aus.

Der vorherrschende Kriegstyp ist, wie gesagt, der Antiregime- und der Sezessionskrieg in der Dritten Welt, und seine Form ist hauptsächlich der Kleinkrieg und der Guerillakrieg, der mit Maschinenpistolen und -gewehren, Granatwerfern, Handgranaten, billigen Minen, Jeeps und Mobiltelefonen geführt wird. Generell hängt die Dominanz dieses Kriegstyps mit der Entwicklung des Kapitalismus zusammen, jedoch auf andere Weise. Es gibt kaum einen Winkel der Welt, wo kapitalistische Wirtschaftsweise sich noch nicht eingenistet hat. Die Wege, auf denen sie eindrang und eindringt, sind verschieden: brutal durch Kolonialismus und Imperialismus, durch Militärhilfen und Rüstungsimporte, oder auf Schleichsohlen durch Außenhandel, Direktinvestitionen, Weltbankkredite, Entwicklungshilfe, nicht zuletzt durch Fernsehen, preiswerte Transistorradios und Arbeitsmigranten. Aber wie sie auch eindringt, sie zerstört und muss zerstören, was sie an traditionalen Gemeinschaftsformen vorfindet – in der Ökonomie, in der Politik, in der Sozialstruktur und in der geistigen Orientierung. Was sie nicht und schon gar nicht schnell leistet, ist der dem Wandel angepasste Aufbau neuer, ihr eigener Formen. Ob aus einer solchen Konfliktsituation ein Krieg entsteht, ist noch von weiteren Bedingungen abhängig, aber die inneren Kriege in der Dritten Welt sind fast alle an den Bruchlinien zwischen Tradition und der anscheinend alternativlosen kapitalistischen

Moderne zu finden. Eine auf friedfertige Strukturen hin ausgerichtete, also nachhaltige Friedenspolitik (*sustainable peace policy*) im globalen Maßstab hätte hier anzusetzen; jeweils nur kurzfristiges Krisenmanagement, wenn es schon brennt, reicht nicht aus. Eine derartige Friedenspolitik wird aber einen langen Atem benötigen; schließlich haben die westlichen bürgerlichen Industriegesellschaften auch Jahrhunderte blutiger Auseinandersetzungen gebraucht, um den humanen und produktiven Wert friedlichen Interessenausgleichs zu erlernen und institutionell abzusichern (von gelegentlichen kleineren Rückfällen abgesehen). In den heutigen Konfliktregionen wird es hoffentlich wesentlich schneller gehen, wobei die kapitalistische Dynamik hierbei wie überall als Beschleunigungsfaktor wirken kann.

"Wann Krieg beginnt, das kann man wissen, aber wann beginnt der Vorkrieg. Falls es da Regeln gäbe, müßte man sie weitersagen." (Christa Wolf: Kassandra, 1983)

Das Ins-Werk-Setzen einer nachhaltigen Friedenspolitik auch für die Entwicklungsgesellschaften – und nicht nur bloßes In-Wert-Setzen zwecks Gewinnerzielung – lässt sich nicht nur durch Pochen auf Menschenrechte und durch Moralpredigten gegen kriegstreibende Potentaten und Rebellen bewerkstelligen. Jeder sehe zu, was er in seinem persönlichen Umfeld, in seiner eigenen Gesellschaft bewirken kann. Als Leitmotiv hierfür kann das unübertreffliche Zitat aus Christa Wolfs "Kassandra" (1983) dienen (siehe Kasten).

Klaus-Jürgen Ganzel

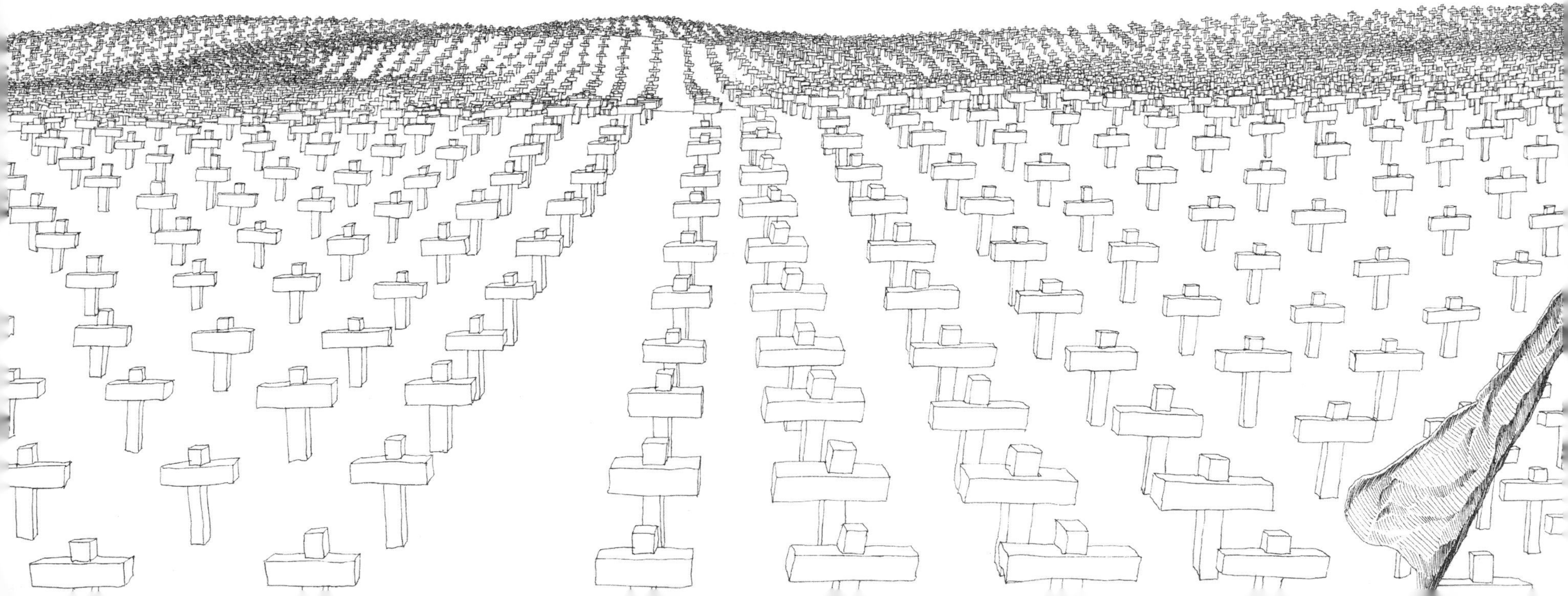

...bedrohtes Überleben

IST DIE ERDE NOCH ZU RETTEN? *(Jürgen Schneider)*

...Konflikt um Wasser

VON DER KONFRONTATION ZUR KOOPERATION? *(Jörg Barandat)*

...bedrohtes Überleben

Ist die Erde noch zu retten?

Wenn wir unseren Lebensraum Erde und seine Verletzlichkeit verstehen wollen, müssen wir etwas über die Geschichte der Erde und des Lebens wissen. Wir müssen versuchen, das System GAIA zu verstehen, von dem später die Rede sein soll. Der Verbrauch von Rohstoffen, der exponenziell zunimmt, und die hieraus entstehenden Abfälle müssen uns ebenso beschäftigen wie die Auswirkungen auf die Ökosphäre, auf die Soziosphäre und damit auf die Zukunft der heutigen und der nächsten Generationen von Lebewesen. Beschäftigen müssen uns gleichermassen die Suche nach Rohstoffen und die nach Deponien, nach einer Antwort auf die Frage nach dem Schutz der Umwelt sowie nach Wegen zu einer nachhaltigen Entwicklung. Das wird unbequem, denn allzu viele Unbekannte sind im Spiel: Wir bewegen uns auf bisher "unbetretenen Pfaden" (H. P. Dürr). Es geht heute um die Suche nach Antworten auf die brisante Frage nach der Zukunftsfähigkeit des Menschen, um einen Paradigmenwechsel in Wissenschaft, Wirtschaft, Gesellschaft und Politik.

Die Menschen in der Geobiosphäre

Aufgabe der Wissenschaft sei es, so meinten einst Francis Bacon und René Descartes, jenes Wissen zu liefern, das uns in die Lage versetzt, uns zu Herren, Bezwingern und Besitzern der Natur und der Erde aufzuschwingen. Wir sind, so hören wir auch heute vielfach, die Krone der Schöpfung. Selbst in der Bibel glauben wir belegt, dass wir etwas Besseres und Höheres seien als die übrigen Organismen: Bei Matthäus 6(26) lesen wir: "Sehet die Vögel unter dem Himmel. Sie säen nicht, sie ernten nicht, sie sammeln nicht für die Scheunen, und euer himmlischer Vater nähret sie doch. Seid Ihr denn nicht viel mehr als sie?" Der Darwinismus, in pervertierter Weise als Sozial-Darwinismus auf die Gesellschaft übertragen, schien vielen zu bestätigen, dass wir die Tüchtigeren sind, aufgerufen, uns die Erde untertan zu machen. Diese Sicht ist noch heute weit verbreitet und gilt noch immer nicht als überholt.

In Erde und Natur sieht der Mensch Objekte der Ausbeutung und Beherrschung.

"Bemächtigungswissen" statt "Erkenntniswissen" haben wir gesammelt und tun dies auch weiterhin. Mit jedem neuen Erkenntnisschritt in der Forschung wurden wir übermütiger und arroganter in unserer Ideologie der technisch-wissenschaftlichen Machbarkeit. Dabei sind wir uns, die wir uns anmaßend "sapiens sapiens" (doppelt weise) nennen, über unsere existenzielle Abhängigkeit von dem System Geobiosphäre immer noch nicht im Klaren. Ist der Anspruch, die "Krone der Schöpfung" zu sein, überhaupt gerechtfertigt?

Betrachten wir uns evolutionsbiologisch und ökologisch als ein Glied der in rund vier Milliarden Jahren entstandenen natürlichen Nahrungskette, so sieht die Sache schon ganz anders aus: Wir sind das letzte und damit absolut unwichtigste Glied in der hierarchisch strukturierten Kette von den einzelligen Bakterien und Algen über die Pflanzen bis zu den Tieren. Am hintersten Ende der Kette erst stehen *wir* , und wären wir nicht da, so wäre das überhaupt kein Schaden im fein vernetzten Gefüge der Geobiosphäre. Nicht wir, sondern die Bakterien, die die Fotosynthese leisten, oder die Algen sind viel eher die "Krone" der Schöpfung. Von ihrem Überleben, von ihrer seit 3,8 Milliarden Jahren andauernden Aktivität hängen unser Leben und Überleben ab. Ohne sie wären wir nicht lebensfähig – wären wir gar nicht auf der Erde. Unser Planet ist Milliarden von Jahren recht gut ohne uns ausgekommen. Derart unbedeutend in der Geschichte der Geobiosphäre sollten wir wohl bescheidener sein und werden.

Die Bedrohung der Geobiosphäre durch den Menschen

Der größte und für die Zukunftsfähigkeit gefährlichste Irrtum des Menschen ist der Glaube an seine Überlegenheit über die Natur und an seine stetig wachsenden Fähigkeiten, die Erde für seine Zwecke unbegrenzt und immer mehr ausbeuten und nutzen zu können. Die anthropozentrische Begrenztheit unseres Blickwinkels und Horizontes im Verbund mit unserem Glauben an die technische Intelligenz und den technisch-wissenschaftlichen Fortschritt haben uns blind gemacht für die endlichen Grenzen unserer Erde und unseres Handelns. Wir behandeln die Erde, als hätten wir eine zweite in Reserve. Dabei ist offensichtlich: Wir haben nur diese eine, nicht einmal verlassen können wir sie – allen Träumen bemannter Weltraumfahrt zum Trotz. Wir sind ein Teil der Erde, und wir werden es bleiben.

Wolfgang Janisch

Die Beobachtung des weisen Indianer-Häuptlings Seattle vom Stamme der Duwamish muss uns zu denken geben: "Der weiße Mann ist ein Fremder, der kommt in der Nacht und nimmt von der Erde, was immer er braucht. Die Erde ist sein Bruder nicht, sondern sein Feind. ... Er stiehlt die Erde von seinen Kindern und kümmert sich nicht. Er behandelt seine Mutter, die Erde, und seinen Bruder, den Himmel, wie Dinge zum Kaufen und Plündern, zum Verkaufen wie Schafe oder glänzende Perlen. Sein Hunger wird die Erde verschlingen und nichts zurücklassen als eine Wüste."

Ist die Furcht vor der ökologischen Katastrophe begründet oder herbeigeredet, fragte der Physiker Hans Peter Dürr 1984. Seine Antwort lautet unmissverständlich und begründet: Atmosphäre, Klima, Gewässer, Böden, Wälder, die gesamte Biosphäre sind in höchster Gefahr! Wir sind dabei, den nächsten Generationen radioaktive, chemische und vielerlei andere hochgiftige Abfälle als Erbe zu hinterlassen: nichts als eine ausgebeu-

Wolfgang Janisch

tete, überlastete und zerstörte Umwelt. In zynischer Weise dienen da manche Wirtschaftler und Politiker allen Ernstes unseren Nachfahren unsere Müllhalden als künftige Rohstofflager an. Dabei zerstören wir alltäglich unser aller Lebensgrundlagen: Wir beuten aus, wir überbelasten, wir rotten aus. Wir sind es selbst, die das Überleben der Menschheit, ihrer Zivilisationen und Kulturen bedrohen.

An warnenden Stimmen fehlt es nicht – nur, wer hört sie? 1977 schrieb Aurelio Peccei, der Gründer des Club of Rome: "Die Welt lebt bereits im Notstand, nur will das Keiner wahr haben. Es sind keine Geister der Zukunft, die ich beschwöre, sondern ein Zustand, der bereits existiert." Hubert Markl, damals Präsident der Deutschen Forschungsgemeinschaft, stellte in einem Spiegel-Interview 1987 fest: "Der Menschheit steht das Waser hoch am Hals, und wenn der Geruch nicht täuscht, handelt es sich zunehmend um Abwasser." Im selben Jahr schrieb Lester Brown, Direktor des World Watch Institute, Washington: "Keine Generation hat bislang vor so komplexen Problemen gestanden, die noch dazu keinen Aufschub dulden. ... Wir sind die ersten, die vor der Entscheidung stehen, ob die Erde, die unsere Kinder erben, noch bewohnbar sein wird." Wenn wir so weiter leben, wie wir heute leben, beschwören wir unvermeidlich finale Verteilungskämpfe herauf: um die dramatisch schwindenden Ressourcen an sauberem Trinkwasser, an Anbauflächen, an Energie, an metallischen und nichtmetallischen Rohstoffen und am genetischen Potenzial aussterbender Arten. Jörg Tremmel (1997) sagte deshalb voraus, dass es einen neuartigen Gerichtshof der UN geben müsse, der sich mit den ökologischen Verbrechen unserer Generation gegenüber den Nachfolgegenerationen befassen müsse.

Das exponenzielle Wachstum der Erdbevölkerung ist zweifellos ein Problem, vor allem aber sind die steigenden, aus Profit-Interesse ständig neu geweckten Bedürfnisse und die z.T. weit überzogenen Ansprüche der Industrienationen die wesentlichen Gründe für die existenzbedrohenden Probleme, vor denen die Menschheit heute steht.

Bei Eintritt in das 21. Jahrhundert sind rund ein Fünftel aller Tier- und Pflanzen-Arten endgültig und unwiederbringlich ausgerottet: bis zu zwei Millionen Arten. Ein Genozid dieser Größenordnung und dieses Tempos ist ohne Beispiel in der rund vier Milliarden Jahre währenden Geschichte des Lebens auf der Erde. Glaubt jemand, man könne das durch Gentechnologie kompensieren?

Ein Viertel der Menschheit verbraucht die Ressourcen der Erde in einem Tempo und Ausmaß, die den übrigen drei Vierteln kaum das Mindeste überlassen, geschweige denn unseren Nachfahren. Drei Viertel der Menschheit leben in Hunger, Not, Krankheit, Knappheit. Diese Menschen belasten unsere Umwelt am wenigsten. Jeder zusätzliche Mensch eines Industrielandes verbraucht weit mehr Ressourcen und belastet die Umwelt weit mehr als jeder weitere Mensch in einem Land der Dritten Welt. Wir brauchen die knapper werdenden Ressourcen, die z. B. weltweit für Rüstung und Militär verbraucht werden, für die Bewältigung der Überlebensprobleme.

Auch der Natur müssen Grundrechte zugestanden werden.

Die Vielen darben, wo die Wenigen prassen. Die Entwicklungsländer können das Wohlstandsmodell der Industrieländer nicht kopieren. Täten sie dies, wäre das gleich bedeutend mit dem Kollaps des Planeten Erde. 1997 formulierte Michael J. Jischa "... die schlichte Erkenntnis, dass die Dritte Welt nicht mehr so werden kann, wie die Erde jetzt ist, und die Erde zwangsläufig nicht mehr so bleiben kann, wie sie noch ist. Kurz formuliert: Das Wohlstandsmodell der Ersten Welt ist nicht exportfähig."

Angesichts dieser Situation bedarf es dringend neuer Denkansätze, neuer Wertsetzungen, neuer Strukturen und neuer Planungsinstrumente. Sie dürfen sich nicht länger allein an Globalisierung, Industrialisierung, ökonomischem Wachstum der westlichen Industrieländer und vor allem nicht am Vormachtstreben einzelner Staaten orientieren. Beispielhafter Verzicht und Be-schränkung im Sinne von Nachhaltigkeit ist eine der wichtigsten Aufgaben für unsere planerische Fantasie, ganz besonders in den Industrienationen. Es bedarf des kritischen Dialogs an "Runden Tischen", um einen ökologischen Generationenvertrag auszuarbeiten. Ein solcher Vertrag muss ausschließen, dass die nächste Generation mit den Schulden, Problemen und Versäumnissen der vorigen, also unserer heute herrschenden Generation belastet wird. In unsere Grundgesetze gehört dringlich das Prinzip der Nachhaltigkeit. Nur mit seiner rechtlichen Verankerung können die Jüngeren ihre Rechte auf eine lebenswerte Zukunft einklagen.

Wissenschaft, Verantwortung und Zukunft

Die Frage nach unserer Verantwortung für die Erde und die Erhaltung des Lebens auf der Erde stellt sich drängend neu. Verantwortungsgefühl möchte ich im Sinne von Albert Schweitzers "Ehrfurcht vor dem Leben" verstanden wissen. Ob als WissenschaftlerInnen oder informierte BürgerInnen, wir tragen die Verantwortung für den Frieden mit der Natur – aus Wissen um die Existenzbedrohung. Die Frage stellt sich als eine ethische, nicht als eine juristische. Ethik heute hat die globalen Bedingungen menschlichen Überlebens zu berücksichtigen, die nahe und ferne Zukunft, die Existenz der Gattung und der Geobiosphäre als Ganzheit. Ethik tritt so aus der bisherigen Domäne der Philosophie heraus und verbindet sie mit den Naturwissenschaften, den Wirtschaftswissenschaften und auch anderen Wissenschaften. Gemeinsam müssen sie "ideologiebildend" wirken und aufklären. Dabei können gerade die Geowissenschaften mit ihren Fachkenntnissen grundlegende Beiträge zur ökonomischen, zivilisationsökologischen und ethisch verantwortbaren Zukunftsplanung im Sinne von Nachhaltigkeit leisten.

GeowissenschaftlerInnen geben sich oft und gerne mit ihren herkömmlichen Aufgaben zufrieden: Versorgung und Entsorgung der "Zivilisationsmaschine" (siehe weiter unten). Fragen der Umwelt- und Sozialverträglichkeit, der Ausbeutung und Überlastung der Erde stellen sich ihnen selten. Diese sehen sie in Politik und Wirtschaft angesiedelt. Dabei sind die Folgen des Verdrängens von Verantwortung offensichtlich. Das macht Hans Peter Dürr an einem Beispiel einsichtig: "Flugzeugingenieure würden doch fahrlässig handeln, wenn sie einen voll geladenen Jumbo einem total unerfahrenen Piloten überlassen würden, nur weil dieser aufgrund anderer Kriterien mit Mehrheit gewählt worden ist."

Das System Geobiosphäre

Die Erforschung der Erdgeschichte, der in ihr abgelaufenen Prozesse und deren Dynamik, sowie der Entwicklungsgeschichte der Biosphäre lehren uns Wichtiges über die Möglichkeiten des Überlebens.

Der exogene Kreislauf, den die Sonnenenergie antreibt, setzt ständig neues Material in partikulärer und gelöster Form in Umlauf. Der endogene Kreislauf, den die Geothermalenergie aufrecht erhält, ist zwingend notwendig, um stets neues Material an die Erdoberfläche zu schaffen. Nur auf diese Weise kann dem exogenen Kreislauf und der sich darin seit bald vier Milliarden Jahren entwickelnden Biosphäre alles Nötige an Stoffen zum Leben zur Verfügung gestellt werden. Beide Kreisläufe sind untereinander vernetzt und negativ rückgekoppelt zum System Geobiosphäre. Dies ist das System GAIA.

Alles Leben in diesem System musste sich stets und immer wieder an die natürlichen Stoff-Flussraten anpassen, die durch die geologischen Prozesse vorgegeben sind. Evolution war deshalb zwangsläufig immer ein Prozess des Lernens und Sichanpassens an die natürlichen Umweltbedingungen und Stoffkreisläufe. Ihre Geschwindigkeit war – im Zusammenspiel von exogenem und endogenem Kreislauf – immer bestimmend für die Verfügbarkeit aller für das Leben nötigen Stoffe.

Das Wohlstandsmodell der Ersten Welt ist nicht exportfähig.

Erst der "Homo sapiens sapiens" brach aus diesem natürlichen Gleichgewicht aus. Er baute seine "Ordnung" zunehmend auf dem Raubbau an den natürlichen Ressourcen auf. Als "Homo technicus" begann er mit der Ausbeutung der Natur, entriss ihr – unter dem wachsenden Anspruch der Zivilisation – ihre Ressourcen mit immer raffinierteren Methoden und immer schneller, ohne Rücksicht auf die naturgegebenen Stoff-Flussraten.

Die Zivilisations-Maschine

Die Zivilisations-Maschine, in der wir leben und wirtschaften, muss ständig mit nicht erneuerbaren und erneuerbaren Stoffen aus der Natur versorgt werden, damit Produktion und Konsum laufen. Die Abfälle werden aber wieder in die Natur entsorgt. Nach den anachronistischen Vorstellungen der Wirtschaft soll und kann diese Maschine immer schneller laufen. Die Natur, so wird erwartet, wird dazu schon genügend Stoffe liefern und Deponieraum zur Verfügung halten. Jede Maschine aber, auch die sparsamste, muss, wenn sie schneller laufen soll, ständig mit mehr Treibstoff, den Rohstoffen, gefüttert werden und entlässt immer mehr an Abwärme, Abfall und

Abgasen. Diese verteilen sich dissipativ in der Umwelt und steigern die Umweltbelastung. Das ist eine unausweichliche Konsequenz der wachsenden Entropie, d.h. der zunehmenden Unordnung. Und eben dies führt zur autokatalytischen Beschleunigung des Ressourcenverbrauchs und der Umweltbelastung.

Nach dem ersten Hauptsatz der Thermodynamik können die Ressourcen der Erde niemals ausgehen. Mit genügend Energieaufwand könnten theoretisch sämtliche Stoffe aus jedem beliebigen Gestein gewonnen bzw. aus Abfällen recycliert werden, so lautet die Ideologie der so genannten "Realisten" – auch unter den Geowissenschaftlern. Diese Leute vergessen aber in fataler Weise den zweiten Hauptsatz der Thermodynamik, den Entropie-Satz. Bei der unvermeidlichen dissipativen Verteilung nämlich (das ist Durchmischung und Verdünnung von Materie und Abfallwärme) nimmt die Entropie, die Unordnung, zu – und damit die Nutzbarkeit ab. Das perpetuum mobile existiert nicht, außer in den meist noch vorherrschenden, aber veralteten wirtschaftlichen Theorien, die nicht oder zu wenig mit den Naturgesetzlichkeiten rechnen.

Wolfgang Janisch

Das bedeutet für die Praxis: Bei wachsendem Verbrauch irdischer Ressourcen- und Energie-Quellen kann technischer Umweltschutz, und sei er noch so aufwendig, den Weg in die Katastrophe zwar kurzfristig verzögern – aber nicht aufhalten. Der langfristige Erfolg bleibt aus. Die Elbe hat, um ein Beispiel zu nennen, zu Beginn des neuen Jahrhunderts – aller vollmundigen politischen Versprechen ungeachtet – keine Trinkwasserqualität erlangt. Es ist und bleibt ein Teufelskreis naiver Logik, wenn wir mehr produzieren, um mehr Geld zu haben, um das Mehr an Schäden zu "sanieren".

Alle Lagerstätten sind endlich

Es ist eine wichtige Aufgabe für die Geowissenschaften, nachdrücklich zu betonen und darüber aufzuklären, dass die Ressourcen auf der Erde nicht nur sehr ungleich verteilt, sondern auch endlich sind, dass sie sich nicht in dem Tempo nachbilden, in dem wir sie verbrauchen. In einer extrem kurzen Zeit der Menschheitsgeschichte verfeuern wir z.B. die in extrem langen geologischen Zeiträumen gebildeten fossilen Energieträger Kohle, Erdöl, Erdgas und Uran. Das ist weder nachhaltig noch zukunftsfähig.

Die Erde mit ihren vielfältigen materiellen Ressourcen ist ein geschlossenes System, und die Nutzbarkeit der Ressourcen ist deshalb endlich. Nur energetisch betrachtet, ist die Erde ein offenes System. Die einzige, nahezu unendliche Energiequelle ist die von der Sonne abgestrahlte Energie; sie nutzbar zu machen, haben wir bislang allerdings sträflich vernachlässigt.

Es ist eine bequeme, aber faule Ausrede für Nichtstun, wenn immer wieder argumentiert wird, Veränderungen könnten nur politisch auf globaler Ebene erfolgen. Nationale Alleingänge – etwa in Besteuerung von Ressourcenverbrauch, in verschärfter Umweltgesetzgebung, bei der Energieeinsparung oder bei der Fortentwicklung der Solarenergienutzung (Wärme, Fotovoltaik, Biomasse, Wind, Wellen) – seien nicht möglich. Dabei ist doch offensichtlich: Wer als Erster zukunftsfähige, intelligente Lösungen durchsetzt, dem wachsen auch die größeren Chancen zu, den Energiebedarf zu reduzieren und Ressourcen und Umwelt zu schonen, Arbeitsplätze zu schaffen und sich auf lange Sicht am Markt zu halten.

Was ist zu tun?

Von Verantwortung reden, ist eines, sie annehmen ein anderes. Weder im Elfenbeinturm der "reinen" Wissenschaft retten wir unsere Welt – noch im politischen Palaver ohne ausreichende, kritische, wissenschaftliche Beratung. Es gilt, die "lautlose Katastrophe" (Ehrlich) aufzuhalten. Niemand hat eine umfassende Antwort auf die globalen Herausforderungen. Aber jeder ist aufgerufen, sich der drängenden Fragen anzunehmen und Antworten zu erarbeiten, im friedlichen Dialog, in nationaler, internationaler – und nicht zuletzt interdisziplinärer – Beratung.

Es gilt, unsere Erde bewohnbar zu erhalten! Das geht nicht ohne Verzicht.

Hierfür, so meinte 1977 der schon zitierte Aurelio Peccei, müsse keineswegs die Natur des Menschen geändert werden. "Wäre dies so, so wäre die Lage hoffnungslos. Vielmehr ist es die Rolle des Menschen und demzufolge seine Lebensweise, die sich der realen Welt von heute und seiner neu erworbenen Macht anzugleichen haben. Das ist keine biologische, sondern eine kulturelle Evolution, und daher übersteigt dieser Prozess, so lange und so schwierig er auch sein mag, nicht unsere Möglichkeiten".
Kann der Mensch sich nicht in seinem Verhalten ändern? Sind wir genetisch als Ausbeuter programmiert? Sicher nicht! Der Physiker Dürr sagte 1997: "Der Mensch ist von seiner Anlage her nicht nur ein rücksichtsloser Krieger und Ausbeuter. Der Mensch ist auch der Freund des anderen, der Liebende, der zum Ausgleich und zur Versöhnung Bereite, der zum Lieben Fähige. Richten wir unseren kritischen Verstand, unsere Fantasie, unsere ganze Kraft und menschliche Leidenschaft darauf, dass die Einheit der Harmonie der Schöpfung sich auch im Zusammenleben der Menschen widerspiegeln kann."
Wir dürfen nicht resignieren angesichts der großen und komplexen Zukunftsaufgaben. Umdenken ist angesagt. Es wird nicht einfach sein. Aber "Unser Kopf ist rund, damit das Denken die Richtung wechseln kann", sagte uns der Maler und Schriftsteller Francis Picabia. Ernster gesprochen: Evolution, auch geistige Evolution, ist ein Prozess des Lernens. Lernen, Aufbau, Weitergeben von Information und allmähliches Ausprobieren

waren für die Biosphäre vier Milliarden Jahre lang die erfolgreiche Überlebensstrategie. Nur an die Umweltbedingungen nicht hinreichend Angepasste und Hypertrophe haben nicht überlebt. Wir sind zwar Symbionten auf dem Ökosystem GAIA. Aber erfolgreiche Symbionten vernichten den Wirt nicht, von dem sie leben. Nicht im Weltraum, nicht auf dem Mond, nicht auf dem Mars liegt unsere Zukunft. Vielmehr gilt es, unsere Erde bewohnbar zu erhalten.

Dabei geht es keineswegs um blinde, zukunftsfeindliche Opposition gegen jede Art "Fortschritt" in Form einer erneuerten Maschinen-Stürmerei. Vielmehr brauchen wir Opposition gegen einen verblendeten Fortschrittsglauben, der die Erkenntnisse der Ökologie und der Umweltforschung verdrängt und für ein "Weiterwurschteln" wie bisher plädiert. Dabei ist die oft gestellte Frage nach der Instanz, vor der wir uns zu verantworten haben, so schwer zu beantworten nicht: Unsere Kinder und deren Generation sind diese Instanz.

Jürgen Schneider

Wolfgang Janisch

...Konflikt um Wasser

Von der Konfrontation zur Kooperation?

Der Eindruck, die Wassermenge auf dem "blauen Planeten" Erde sei unbegrenzt, trügt. Wasser ist zwar ein Rohstoff, der sich über den Wasserkreislauf: Verdunstung, Niederschläge, Versickerung, Abfluss ständig selbst erneuert. Dennoch ist Süßwasser nur begrenzt verfügbar, grundsätzlich nicht "vermehrbar" und macht gerade einmal 2,8 Prozent der gesamten Wassermenge auf unserem Planeten aus. Davon wiederum sind nur ca. 1,5 Prozent nahe der Erdoberfläche relativ leicht zu gewinnen. Die Masse dagegen ist in den Polkappen und Gletschern gebunden oder als fossiles Grundwasser in geologischen Formationen in bis zu 4000 Meter Tiefe weitgehend unerreichbar. Zudem ist die regionale Verteilung ungleichgewichtig. Schon heute müssen z.B. Nordafrika und der Mittlere Osten mit nur 25 Prozent der in Europa pro Kopf verfügbaren Wassermenge auskommen. Auf der anderen Seite hat die quantitative wie qualitative Nachfrage nach Wasser als Lebens- und Produktionsmittel weltweit zugenommen. Der rapide Anstieg der weltweiten Wassernachfrage von 2500 km3/Jahr in 1970 auf für das Jahr 2000 prognostizierte 5500 km3/Jahr verdeutlicht dies.

Dabei ist offensichtlich, dass ein direkter Zusammenhang zwischen Bevölkerungswachstum und steigender Wassernachfrage besteht. Angesichts der Wachstumsraten der Bevölkerung gerade in wasserarmen Regionen ist es lediglich eine Frage der Zeit, wann die Nachfrage das Angebot übersteigen wird. Schon heute herrscht nach Untersuchungen der Vereinten Nationen (UNO) in ca. 80 Ländern der Welt Wassermangel. In diesen Ländern leben aber 40 Prozent der Weltbevölkerung. Ein weiterer Faktor für den gestiegenen Verbrauch ist ein verändertes Nachfrageverhalten in der Industrieproduktion und bei der Verstädterung. Hier trägt allein die Erhöhung der Zahl an Zapfstellen zu einem gesteigerten Wasserverbrauch bei, auch wenn die Zahl der Nachfrager gleich bleibt.

Wasser als ökonomisches Gut und Machtfaktor

In wasserarmen Regionen kann daher der Rohstoff Wasser zu einem entwicklungsbegrenzenden Faktor in der Landwirtschaft, der Stadtentwicklung und der Industrie werden. Er wird mitunter sogar als Mittel zur Ausübung politischer und wirtschaftlicher Kontrolle sowie als Instrument zur Durchsetzung von Machtansprüchen benutzt. Zu inner-, aber auch zwischenstaatlichen Verteilungskonflikten kommt es nahezu zwangsläufig, wenn Umweltverträglichkeits-Analysen und Kosten-Nutzen-Relationen beim Bau von Staudämmen (z.B. das Narmada-Projekt in Indien oder das Drei-Schluchten-Projekt in China), bei der Umleitung von Gewässern oder der Erschließung fossiler Grundwasserlager (z.B. das "Great Man Made River Project" in Libyen) auf der Strecke bleiben. Das Ergebnis eines solchen Raubbaus zerstört die naturgegebenen Grundlagen des Wasserkreislaufs, stellt den Selbsterneuerungsprozess infrage und führt so zwangsläufig zu einer weiteren Verknappung.

"Entwicklungsprozesse müssen so verlaufen, dass wir nicht die Grundlagen der Ressourcen zerstören, die Entwicklung erst ermöglichen."
Mostafa Kamal Tolba, United Nations Environment Programme

Als Beispiel kann hier die Entwicklung in der Aralsee-Region angeführt werden, die in der wissenschaftlichen Diskussion als "Aralsee-Syndrom"-Umweltzerstörung durch Entwicklung-analysiert wird. Die Jagd nach immer neuen Rekordernten in der sowjetischen Baumwollproduktion leitete das

Wasser aus den Zuflüssen ab. Das Ergebnis ist eine rapide voranschreitende Abnahme der Wassermenge und –fläche des Aralsees mit den Folgen:

- hohe Salz- und Pestizidbelastung und damit nur noch eine eingeschränkte Nutzung als Lebens- und Produktionsmittel,
- verlandete Häfen, der See fällt als Verkehrsfläche weg, der Seegrund wird zur Sand- und Salzwüste,
- regionale Klimaveränderungen durch veränderte Verdunstungsmengen und Wärmespeicherung, Zunahme von Sand-/Salzstürmen,
- Reduzierung des Fischfangs und damit zunehmender Wegfall des Sees als Eiweißquelle bei der Ernährung der Bevölkerung.

Obwohl die Anliegerstaaten den See zum "nationalen Opfergebiet" erklärt haben, nehmen die Verteilungskonflikte um Besitz- und Nutzungsanteile des noch vorhandenen Wassers im Umfeld des Sees und im Verlauf der Zuflüsse zu und damit in der Folge auch die Gefahren von Hunger, Unterentwicklung, Zusammenbruch von Sozialsystemen, Nationalismus, Vertreibung, Migration und Ausbruch offener Gewalt. Die hier angerissenen Folgen einer Ressourcenübernutzung gelten auch für andere Umweltmedien wie z.B.: Böden, Regenwälder und Klima. Damit wird auch deutlich, dass die verfügbare Menge der Ressource Umwelt nicht "vermehrbar" ist, sondern lediglich effizienter und nachhaltiger genutzt werden kann, sollen die steigenden Ansprüche an sie auch zukünftig befriedigt werden. Umwelt ist einem "Stiftungsvermögen" vergleichbar, aus dem lediglich die "Zinsen" aufgebraucht werden können, will man die "Stiftung" als solche nicht in ihrer Existenz gefährden. Wird dies nicht berücksichtigt, kann Raubbau an ihr eine weitere Existenz und Entwicklung von Zivilisation grundsätzlich infrage stellen.

Süßwasser ist grundsätzlich nicht vermehrbar.

"Wasser kennt keine Grenzen, als eine gemeinsame Ressource verlangt es internationale Zusammenarbeit." Europäische Wassercharta, 1967

Es gibt heute weltweit über 200 grenzüberschreitende internationale Gewässersysteme. Ihren Anliegern ist ein Bestreben gemeinsam: Den *Nutzen* zu *nationalisieren*, die *Lasten* aber zu *internationalisieren.* Ein solches Verhalten ist allerdings der Einstieg in ein klassisches "Null-Summen-Spiel": Der Gewinn eines Anliegers geht auf Kosten der anderen, mitunter aber auch zu Lasten der nächsten Generation. Die jeweilige Lage am Gewässer, ob am Oberlauf oder Unterlauf, aber auch die Zugriffsmöglichkeit auf wissenschaftliche und technische Entwicklungen, wirtschaftliche, politische und nicht zuletzt militärische Macht, schaffen dabei sehr unterschiedliche Möglichkeiten bei der Durchsetzung eigener Ansprüche. Staaten können dabei grundsätzlich zwei verschiedenen Konzepten folgen:

1. ***Konfrontativ*** z.B. durch:

- Aufstauung/Umleitung des Wassers auf dem eigenen Territorium ohne Rücksicht auf die Belange der Nachbarstaaten;
- Einflussnahme auf die Innen- und Wirtschaftspolitik der Nachbarstaaten, um diese politisch zu schwächen und zu destabilisieren;
- Erhebung und Durchsetzung von Gebietsansprüchen, um in den Besitz von weiteren Quellgebieten zu kommen.

Foto: Sammlung Andreas Kaim

Die beiden völkerrechtlichen Grundprinzipien Souveränität und Integrität geraten dabei in Widerspruch zueinander. Die Folgen sind daher häufig:

- eine politische und ökonomische Destabilisierung einer ganzen Region sowie
- Rüstungswettläufe zur Wahrung und Durchsetzung nationaler Interessen in der Wasserfrage.

2. ***Kooperativ*** z.B. durch:

- Import "virtuellen" Wassers (z.B. gebunden in Getreide) zur Entlastung der eigenen Wasserbilanz;
- Wassernutzung mit möglichst hoher Wertschöpfung (der Einsatz von 1.000.000 Liter Wasser erwirtschaftet in der Produktion von Getreide einen Wert von ca. 200 $, in der Industrieproduktion ca. 14.000 $);
- Aufgabe von Autarkiebestrebungen zugunsten einer wirtschaftlichen Integration der Region;
- Entwicklung und Implementierung von Verfahren und Technologien für die nachhaltige Wassernutzung und grenzüberschreitendes Wassermanagement.

Da hier primär über Nutzung und nicht über Besitz von Wasser verhandelt wird, können die Konflikte unter Ausklammerung der Souveränitätsfrage entideologisiert werden. Dies führt in der Regel zu:

- einer zunehmenden politischen Stabilität in der Region sowie
- Kooperationsgewinnen, die in weitere wirtschaftliche Entwicklungsprogramme wieder investiert werden können.

Die meisten Konflikte um grenzüberschreitende Gewässersysteme werden mehr oder weniger kooperativ gelöst. Es gibt aber auch Fälle, die deutlich auf eine Konfrontation zuzusteuern scheinen. Robert Mandel entwarf 1992 anhand von vierzehn Fallstudien u.a.: Colorado, Donau, Euphrat, Indus, Jordan, Mekong, Nil und Rhein, ein Modell, das Aussagen über die Wahrscheinlichkeit der gewaltsamen Austragung von Wasserverteilungskonflikten möglich machen soll. Danach sind drei Faktoren von ausschlaggebender Bedeutung:

1. das Fehlen kooperativer Verfahren zur Konfliktregelung zwischen den Anliegern,
2. Wahrnehmung einer Wasserknappheit und ungerechten Verteilung,
3. machtpolitische Ungleichgewichtigkeit und geringe gegenseitige Abhängigkeiten.

Treffen alle drei Faktoren für ein Flussgebiet zu, ist die gewaltsame Austragung des Konflikts hoch wahrscheinlich. Im Ergebnis wird daher das Konfliktpotenzial bei den europäischen Flussgebieten Donau und Rhein als niedrig angenommen. Im Gegensatz dazu wird es bei den Flussgebieten südlich des Mittelmeers: Euphrat/Tigris und Jordan als hoch, für den Nil als mittel angenommen. Letzteres resultiert aus einer gewissen "Gleichgewichtigkeit", da Ägypten seine unvorteilhafte geografische Lage als Unteranlieger durch technische und machtpolitische Dominanz in der Region kompensieren kann.

Da es sich bei diesen drei Flussgebieten offensichtlich um die weltweit brisantesten Wasserkonflikte handelt, werden diese etwas eingehender skizziert.

Umwelt ist ein Stiftungsvermögen, von dem man nur die Zinsen verbrauchen darf.

Konfliktskizze Nil

Das im Jahr 1959 zwischen Sudan und Ägypten abgeschlossene Nilwasser-Abkommen wird bis heute eingehalten. Sudan nutzt bislang die ihm zustehende Menge nicht voll aus; täte er dies, so wäre das ein "hydrologischer GAU". Äthiopien, das nicht Mitglied des Nilwasser-Abkommens ist, führt immer wieder eine um 1960 mit US-amerikanischer Unterstützung erstellte Machbarkeitsstudie über 33 Dämme am Blauen Nil in die Diskussion. Als Ende der 70er Jahre wieder einmal darauf hingewiesen und eine Realisierung angekündigt wurde, drohte Ägypten mit der Bombardierung der Baustellen.

Mit der 1993 begonnenen Konferenzserie "Nile Basin Initiative" (NBI) entspannte sich die Situation zwischen den Nilanliegern. Doch bleibt die Lage instabil. Die Unruhe bei den Nil-Oberanliegern beim Baubeginn des al-Sayyid-Kanals für die Bewässerungswirtschaft in der ägyptischen Wüste oder bei der Planung, den Gaza-Streifen und Israel mit Nilwasser zu versorgen, dokumentiert dies sehr deutlich.

Entwicklungspolitische Zusammenarbeit muss diese Sensibilitäten berücksichtigen und die gesamte Region des Flussgebiets integrieren. Erhält z.B. nur Äthiopien finanzielle und technische Hilfe für das Aufstauen des Blauen Nils, führt dies zur Verschiebung des fragilen Gleichgewichts zwischen den Anliegern und damit zu politischen, ggf. sogar militärischen Spannungen.

Konfliktskizze Euphrat und Tigris

Die Türkei übt faktisch die Kontrolle über 98,8 Prozent des Euphratwassers und 50 Prozent des Tigriswassers aus. Durch das Südostanatolien-Projekt (GAP) will sie die günstigen geografischen Rahmenbedingungen für die nationale Entwicklung nutzen.

GAP beschränkt sich dabei nicht nur auf die Gewinnung von Bewässerungswasser und elektrischer Energie, sondern es ist als umfassendes regionales Entwicklungsprojekt konzipiert, das die Lösung einer Reihe von außen- und innenpolitischen Problemen verspricht:

- Binnenmigration zu Lasten Westanatoliens infolge eines rasanten und ungleich gewichtigen Bevölkerungswachstums im Osten des Landes;
- Kurdenfrage und Integration arabischer Minderheiten;
- Ersatz importierter fossiler Brennstoffe durch die Gewinnung von Hydroenergie;
- Stärkung eigener ökonomischer Strukturen durch den Export von Agrarprodukten und Wasser.

Allerdings ergeben sich aus der Fertigstellung von GAP negative Folgeerscheinungen für die Nachbarn Syrien und Irak: Die abfließende Wassermenge wird sich bis zu 60 Prozent verringern. In der Türkei eingeleitete Industrieabwässer und salz-/pestizidbelastetes Drainagewasser könnten die Wasserqualität negativ beeinflussen.

Die aktuelle Entwicklung läuft z.Zt. darauf hinaus, dass sowohl Syrien als auch der Irak eine Internationalisierung des Konflikts anstreben. So hatte Syrien durch Unterstützung der Kurdischen Arbeiterpartei (PKK) versucht, die Kosten von GAP durch terroristische Aktivitäten in die Höhe zu treiben. Auch gelang es den beiden Unteranliegern, die Arabische Liga zu mobilisieren und die Frage um das Wasser des Euphrat und Tigris zu einer arabischen Angelegenheit zu machen. Im Gegenzug ist die Türkei bemüht, ihrerseits den Konflikt zu internationalisieren, indem sie die NATO zu verstärktem Engagement an ihrer Südflanke drängt und die politische und militärische Kooperation mit Israel weiter verstärkt. Die außenpolitische Konfrontation scheut sie nicht, da sie sich als der politisch, wirtschaftlich und militärisch stärkste Akteur in der Region versteht – nicht zuletzt auch durch die Einbindung in die NATO und ihre besonderen Beziehungen zu den USA.

Den Nutzen nationalisieren, die Lasten internationalisieren ist ein Nullsummenspiel.

Konfliktskizze Jordan

Der Besitz von Wasser ist in der Region Grundbedingung staatlicher Existenz. Politisch-territoriale und wasserpolitische Streitigkeiten sind daher auf das Engste miteinander verwoben, da die Kontrolle über Territorium Zugang zu Wasser, andererseits aber dessen Verlust oder Rückgabe Verzicht auf Wasser bedeutet.

Die erste Eskalation des Wasserkonflikts trat ein, als Israel mit dem Bau des "National Water Carriers" Wasser aus dem Jordan ableitete und damit aus arabischer Sicht die Wasserversorgung Jordaniens gefährdete. Dies führte 1951/53 zu syrischen Artillerieangriffen auf die Baustellen. Mitte der sechziger Jahre eskalierte der Konflikt weiter, als syrische Planungen zur Umleitung der Jordan-Quellflüsse Banias und Hasbani zu einer Reduzierung des Zuflusses in den Tiberiassee, den zentralen Wasserspeicher des "National Water Carriers", vorsahen. Nun bombardierte Israel seinerseits Baustellen.

Als die israelische Armee 1967 im "Sechs-Tage-Krieg" die Golan-Höhen und die Westbank eroberte, brachte sie auch die Quellen des Jordan, Teile des Nordufers des Yamuk und die Grundwasser führenden Schichten der Westbank unter israelische Kontrolle. Heute bezieht Israel über seine "Lebensader", den "National Water Carrier",

knapp die Hälfte seiner Wasserversorgung aus diesen Gebieten.
Mit der Einrichtung einer "Sicherheitszone" im Südlibanon sicherte sich Israel den Einfluss auf ein weiteres Flussgebiet: den Litani. Der Anlass war zunächst nicht wasserpolitischer Art. Der Libanonfeldzug "Frieden für Galiläa" (1982) hatte zum Ziel, die Führung der Palästinensischen Befreiungsorganisation (PLO) aus Beirut zu vertreiben. Dies hatte zwar Erfolg, konnte aber nicht das Eindringen pro-syrischer Hizbollah-Miliz in den Südlibanon verhindern und führte 1985 zum Rückzug der israelischen Armee aus dem Libanon, allerdings unter Besetzung der "Sicherheitszone" bis zum Litani.
Trotz des bedingten Erfolgs Israels an der "militärischen Wasserfront" bleibt es unter Druck:

- In Hinblick auf eine Lösung der Golan-Frage und der "Sicherheitszone" im Südlibanon ist die Wasserfrage ohne umfassende friedensvertragliche Regelungen nicht möglich. Andererseits schließt sich in diesem Zusammenhang auch ein Kreis zur Euphrat/Tigris-Problematik.
  Denn die Flexibilität Syriens in möglichen Verhandlungen um die Golan-Höhen wird sich erhöhen, wenn es mit der Türkei zu einer für Syrien vorteilhaften Lösung um die Nutzung des Euphrat-Wassers kommen sollte.
- Der Konflikt mit der palästinensischen Bevölkerungsgruppe um die einseitige israelische Ausbeutung von Grundwasser in der Westbank ist ungelöst und hochgradig explosiv.
- Unzureichende Niederschläge der letzten Jahre bei gleichzeitig gesteigerter Wassernachfrage führen Israel – trotz weltweit führender Technologie im sparsamen und effizienten Einsatz von Bewässerungswasser und des Imports von Wasser aus der Türkei mittels von Schiffen geschleppter Wasserbehälter – an den Rand des "Wasserstress".

Da sich aber alle anderen Anlieger des Jordan-Yamuk-Beckens zunehmend unter "Wasserstress" befinden, eröffnen sich neue Perspektiven für die von der Türkei vorgeschlagene "Friedenspipeline", den Plan einer Wasserpipeline von der Türkei nach Palästina und auf die arabische Halbinsel. Israel, Ägypten, Jordan und die palästinensische Autonomiebehörde haben ihr Interesse bekundet. Ein solches regionales Entwicklungsprojekt bedingt aber als Voraussetzung politische Stabilität in der gesamten Region, die zur Zeit aufgrund konfliktträchtiger nationaler Egoismen noch geringe Aussicht auf Realisierung hat.

Lösungsstrategien
in der internationalen Wasserpolitik

"Nachhaltige Entwicklung muß das Leitbild auf allen Feldern der Politik sein. Auf der nationalen Ebene ist eine nationale Nachhaltigkeitsstrategie zu erstellen, um sicherzustellen, dass alle Politikbereiche in die Verwirklichung dieses Leitbildes einbezogen werden. Auf der globalen Ebene sind die UN-Kommission für nachhaltige Entwicklung (CSD) und das Umweltprogramm der Vereinten Nationen (UNEP) zu stärken."
Deutsche Gesellschaft für die Vereinten Nationen: Policy Paper 2/1999, Deutscher Beitrag zum Millennium-NGO-Forum der Vereinten Nationen, Bonn 1999
Seit Beginn der 70er Jahre sind die Gefahren, die sich mit der Übernutzung natürlicher Ressourcen verbinden, bekannt und wurden seitens der Vereinten Nationen in vielen Konferenzen thematisiert. 1994 wurde von der Völkerrechtskommision

der UNO ein Entwurf zu einer internationalen Wasserkonvention vorgelegt, er stellt allerdings nur einen "kleinsten gemeinsamen Nenner" dar. Auf Kosten der Verbindlichkeit werden erste Grundsätze für den Umgang der Anlieger mit einem grenzüberschreitenden Gewässer formuliert. So z.B.:

- Vermeidung der erheblichen Schädigung anderer Anlieger und Berücksichtigung derer Interessen;
- Planung und Fortschreibung von Wasserbauprojekten unter Berücksichtigung der Grundsätze nachhaltiger Nutzung;
- Informationspflicht und Datenaustausch;
- Regelung von Einwänden durch Konsultationsausschüsse und Schiedskommissionen.

Viele Staaten sind noch nicht einmal willens, diese Leistungen zu erbringen. Dennoch wurde das Flussgebiets-Übereinkommen am 21.05.97 nach Abstimmung in der Generalversammlung angenommen. 103 Nationen stimmten zu. Drei Nationen: Burundi, China und die Türkei, stimmten dagegen und 27 Nationen enthielten sich. Die Fragen und Konflikte um die Nutzung grenzüberschreitender Gewässer sind also noch lange nicht abgeschlossen. Und so wurde 1998 in einer Reihe von Konferenzen (Bonn, Paris, New York) zielgerichtet der Aspekt grenzüberschreitender Kooperation um die Ressource Wasser aufgegriffen.

Konfliktlösungsmodelle müssen die Sensibilität der Anrainerstaaten berücksichtigen.

Im Ergebnis dieser Konferenzen wurde festgestellt, dass:

- Wasser ein wirtschaftliches und soziales Gut ist. Seine Nutzung sollte auf der Grundlage von Umweltverträglichkeitsprüfungen und Kosten-Nutzen-Relationen erfolgen;
- eine nachhaltige Nutzung durch grenzüberschreitendes Wassermanagement in internationalen Flussgebietskommissionen gefördert werden kann;
- Maßnahmen zur Vertrauensbildung und Stärkung von Rechtsinstrumenten ein günstiges Klima für Kooperation schaffen;
- die Bewirtschaftung von Wasserressourcen auf der Grundlage regionaler politischer Zusammenarbeit auch unter Beteiligung des Privatsektors und von Nicht-Regierungsorganisationen (NGOs) erfolgen soll.

Mit diesen Feststellungen wird deutlich eine *Trendwende* in der internationalen *Diskussion* von *Wasser = Konflikt* zu *Wasser = Katalysator für Kooperation* erreicht. Dieses Ergebnis steht allerdings deutlich im Widerspruch zu den in den Medien und in der Populärwissenschaft verbreiteten These, dass der nächste Krieg um Wasser geführt werde und unmittelbar bevorstünde.

Die westlichen Industriestaaten sind gut beraten, sich aktiv und pragmatisch in die internationale Wasserpolitik einzubringen, zumal wertvolle Hilfestellungen für die Konfliktpartner in Wasserkonflikt-Regionen geleistet werden können:

- so könnten sie als unabhängige und glaubwürdige Vermittler in Mediationsprozessen auftreten;
- die europäischen Staaten – als Anrainer unterschiedlichster Gewässersysteme – verfügen über umfassende Erfahrungen und Vertragswerke, die anderen Staaten zur Verfügung gestellt werden könnten. So zeigt z. B. die Internationale Kommission zum Schutz des Rheins (ISKR), dass eine nachhaltige Nutzung von Wasserressourcen zwischen souveränen Staaten möglich ist. Sie diente daher in Europa als Modell für weitere

Foto: Sammlung Andreas Kaim

Flussgebietsübereinkommen, so z.B. für die Elbe, Donau, Maas, Schelde und Oder.
Ein weiteres Beispiel für zeitgemäßes Wassermanagement ist auch das "California State Water Project" (SWP). Der Süden Kaliforniens ist im Gegensatz zum Norden sehr wasserarm, hat aber in seinen Industrie- und Ballungszentren sowie in der Landwirtschaft eine besonders hohe Wassernachfrage. 1960 begann man daher, Wasser aus Nordkalifornien nach Südkalifornien zu leiten. Die fünfjährige Dürreperiode Anfang der neunziger Jahre zeigte allerdings deutlich, dass das kalifornische Wasserversorgungssystem nicht auf Nachhaltigkeit angelegt war. Vier Gruppen konkurrierten zunehmend um die knapp gewordene Ressource: die Industrie, die Landwirtschaft, die privaten Verbraucher in den Stadtregionen und der Umweltschutz.
Die Reform setzte zunächst bei der Brechung

des Wassermonopols der Landwirte an. Zudem wurden die Landwirte verpflichtet, Wasser zu realistischen Marktpreisen abzunehmen, allerdings mit der Möglichkeit, nicht benötigtes Wasser mit einer höheren Wertschöpfung über eine Wasserbank an die Städte oder Industrie zu verkaufen. So konnte erstmals ein Modell entwickelt werden, das den Wasserverbrauch über realistische Kosten-Nutzen-Relationen nachhaltig reguliert. Das kalifornische Beispiel zeigt, dass Ökonomie und Ökologie unter realen marktwirtschaftlichen Bedingungen nicht zwangsläufig im Widerspruch zueinander stehen müssen. Ein modellhaftes Beispiel für Kooperation in der grenzüberschreitenden Nutzung von Wasser in asiatischen Ländern ist der 1960 abgeschlossene Induswasservertrag zwischen Indien und Pakistan. Voraussetzung für die Aufteilung der Nutzungsrechte waren der politische Wille beider Indusanlieger zur friedlichen Konfliktregelung, die Konzentration auf technische Fragen unter weitgehender Ausklammerung der Souveränitätsfrage und die Inanspruchnahme der Weltbank als unabhängigem Vermittler und Geldgeber;

- die Förderung von Demokratisierung könnte Staaten zunehmend befähigen, ihre innenpolitischen Konflikte integrativ und ihre außenpolitischen Konflikte kooperativ zu lösen. Dies ist von besonderer Bedeutung, da die in Regionen mit Wasserkonflikten herrschenden politischen, ökonomischen und gesellschaftlichen Rahmenbedingungen kooperative Lösungen bei Verteilungskonflikten bisher nahezu ausschließen;
- als ökonomisch starke Partner könnten sie bei der konkreten Problemlösung finanzielle Beiträge als Investition in die Zukunft leisten, die die schwächeren Volkswirtschaften in der Region nicht erbringen könnten;
- durch ihr politisches und ökonomisches Gewicht könnten sie betroffenen Partnern dabei helfen, ihre Entwicklung voranzutreiben, ohne sich dabei in vitale Interessenkonflikte mit ihren Nachbarn zu begeben. Dies kann durch Bereitstellung von Wasserbau- und Umwelttechnologien erfolgen. Dabei soll Technologie nicht Politik ersetzen. Aber Technologieexport zur nachhaltigen Nutzung von Wasser kann günstige Rahmenbedingungen für politische Verhandlungen schaffen. Dies wiederum eröffnet Chancen zu einer vertraglich geregelten, gerechten Verteilung des Gewinns aus der gemeinsamen Nutzung eines grenzüberschreitenden internationalen Flussgebiets und damit den Ausstieg aus "Null-summen-Spielen". Unter diesen Voraussetzungen könnte es für die Anlieger durchaus attraktiv werden, Teile ihrer Souveränität zugunsten bi- oder multilateraler vertraglicher Vereinbarungen einzuschränken.

"Die globalen Umweltprobleme verbinden sich mit drei konkreten Herausforderungen: Die Vorgabe von Regelwerken, das Einverständnis zu deren Überwachung und Nachprüfung und die Einsetzung zuverlässiger und verbindlicher Verfahren zur Streitschlichtung."
Geoffrey Palmer, ehemaliger Premierminister von Neuseeland

Zur Lösung der weltweiten Wasserkonflikte bedarf es integrierter, ressortübergreifender politischer Konzepte. Globalisierung in der Außen- und Sicherheitspolitik bedingt daher für die Nationalstaaten zweierlei: Herausarbeitung und

Foto: Sammlung Andreas Kaim

Setzung von weltweit gültigen Grundregeln im Sinne einer Weltinnenpolitik bei gleichzeitiger konkreter Ausgestaltung durch Regionalpolitik. Foren wie das UNO-System sind dafür heute wichtiger denn je. In der Umsetzung ist entwicklungspolitische Zusammenarbeit ein zentraler Zugang zur kooperativen Lösung von Wasserkonflikten. Die Antwort auf die Frage: Krieg oder Kooperation um die Ressource Wasser ist also nicht "naturgegeben", sondern abhängig vom politischen Handeln. Tragfähige Konzepte liegen heute vor. Krieg um Wasser, das war gestern ... alles andere wäre Versagen der politischen Eliten.

Jörg Barandat

...sich Konflikten stellen

Konflikt als Chance? *(Günther Gugel)*

...Krisen in der Welt

Globale Konflikte zivil bewältigen? *(Uli Jäger)*

...das Streiten üben

Wie entwickeln wir eine Streitkultur? *(Susanne Jalka)*

...sich Konflikten stellen

Konflikt als Chance?

Konflikte sind so alt wie die Menschheit, sie sind ein allgemeines Phänomen, das auf allen Ebenen des Zusammenlebens anzutreffen ist. Nicht das Vorhandensein von Konflikten ist als problematisch oder gar friedensgefährdend einzustufen, sondern gewaltfördernde Austragungsformen, die Unrecht weiterschreiben, einzelne Parteien übervorteilen, die auf Macht und einseitige Interessendurchsetzung ausgerichtet sind und davon ausgehen, dass nur eine Seite über die "Wahrheit" und "das Recht" verfügt. Solche Vorstellungen münden leicht in Denk- und Handlungsweisen, die an Nullsummenspielen orientiert sind: Der Verlust des einen ist der Gewinn des andern. Der Gewinner, so die weitere Assoziationskette, ist der Stärkere, und dieser hat auch das Recht auf seiner Seite.

Konstruktive Konfliktbearbeitung

Konstruktive Konfliktbearbeitung gehört zum Kernbestand der Auseinandersetzung um Krieg und Frieden. Auf Seiten der Friedensforschung und Friedenserziehung besteht Einigkeit, dass Konflikte auf der Grundlage der Menschenrechte ohne Gewalt und Gewaltandrohung ausgetragen werden müssen. Die Orientierung an gültigen Rechtsnormen sowie Schlichtungs- und Vermittlungsverfahren spielen dabei eine zentrale Rolle. Gleichgültig, ob man Konflikte als Anlage in der sozialen Natur der Menschen oder eher als Folge unterschiedlicher gesellschaftlicher Interessen betrachtet, die Art der Konfliktaustragung wird stets zum entscheidenden Kriterium für Friedensfähigkeit. Mit dem Satz "Tell me, how you behave in conflict, I'll tell you, how much peace culture you have" charakterisiert der Friedensforscher Johan Galtung treffend diesen Zusammenhang. Die Art und Weise, wie Konflikte ausgetragen werden, hängt jedoch u.a. davon ab, wie das "Wesen" von Konflikten verstanden wird und welche Funktionen ihnen im menschlichen Zusammenleben zugeschrieben werden.

> *Konflikte sind so alt wie die Menschheit, sie sind auf allen Ebenen des Zusammenlebens anzutreffen.*

Werden Konflikte als die wesentlichen Triebkräfte des sozialen Wandels eingestuft, so erfüllen sie eine wichtige positive Funktion – und ihre Dynamik sollte für positive Veränderungen genutzt werden. Werden Konflikte eher als die vorhandene Ordnung störend oder gar bedrohend wahrgenommen, so werden sie eher unterdrückt und als lästige Komponente behandelt.
Notwendig und gefordert sind heute neue Denk- und Handlungsweisen, die mehrere Wahrheiten berücksichtigen, nämlich "deine, meine und noch eine andere"; die in Rechnung stellen, dass bei Konflikten alle Beteiligten gewinnen, aber auch alle verlieren können, und die anerkennen, dass die Würde des anderen auch im Konflikt gewahrt werden muss. Unter der Zielperspektive einer "Kultur des Friedens" erhalten konstruktive Konfliktbearbeitungsstrategien eine zentrale Rolle für die Bewältigung gegenwärtiger und zukünftiger Probleme.

Was sind Konflikte?

Im Wörterbuch "Der große Duden" wird Konflikt mit "Zusammenstoß, Zwiespalt, Widerstreit" beschrieben. Im Alltag werden Konflikte häufig gleichgesetzt mit Streit, mit Interessensgegensätzen, mit Macht oder Gewaltanwendung. Die Friedensforscherin Ulrike C. Wasmuth weist darauf hin, dass es wichtig ist, den Konflikt unvoreingenommen als sozialen Tatbestand zu

Konflikt als Bedrohung

- Ignorieren, bagatellisieren, verdecken
- Herabwürdigen, diskreditieren, isolieren, schikanieren
- Vollendete Tatsachen, Zwang, Einschüchterung, Drohungen
- Überlegenheit, Macht, Sieg oder Niederlage
- Verwirrung, Zweifel, Stress , Angst
- Androhung und Einsatz von Gewalt
- Zerstörung des weiteren Zusammenlebens

Konflikt als Chance

- Wahrnehmen, aufdecken, ansprechen
- akzeptieren, anerkennen der Interessen anderer
- Suche nach gemeinsamen Lösungen
- Gleichwertigkeit, Gemeinsamkeiten entdecken, alle gewinnen
- Wahrung von Würde und Identität
- Verzicht auf Gewalt
- Schaffung einer veränderten (neuen) Basis für das weitere Zusammenleben

betrachten und ihn nicht mit Austragungsformen zu verwechseln; ihn nicht durch Bewertungen einzugrenzen und ihn nicht mit seiner Ursächlichkeit zu vermischen.
Sie definiert Konflikt deshalb als einen sozialen "Tatbestand, bei dem mindestens zwei Parteien (Einzelpersonen, Gruppen, Staaten) beteiligt sind, die

- unterschiedliche, vom Ausgangspunkt her unvereinbare Ziele verfolgen oder das gleiche Ziel anstreben, das aber nur eine Partei erreichen kann, und/oder
- unterschiedliche, vom Ausgangspunkt her unvereinbare Mittel zur Erreichung eines bestimmten Zieles anwenden wollen."

Ein Hilfsmittel, um Konflikte zu begreifen, sind Konfliktanalysen. Sie versuchen u.a., Antwort auf folgende Fragen zu geben: Worum geht es? Welches ist die eigentliche Streitfrage? Wer sind die Konfliktparteien? Über welche Unterstützung bzw. Einflussmöglichkeiten verfügen die Konfliktparteien? Wie ist der Konflikt entstanden, wie hat er sich (aus der Sicht der jeweiligen Kontrahenten) entwickelt? Lässt sich die Streitfrage in Teilprobleme auflösen? Welches sind die hinter der offenen Streitfrage liegenden Probleme und Interessen? Warum und wozu begeben sich die Konfliktparteien in den Konflikt? Was wollen sie damit gewinnen? Was setzen sie dafür ein? Wie lassen sich die Ziele der verschiedenen Konfliktparteien legitimieren? Wo gibt es Gemeinsamkeiten, was ist das Trennende? Wie kann eine gemeinsame Sicht des Konfliktes erreicht werden? Soll eine neutrale dritte Person oder Instanz hinzugezogen werden? Wessen Wunsch ist dies? Welche Formen der Kooperation sind denkbar, welches Maß an Konfrontation ist notwendig? Lassen sich die Ursachen des Konfliktes beseitigen oder lässt sich nur dessen Austragung regeln? Lassen sich die angewandten Mittel des Konfliktaustrages rechtfertigen? Welche Arten

Karl-Henning Seemann

von Lösungen sind vorstellbar? Wer entwickelt Lösungsvorschläge? Entspricht die angestrebte Lösung allgemein akzeptierten Wertmaßstäben? Eine solche Konfliktananlyse versucht nicht nur, Ursachen und Hintergründe zu erfassen, sondern beinhaltet bereits erste Anhaltspunkte für Lösungsansätze, indem auch nach Gemeinsamkeiten gefragt und die Art der bisherigen Konfliktbearbeitung untersucht wird.

Eskalationsdynamik im Konflikt

Konflikte werden häufig als Kampfsituationen wahrgenommen, die gewonnen werden müssen. Sie entfalten oft eine innere Konfliktdynamik, die eine friedliche, konstruktive und gewaltfreie Regelung erschwert oder ausschließt. Untersuchungen über das Verhalten von Menschen in Konfliktsituationen haben gezeigt, dass die Mehrheit dazu neigt, den eigenen Vorteil durch immer intensiveren Einsatz oder striktes Beharren auf der eigenen Position zu behaupten, selbst dort, wo sich Misserfolge abzuzeichnen beginnen. Dieses Verhaltensmuster wird begleitet durch eine fortschreitende Einschränkung der Wahrnehmungs- und Entscheidungsfähigkeit. "Konflikte beeinträchtigen unsere *Wahrnehmungsfähigkeit* und unser *Denk-* und *Vorstellungsleben* so sehr", schreibt der Leiter von Konfliktseminaren, Friedrich Glasl, "dass wir im Lauf der Ereignisse die Dinge in uns und um uns herum nicht mehr richtig sehen. Es ist so, als würde sich unser Auge immer mehr trüben; unsere Sicht auf uns und die gegnerischen Menschen im Konflikt, auf die Probleme und Geschehnisse wird geschmälert, verzerrt und völlig einseitig. Unser Denk- und Vorstellungsleben folgt Zwängen, deren wir uns nicht hinreichend bewusst sind."

Das eigentliche Problem von Konflikten liegt in der permanenten Gefahr ihrer Eskalation, indem bei ihrer Austragung immer mehr auf Macht- und Gewaltstrategien gesetzt wird. Der Konflikt wird so immer schwerer zu steuern, bis er schließlich außer Kontrolle gerät, die Schwelle der Gewalt überschreitet und damit Zerstörung und Leiden verursacht. Ein weiteres Zusammenleben wird erschwert, lange Zeit unmöglich gemacht.

Das eigentliche Problem von Konflikten liegt in der permanenten Gefahr ihrer Eskalation.

Die Eskalation von Konflikten ist mithin gefährlich, weil

- Konflikte außer Kontrolle geraten können;
- immer weniger Handlungsalternativen zur Verfügung stehen;
- Gewalt als Handlungsmöglichkeit zunehmend einbezogen und angewandt wird;
- nicht mehr gemeinsame Lösungen, sondern Sieg oder Niederlage des Gegners im Vordergrund stehen;
- eine Personifizierung des Konfliktes stattfindet;
- Emotionen die Überhand gewinnen;
- Zerstörung und Vernichtung zum leitenden Handlungsziel werden.

Eine zentrale Aufgabe im Rahmen einer konstruktiven Konfliktbearbeitung ist es deshalb, einer Konflikteskalation Stufen der Deeskalation gegenüberzustellen, Antworten und Handlungsmöglichkeiten auf jeder Stufe zu finden, die Gewalt begrenzen oder ganz ausschließen sowie auf Kooperation und Verhandlungslösungen abzielen. Hierfür sind eine sensible und realistische Wahrnehmung des Konfliktgeschehens ebenso wichtig, wie das bewusste Überdenken und Planen der eigenen Schritte.

Der Alltag liefert uns permanent Handlungsmodelle und Handlungsangebote für Konfliktverhalten: in Film und Fernsehen, in der Literatur, in Unterhaltungsmusik; selbst die Produktwerbung greift häufig auf Konfliktszenen zurück. Auch wenn diese "Lösungsangebote" in der Realität wenig tragfähig sind, so befriedigen sie dennoch auf der Illussionsebene fundamentale psychische Bedürfnisse nach Harmonie, einfacher und schneller Lösung von Problemen oder auch nach moralischer Integrität.

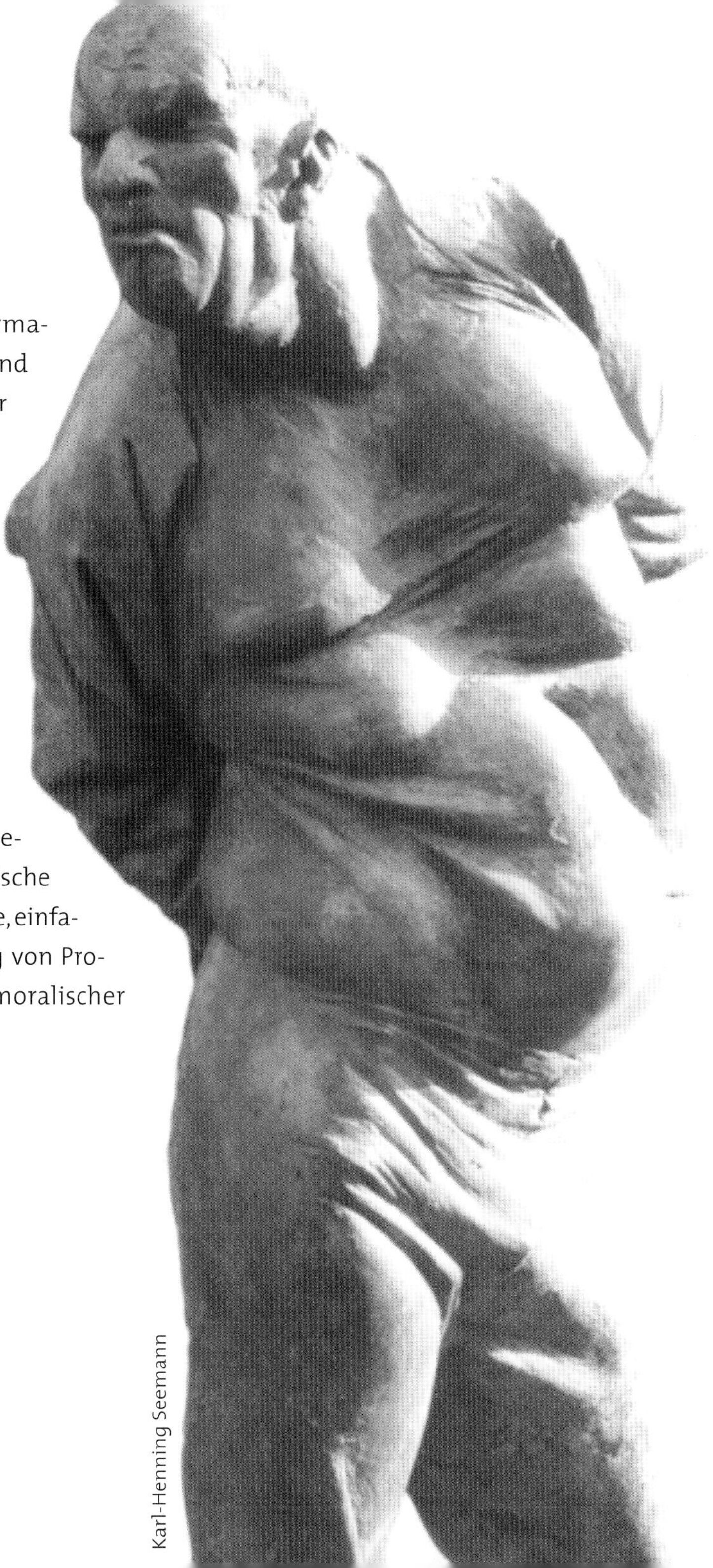

Karl-Henning Seemann

Die neun Stufen der Konflikteskalation nach Glasl

1. Verhärtung: Die Standpunkte verhärten sich und prallen aufeinander. Das Bewusstsein bevorstehender Spannungen führt zu Verkrampfungen. Trotzdem besteht noch die Überzeugung, dass die Spannungen durch Gespräche lösbar sind. Noch keine starren Parteien oder Lager.
2. Debatte: Es findet eine Polarisation im Denken, Fühlen und Wollen statt. Es entstehen Schwarz-Weiß-Denken und eine Sichtweise von Überlegenheit und Unterlegenheit.
3. Aktionen: Die Überzeugung, dass "Reden nichts mehr hilft", gewinnt an Bedeutung, und man verfolgt eine Strategie der vollendeten Tatsachen. Die Empathie mit dem "anderen" geht verloren, die Gefahr von Fehlinterpretationen wächst.
4. Images/Koalitionen: Die "Gerüchteküche" kocht, Stereotypen und Klischees werden aufgebaut. Die Parteien manövrieren sich gegenseitig in negative Rollen und bekämpfen sich. Es findet eine Werbung um Anhänger statt.
5. Gesichtsverlust: Es kommt zu öffentlichen und direkten (verbotenen) Angriffen, die auf den Gesichtsverlust des Gegners abzielen.
6. Drohstrategien: Drohungen und Gegendrohungen nehmen zu. Durch das Aufstellen von Ultimaten wird die Konflikteskalation beschleunigt.
7. Begrenzte Vernichtungsschläge: Der Gegner wird nicht mehr als Mensch gesehen. Begrenzte Vernichtungsschläge werden als "passende" Antwort durchgeführt. Umkehrung der Werte: Ein relativ kleiner eigener Schaden wird bereits als Gewinn bewertet.
8. Zersplitterung: Die Zerstörung und Auflösung des feindlichen Systems wird als Ziel intensiv verfolgt.
9. Gemeinsam in den Abgrund: Es kommt zur totalen Konfrontation ohne einen Weg zurück. Die Vernichtung des Gegners zum Preis der Selbstvernichtung wird in Kauf genommen.

Vgl. Friedrich Glasl: Konfliktmanagement. Ein Handbuch für Führungskräfte und Berater. Bern / Stuttgart 1990 (2 Aufl.).

Eine besondere Rolle bei der Konflikteskalation wie auch bei der konstruktiven Austragung von Konflikten spielt die Körpersprache. Zur Körpersprache gehören neben Mimik und Gestik die Stimm-Modulation sowie die Kleidung und die Ausgestaltung von Räumen. Der Duisburger Sozialpsychologe Siegfried Frey vertritt die Ansicht, dass nicht das Wort beim Menschen im Mittelpunkt des Kommunikationsprozesses steht, sondern die nonverbale Sprache. Sie wird vom Empfänger unbewusst verstanden und als Handlungsgrundlage verwendet.
Händeschütteln als alltägliches Höflichkeitsritual hinderte in Urzeiten den Gegner auch daran, seine Hand zum Zuschlagen verwenden zu können. Barrieresignale (z.B. Hände vor der Brust verschränken) schützen vor allzu großer Nähe und werden auch als distanzierend wahrgenommen, während geballte Fäuste eher Entschlossenheit und Tatkraft vermitteln.
Glaubwürdigkeit, Versöhnung und Entschuldigung bedürfen einer "offenen" Körperhaltung, um als solche auch anerkannt und akzeptiert zu werden.
Insbesondere symbolische Handlungen spielen (im privaten wie im öffentlichen Bereich) bei der

Beendigung von Konflikten eine wichtige Rolle. Demuts- oder Versöhnungsgesten signalisieren, dass die Phase der Auseinandersetzung zu Ende ist und ein neuer Abschnitt in den Beziehungen begonnen hat. (Zur Symbolik von Handlungen siehe auch den Beitrag von Frank/Gingrich/Maierhofer in diesem Katalog.) Die nonverbale Körpersprache ist für eine konstruktive Konfliktbearbeitung von zentraler Bedeutung, da hier bewusst oder unbewusst sowohl eskalierende als auch deeskalierende Zeichen gesetzt werden können.

Grundsätzliche Anforderungen an konstruktive Konfliktlösungen

Konflikte werden vielfach noch durch verschiedene "traditionelle" Methoden zu lösen bzw. zu regeln versucht, deren Wirkungslosigkeit längst offensichtlich ist. Hierzu gehören etwa Zwangs-, Einschüchterungs- und Drohstrategien, die die Konfliktparteien nötigen sollen, ihre Feindseligkeiten einzustellen. Auch der Appell an ethische Werte und Überzeugungen, die die Konfliktparteien respektieren, zielt darauf ab, die Eskalation des Konfliktes zu verhindern. Die Trennung der Konfliktparteien oder auch die Bewältigung gemeinsamer Aufgaben werden immer wieder unternommen, um neue Sichtweisen des Konfliktes zu eröffnen. Diese Strategien mögen zwar eine situative Abkehr von der offenen Konfliktaustragung bewirken, sie leisten jedoch noch keinen zentralen Beitrag zur nachhaltigen Bearbeitung der Konfliktursachen oder zur Anbahnung konstruktiver Lösungen.

Die Möglichkeiten konstruktiver Konfliktbearbeitung hängen von der Art des Konfliktes sowie dessen Entwicklungs- und Eskalationsstufe ab. Auch muss bedacht werden, ob es sich um Konflikte zwischen Einzelpersonen, zwischen Gruppen oder Institutionen im gesellschaftlichen Nahbereich oder auf gesamtgesellschaftlicher oder gar internationaler Ebene handelt, sowie, ob der Konflikt latent schwelt oder bereits gewaltsam ausgetragen wird.

Eines der schwierigsten Unterfangen ist es, die strukturellen Ursachen eines Konfliktes zu beseitigen.

Der Umgang mit Konflikten kann als präventive Strategie der Entstehung von manifesten Konflikten vorzubeugen suchen, oder er kann sich auf das Handeln in Konfliktsituationen beziehen. Letzteres kann bedeuten, das Konfliktpotenzial als solches zu entschärfen, den Verlauf eines Konfliktes möglichst gewaltarm zu steuern oder auch die Folgen des Konfliktes für alle Beteiligten abzumildern. Eines der schwierigsten Unterfangen ist es, die strukturellen Ursachen eines Konfliktes zu beseitigen, also eine endgültige Auflösung der Differenzen und Spannungen der Konfliktparteien zu erreichen. Dies gelingt nur in den seltensten Fällen.
Für eine konstruktive Konfliktbearbeitung sind eine Reihe prinzipieller *Prämissen* entscheidend:
Die grundsätzliche Sichtweise für Konfliktlösungen ändern: Konflikte sollten nicht unter dem Aspekt von eigenem Gewinn und gegnerischem Verlust betrachtet werden, sondern unter dem des anzustrebenden gemeinsamen Gewinns. Das heißt, der Konflikt wird von Anfang an mit dem Ziel ausgetragen, dass beide Konfliktparteien ihre Ziele partiell erreichen können.
Auf Androhung und Einsatz von Gewalt verzichten: Die herkömmlichen Kommunikationsmuster der Drohung und Beschuldigung müssen abgelöst werden durch kooperative Muster des

Verstehens und Erklärens. Eine unabdingbare Voraussetzung für eine Deeskalierung und eine konstruktive Konfliktlösung ist es, keine Gewalt anzudrohen oder anzuwenden.

Die eigene Wahrnehmung nicht als die allein richtige vertreten: Da die Trübung der Wahrnehmungsfähigkeit ein typisches Kennzeichen von eskalierenden Konflikten ist, dürfen die eigene Wahrnehmung und Interpretation der Ereignisse nicht absolut gesetzt werden, vielmehr sind sie einer Überprüfung und Korrektur zu unterwerfen, um so auch die eigenen Anteile am Konflikt zu erkennen. Die Bereitschaft hierfür ist bereits ein wichtiger Schritt zur Anerkennung von Rechten der anderen Konfliktpartei.

Eine Dritte Partei einbeziehen: Die Überprüfung der Wahrnehmung kann am ehesten durch die Einbeziehung einer unabhängigen Dritten Partei, eines Mediators, geschehen. Dieser kann als Vertrauensinstanz für beide Seiten dazu beitragen, eine gemeinsame Sicht der Dinge zu erreichen. Doch dies ist nicht ausreichend, der Wille zu einer kooperativen Lösung muss hinzukommen.

Jeder muss die eigenen Anteile am Konflikt erkennen.

Gemeinsame Gespräche statt vollendete Tatsachen: Die Schaffung von Tatsachen wirkt sich auf den Konfliktverlauf in der Regel eskalierend aus, da die Gegenseite diese nicht ohne Gesichtsverlust hinnehmen kann. Um gemeinsame Gespräche realisieren zu können, sind oft Vorgespräche erforderlich, in denen zunächst die Grundregeln für weitere Treffen und Gespräche festgelegt und der Weg für Verhandlungen geebnet werden. Sie vermögen, vorteilhaft vom Druck überhöhter Erfolgserwartungen zu entlasten. Gemeinsame Gespräche können in vielerlei Formen geführt werden. In Form von "Runden Tische" haben sie in den letzten Jahren Eingang in die politische Kultur gefunden.

Lösungen an den Interessen aller Beteiligten orientieren sich an denen, die die Folgen zu tragen haben: Konfliktlösungen dürfen nicht durch die Interessen der stärkeren Partei diktiert werden. Sie müssen so geartet sein, dass sie möglichst allen Parteien Vorteile verschaffen und damit nicht wiederum Ausgangspunkt für neue Konflikte sind. Darüber hinaus haben sie auch einen Beitrag zum Abbau von struktureller Gewalt zu leisten und müssen sich an ethischen Maßstäben messen lassen.

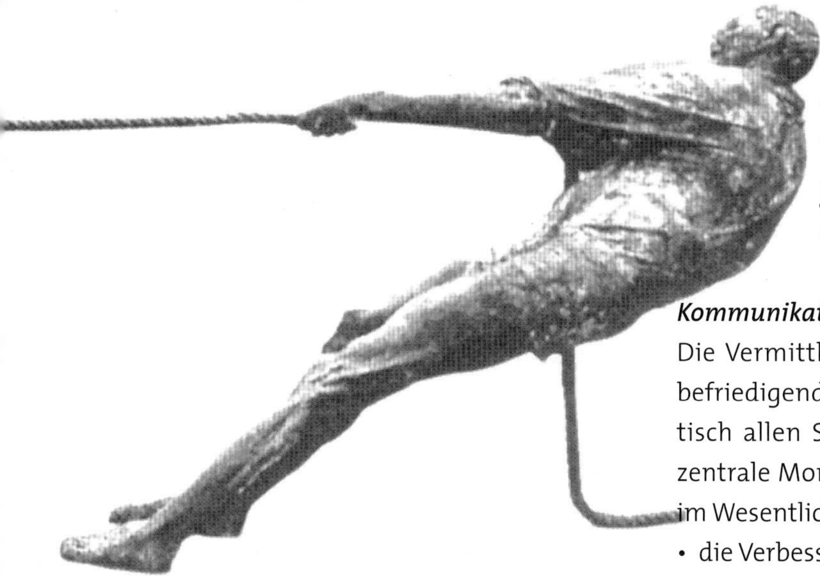
Karl-Henning Seemann

Wie zum konstruktiven Umgang mit Konflikten befähigen?

In den letzten Jahrzehnten wurden vielfältige Ansätze zu einem veränderten Umgang mit Konflikten entwickelt. In ihrer Grundsubstanz beziehen sie sich auf Erkenntnisse der humanistischen Psychologie (vor allem der Gruppendynamik und der klientenzentrierten Gesprächstherapie). Insbesondere der "Harvard-Ansatz" hat als Grundlage für Mediationsverfahren eine breite Resonanz gefunden (vergl. den Beitrag von Uli Jäger in diesem Katalog).

Die für konstruktive Konfliktbearbeitung im Nahbereich notwendigen Kompetenzen lassen sich zunächst in drei Bereiche aufgliedern: (1) in kommunikative Kompetenzen, (2) in kooperative Kompetenzen, (3) in Deeskalations-Kompetenzen.

Kommunikative Kompetenzen

Die Vermittlung sozialer Fähigkeiten für eine befriedigende Kommunikation werden in praktisch allen Streitschlichtungsprogrammen als zentrale Momente aufgegriffen. Sie beinhalten im Wesentlichen

- die Verbesserung der Selbst- und Fremdwahrnehmung;
- den Umgang mit den eigenen und mit fremden Emotionen;
- das Erkennen eigener und fremder Reaktionsweisen, die im zwischenmenschlichen Bereich und insbesondere innerhalb einer Konfliktdynamik störend oder hilfreich sind;
- die Fähigkeit, Menschen und Probleme getrennt sehen zu können;
- die Entwicklung von Einfühlungsvermögen;
- die Respektierung des Gegenübers/Konfliktpartners als Person;
- das Erkennen und Formulieren eigener und fremder Interessen;
- die Entwicklung von Möglichkeiten der angemessenen Selbstbehauptung.

Gerade dieser letzte Punkt scheint wichtig zu sein, denn es kann nicht nur um Kooperations- und Kompromissverhalten gehen, sondern auch darum, eigene Bedürfnisse und Interessen verfolgen und durchsetzen zu können. So hängt z.B. Zivilcourage eben nicht nur von Kommunikationsfähigkeit, sondern auch von Ich-Stärke und Durchsetzungskraft ab.

Kooperative Kompetenzen

In diesem Kontext werden u.a. so genannte "win-win"-Strategien als zentrale Verhaltensweisen proklamiert. Doch muss hier zwischen kaum einlösbaren Verhaltenspostulaten (wie bedingungslosem Vertrauen) und einem bei aller berechtigten Skepsis notwendigen Vertrauensvorschuss unterschieden werden.

Kooperatives Verhalten lässt sich moralisch nicht erzwingen und auch nicht einfach kognitiv steuern, sondern es ist von einer Vielzahl von Variablen abhängig. Sozialpsychologische Untersuchungen haben gezeigt, dass kooperatives Verhalten in Konfliktsituationen u.a. von der Geschichte der Interaktion der Konfliktpartner und der Intensität der Kommunikation abhängt, wobei sich eine größere Kommunikationsdichte eindeutig positiv auf kooperatives Verhalten auswirkt. Hierbei spielt die Anzahl der beteiligten Personen eine wichtige Rolle. D.h., mit der Größe

ABENDLÄNDISCHE WER
5.000.000,- DM
1/2 Los
Geld-Banderole
für ihren Hauptgewinn
DEUTSCHE BUNDESBANK
100
HUNDERT DEUTSCHE MARK
THE UNITED STATES OF AMERICA
F27165283A

FUR
BIEL

der Gruppe nimmt das Maß an Kooperation ab, der Gruppenzusammenhalt und die Gruppennormen werden wichtiger. Kooperationsstiftende Elemente sind überdies anerkannte Regeln der Fairness, da sie das Risiko einer Konflikteskalation abmildern.

Deeskalations-Kompetenzen

Der dritte Bereich der Kompetenzen – Deeskalationsfähigkeit – zielt auf eines der größten Probleme konstruktiver Konfliktaustragung, auf die Überschreitung der Gewaltschwelle im Rahmen von Eskalation. Der erste Schritt, die Grundvoraussetzung für Deeskalation eines Konfliktes besteht darin, die körperliche und psychische Integrität der am Konflikt beteiligten Personen zu gewährleisten.

Dies auch tatsächlich zu leisten, ist eine besondere Herausforderung, nicht nur angesichts der permanenten Erfahrung vieler Kinder und Jugendlicher, dass erst Gewalthandlungen ihnen Gehör verschaffen bzw. dass erst auf dem Hintergrund von Gewalthandlungen pädagogisch (und gesellschaftlich) interveniert wird und sie als Person zur Kenntnis genommen werden. Sondern auch unter Berücksichtigung dessen, dass Gewalthandlungen bei Kindern und Jugendlichen vielfältige symbolhafte Funktionen erfüllen. Stichworte sind hier u.a. Gewalt als *Männlichkeitsbeweis*, als *Kommunikationsmittel* oder auch als *Mittel gegen Langeweile und Frust*.

Gewalt ist für viele in Konfliktsituationen deshalb besonders attraktiv, weil sie in unklaren und unübersichtlichen Situationen scheinbar Eindeutigkeit schafft, etwa darüber, wer der Stärkere und wer der Schwächere ist, und damit der Konflikt "geklärt" erscheint. Hier wird deutlich, dass konstruktive Konfliktbearbeitung und Gewaltprävention, bzw. Gewaltdeeskalation als sozialpädagogische und politische Strategien eng zusammengehören und nicht voneinander zu trennen sind.

> ***Gewalthandlungen von Kindern und Jugendlichen erfüllen vielfältige symbolhafte Funktionen.***

Konfrontations-Kompetenzen

Die dargestellten Kompetenzbereiche blieben unvollständig, wenn nicht ein weiterer hinzukäme, der als "Konfrontations-Kompetenz" bezeichnet werden kann. Als Ergänzung oder auch als Gegenpol zu kooperativen Ansätzen sind Partizipationsstrategien zu sehen. Erfahrungen aus der Gemeinwesenarbeit, aus Bürgerinitiativen und gewaltfreien Aktionen zeigen, dass Parteilichkeit, eingebettet in eine Perspektive "von unten", durchaus dazu beitragen kann, Konfliktpotenziale erst ins Bewusstsein zu rücken, um sie so überhaupt bearbeitbar zu machen. Dies ist auch immer dann notwendig, wenn elementare Werte oder gar Menschenrechte von einer Konfliktpartei missachtet werden. Für diese Fälle wurden eine Reihe von gewaltfreien Aktionsmethoden entwickelt, die häufig als "Macht von unten" bezeichnet werden. Gandhi, der ein breites Spektrum gewaltfreier Methoden entwickelte, nannte diese Kraft "Satiagraha", die Macht der Wahrheit. Konfrontations-Kompetenzen beinhalten Elemente der Zivilcourage ebenso wie der politischen Analyse gesellschaftlicher Konflikte und der gewaltfreien politischen Aktion.

In diesen kurz skizzierten vier Bereichen – Kommunikation, Kooperation, Deeskalation und Konfrontation – muss Friedenspädagogik Fähigkeiten und Fertigkeiten, aber auch Kenntnisse und Wissen vermitteln. Dies sowohl nach Zielgruppen als auch nach Konflikttypen zu differenzieren und entsprechend aufzuarbeiten, ist ein äußerst komplexes Unterfangen.

Mediation – Vermittlung in Konflikten

Der Begriff Mediation geht auf die lateinische Wurzel "mediare" (vermitteln) zurück. Er wurde in den USA als Fachbegriff 1970 eingeführt und ist als solcher vom Englischen ins Deutsche übernommen worden. Mediation meint die Vermittlung in Konflikten durch unparteiische, neutrale Dritte mit dem Ziel, eine von allen Seiten akzeptierte gemeinsame Lösung auszuhandeln. Das Angebot Mediation geht von der Erfahrung aus, dass ab einem bestimmten Punkt der Eskalationsdynamik ein Konflikt nicht mehr von den Kontrahenten alleine gelöst werden kann. Eine Dritte Partei, die von allen Konfliktbeteiligten akzeptiert wird, soll hinzutreten.

Konfliktbearbeitung durch Mediation ist weiter verbreitet, als allgemein angenommen. Bei Familien- und Ehestreitigkeiten als Scheidungs- oder Erbmediation, im Bereich der Strafgerichtsbarkeit als Täter-Opfer-Ausgleich, im Bereich von Eingriffen in die Natur als Umweltmediation, in der Kommunalpolitik als "Runde Tische" oder in der Schule als Schüler-Streit-Schlichtungs-Programme.

Konfliktlösungen müssen allen Beteiligten Vorteile verschaffen.

Mit dem mittlerweile an vielen Schulen und in der Lehrerfortbildung verbreiteten Schüler-Streit-Schlichtungs-Modell steht für alltägliche soziale Konflikte im Nahbereich unter Kindern und Jugendlichen ein tragfähiges Methodenset zur Verfügung. Es weist die gleichen Kennzeichen auf, wie andere Mediationsverfahren auch:

- Es basiert auf Freiwilligkeit;
- sowohl die beiden Konfliktparteien als auch eine unparteiische dritte Person ist anwesend;
- die Lösung soll selbstverantwortlich ausgehandelt und schriftlich festgehalten werden.

Entscheidend ist jedoch, dass nicht Lehrer sondern Schüler die Schülerkonflikte schlichten; wobei der Konflikt zeitnah aufgegriffen wird und i.d.R. in den Schulpausen oder der unmittelbar anschließenden Stunde geschlichtet werden soll. Hier geht es den Initiatoren darum, "den Konfliktparteien Versöhnung und einen neuen Anfang zu ermöglichen".

Das Schlichtungsgespräch ist stark ritualisiert und durchläuft vier Schritte:

1. Einleitung: Begrüßen, Ziele verdeutlichen, Grundsätze benennen – Vertraulichkeit und Neutralität – , Schlichtungsprozess klären, Gesprächsregeln erläutern, Gesprächsbeginn vereinbaren.
2. Klärungen: Berichten, zusammenfassen, nachfragen, Befindlichkeiten ausdrücken, Anteile am Konflikt artikulieren, überleiten.
3. Lösungen: Lösungsmöglichkeiten überlegen, Lösungsmöglichkeiten aufschreiben, Lösungen auswählen, Lösungen vereinbaren.
4. Vereinbarungen: Vereinbarungen aufschreiben, Vereinbarungen unterschreiben, verabschieden.
   Die Vereinbarung wird dabei z.B. in einem speziellen Schlichtungsformular festgehalten.

Unter dem Aspekt der Erziehung zur Eigenverantwortlichkeit ist an diesem Modell äußerst positiv zu bewerten, dass Schülerinnen und Schüler als Konfliktlotsen geschult werden und ihnen früh Verantwortung übertragen wird. Konflikte werden dabei nicht von oben per Anordnung "gelöst" oder gar unterdrückt, sondern aufgegriffen und einer Bearbeitung zugänglich gemacht. Mit diesem Programm ist ein einsichtig strukturiertes, leicht erlernbares und in der Praxis erprobtes Verfahren für den Schulbereich verfügbar.

Die Defizite dieses Modells werden sichtbar, wenn man der Frage nachgeht, inwieweit es in der Lage ist, Ursachen der Schüler-Schüler-Konflikte zu erfassen und zu bearbeiten. Schüler-Streitschlichtungsprogramme könnten leicht in den Geruch von Befriedungsstrategien und Symptomkurierung kommen, falls sie auf die Wiederherstellung der altgewohnten Schulruhe abzielten. Tatsächlich wird mit diesem Programm nur ein schmales Segment aller Konflikte an Schulen aufgegriffen. Für Lehrer-Schüler-Konflikte, Lehrer-Lehrer-Konflikte wie auch in der Schulorganisation begründete strukturelle Konflikte ist es notwendig, jeweils eigene adäquate Konfliktbearbeitsprogramme zu entwickeln. Solche Streitschlichtungsmodelle müssen deshalb durch Aktivitäten der Schulentwicklung begleitet werden, damit sie nicht ein Inseldasein im Schulbereich führen. Sie müssen in eine Veränderung des gesamten Schulklimas eingebunden werden und Lehrer, Eltern sowie das nicht unterrichtende Schulpersonal einbeziehen.

Gewarnt werden muss jedoch vor einer Sichtweise, die den Umgang mit Konflikten nur als eine Sache der richtigen Technik betrachtet. Konflikte sind Indikatoren für tiefer liegende Probleme, sie dürfen nicht auf der Ebene der Mediation geglättet werden.

Und der Erfolg?

Um Streitschlichtungsverfahren Gewinn bringend anwenden zu können, muss der Streitgegenstand verhandelbar sein. Da Menschenrechtsverletzungen nicht verhandelbar sind, kann es hier nur um die Durchsetzung bestehender Rechtsnormen, nicht aber um die Aushandlung neuer Normen gehen. Schlichtungsverfahren setzen voraus, dass auf Anwendung und Androhung von Gewalt verzichtet wird. Wo Gewalt (noch) angewendet wird, sind Verhandlungslösungen (noch) nicht möglich.

Entscheidend ist, gemeinsam Lösungen zu finden.

Der Grad der Freiwilligkeit ist relativ. Wenn die Alternative z.B. heißt: "Knast" oder Teilnahme an einem Täter-Opfer-Ausgleichs-Programm, so wird der Freiwilligkeit nachgeholfen, was im späteren Verlauf Folgen haben kann, aber nicht muss.

Mediationsverfahren beinhalten keine Erfolgsgarantie. Auch sie können scheitern. So kann z.B. ein Schlichtungsverfahren trotz anfänglicher Zustimmung beider Parteien mit zunehmender Verfahrensdauer auch als Einmischung in die eigenen Angelegenheiten erlebt werden. Mangelnde Sachkenntnisse der Schlichter oder Probleme mit deren professioneller Haltung können den Fortgang einer Mediation behindern. Schlichter zu sein bedeutet mehr, als nur Moderationstechniken zu kennen. Fundierte Fachkenntnisse über den Konfliktgegenstand sind ein Grunderfordernis, um eine faire Einigung moderieren zu können.

Der Umgang mit Konflikten muss weit über Streitschlichtungsprogramme hinausgehen. Die eher kurzfristig, personal- und lokal-orientierten Ansätze konstruktiver Konfliktbearbeitung haben ihre volle Berechtigung, müssen jedoch durch mittelfristige, gesellschaftlich und regional orientierte Ansätze ergänzt und durch langfristig, ökologisch und global orientierte erweitert werden. Diese Programme müssen in gesamtgesellschaftliche Entwicklungen und Zusammenhänge eingebunden und vor allem auf Organisationen und Institutionen ausgeweitet werden. So müssen z.B. an Schulen neben personenorientierten Streitschlichtungs-Programmen auch Konzepte der Organisationsentwicklung und der Schulreform implementiert werden, um hier geeignete Rahmenbedingungen für Veränderungen zu schaffen.

Schlichtungsverfahren setzen voraus, dass auf Gewalt verzichtet wird.

Friedenspädagogik kann dazu beitragen, dass Kinder und Jugendliche (und auch Erwachsene) die Angst vor Konflikten verlieren. Sie kann ferner dazu beitragen, dass die Konfliktdynamik im zwischenmenschlichen und Gruppenbereich nicht bis zur Gewaltanwendung eskaliert, und sie kann auch dazu beitragen, dass Basiswissen über konstruktive Konfliktaustragung zu einem Allgemeingut wird. Friedenspädagogik kann jedoch nicht aus eigener Kraft die notwendigen Rahmenbedingungen für eine Gesellschaft schaffen, die Gewalt tabuisiert und das ausufernde Konkurrenzprinzip eindämmt. Hierzu ist sie auf viele unterstützende und begleitende Initiativen angewiesen.

Günther Gugel

Karl-Henning Seema

...Krisen in der Welt

Globale Konflikte zivil bewältigen?

Die Bereitschaft und die Fähigkeit, Konflikte ohne Gewalt auszutragen, ist eine zentrale Voraussetzung für das friedliche Zusammenleben der Menschen und ein herausragendes Merkmal ziviler Gesellschaften. Die Empathie mit anderen Menschen und Gruppen, vereinbarte Regeln, verlässliche Institutionen, demokratische Kontrollinstanzen, aber auch die Erfahrung, dass ein Verzicht auf Gewalt vorteilhaft für das Zusammenleben ist, sind Bestandteile einer tragfähigen Konfliktkultur. Sie wird durch neue politische, soziale oder ökonomische Probleme ständig herausgefordert und muss auch in den demokratischen Staaten und den "Friedensinseln" dieser Erde immer wieder stabilisiert und erweitert werden. Globale Gefährdungen wie das Bevölkerungswachstum, Aspekte der Klimaveränderung oder weltweite Fluchtbewegungen beinhalten brisante Konfliktpotenziale, die weit über nationale Grenzen hinausreichen. Innergesellschaftliche Auseinandersetzungen, systematische Menschenrechtsverletzungen und Vertreibungen sind in der unipolaren Welt auf der Tagesordnung.
Vor diesem Hintergrund haben eine Reihe von so genannten humanitären Interventionen am Ende des 20. Jahrhunderts immer dringlicher die Frage aufgeworfen, wann und mit welchen Mitteln ein "Eingreifen von außen" legitim und friedenspolitisch sinnvoll ist.

Dimensionen ziviler Konfliktbearbeitung

Unter ziviler Konfliktbearbeitung – Begriffe wie "nichtmilitärische Konfliktbearbeitung", "friedliche Streitbeilegung" oder "konstruktive Konfliktbearbeitung" werden häufig synonym verwendet – wird in Zeiten der Globalisierung mehr denn je auch der Versuch verstanden, sich einzumischen, wenn in anderen Ländern die Gefahr besteht, dass Konflikte eskalieren, Menschenrechte systematisch verletzt werden und das Leben von Menschen in Gefahr ist. Noch häufiger aber wird ein Eingreifen verlangt, wenn Kriege bereits voll entbrannt sind, wie es nach der Eskalation der Konflikte in Ruanda, in Somalia oder im ehemaligen Jugoslawien geschehen ist. Viele ertragen das Zuschauen (im Fernsehen) nicht mehr und ängstigen sich, dass unter Umständen auch ihre eigene Sicherheit bedroht werden könnte, und sei es nur in Gestalt von Flüchtlingen, die im eigenen Land auftauchen. Andere sollen eine rasche Lösung bewerkstelligen. Eigene Handlungsmöglichkeiten werden nicht gesehen. Weil militärische Interventionen völkerrechtlich kaum zu legitimieren sind und zudem meistens nicht die gewünschte Wirkung haben, und weil darüber hinaus Regierungen häufig nicht in der Lage sind oder kein Interesse zeigen, Konfliktlösungen herbeizuführen, sind immer mehr zivile Maßnahmen gefordert, die von gesellschaftlichen Akteuren initiiert oder mitgetragen werden. So ist die zivile Konfliktintervention zu einem Teilaspekt der zivilen Konfliktbearbeitung geworden. Sie steckt jedoch noch in den ersten Anfängen, ringt um Legitimation und Ressourcen, stößt an enge Grenzen und will doch zur Etablierung einer weltweiten Konfliktkultur beitragen.

Merkmale ziviler Konfliktbearbeitung

Unter systematischen Gesichtspunkten werden Maßnahmen ziviler Konfliktbearbeitung häufig unterschiedlichen Konfliktphasen zugeordnet, wobei in der Praxis die Übergänge fließend sind.

1. Man spricht von Gewaltprävention, wenn Vorsorge getroffen werden soll, dass latent vorhandene Konflikte nicht eskalieren. Hierzu zählen zum Beispiel die

Tatsachenermittlung ("Fact-Finding") oder die Beobachtung von konfliktträchtigen Ereignissen ("Monitoring") im Rahmen von internationalen Friedensmissionen.

2. Maßnahmen der Konfliktschlichtung oder des Konfliktmanagements tragen dazu bei, dass bereits eskalierte Konflikte konstruktiv bearbeitet werden können. Die notwendigen Verhandlungen und Vermittlungsaktivitäten finden dabei nicht mehr nur auf der diplomatischen Ebene ("Track-1-Aktivitäten") statt, sondern die Konfliktbearbeitung zwischen gesellschaftlichen Akteuren ("Track-2-Aktivitäten") gewinnt an Bedeutung.
3. Im Rahmen der Konfliktnachbearbeitung stehen der Aufbau zerstörter Gemeinwesen und die Etablierung langfristiger Friedensstrukturen im Vordergrund.

Auf die Konfliktnachbearbeitung wird in der "Agenda für den Frieden" der UNO besonderer Wert gelegt, um tiefer liegende Konfliktursachen (wirtschaftliche Not, Ungerechtigkeit oder politische Unterdrückung) zu beheben. Die Agenda wurde 1992 vom damaligen Generalsekretär der Vereinten Nationen, Boutros Boutros-Ghali, dem Sicherheitsrat als Fortsetzung der bereits in der UN-Charta von 1949 genannten Instrumente friedlicher Streitbeilegung vorgelegt. Die "Agenda für den Frieden" unterscheidet zwischen vorbeugender Diplomatie, Friedensschaffung, Friedenssicherung und der Friedenskonsolidierung ("post-conflict peace building"). Für die Umsetzung der Maßnahmen ist in der Agenda auch der Einsatz von militärischen Kräften vorgesehen. Gewaltträchtige Konflikte zwischen rivalisierenden Gruppen bzw. zwischen gesellschaftlichen Kräften und dem staatlichen Gewaltapparat bilden den häufigsten Anlass für zivile Konfliktinterventionen. Häufig spricht man in diesem Zusammenhang von ethnopolitischen Konflikten, weil erst die Politisierung ethnischer Merkmale die Gewaltbereitschaft steigert und zur Eskalation der Konflikte führt. Ethnopolitische Konflikte sind äußerst komplex, vor allem weil es sich häufig um schwer verhandelbare und eskalationsanfällige Identitäts- und Beziehungsprobleme handelt. Die Akteure der Staatenwelt, also Regierungen und Diplomaten, sind mit dem Management dieser Konflikte völlig überfordert.

Zivile Konfliktbearbeitung fördert eine weltweite Konfliktkultur.

Demgegenüber können gesellschaftliche Friedenskräfte, allen voran die einschlägigen Nichtregierungsorganisationen (NGO) und Basisgruppen, vorteilhafte Befähigungen in die Konfliktintervention einbringen. Sie verfügen beispielsweise über eine größere Unabhängigkeit, ein größeres Repertoire an Interventionsmöglichkeiten und können aufgrund ihrer Basisnähe eher auf die mittleren und unteren Führungsschichten innerhalb der Gesellschaften einwirken.

Ansätze ziviler Konfliktbearbeitung lassen sich prinzipiell in allen Phasen eines Konfliktverlaufs realisieren. Gleichwohl sinkt das Repertoire für zivile Interventionsmöglichkeiten mit steigender Intensität der Konflikteskalation, und die Erfolgsaussichten auf eine Konfliktschlichtung werden geringer. Deshalb ist die Früherkennung von Konfliktpotenzialen von großer Bedeutung, um einer Eskalation latent vorhandener Spannungen zu militärischen oder paramilitärischen Formen des Konfliktaustrages möglichst vorzubeugen. In der Gewaltprävention werden die besten Ansatzmöglichkeiten für Nichtregie-

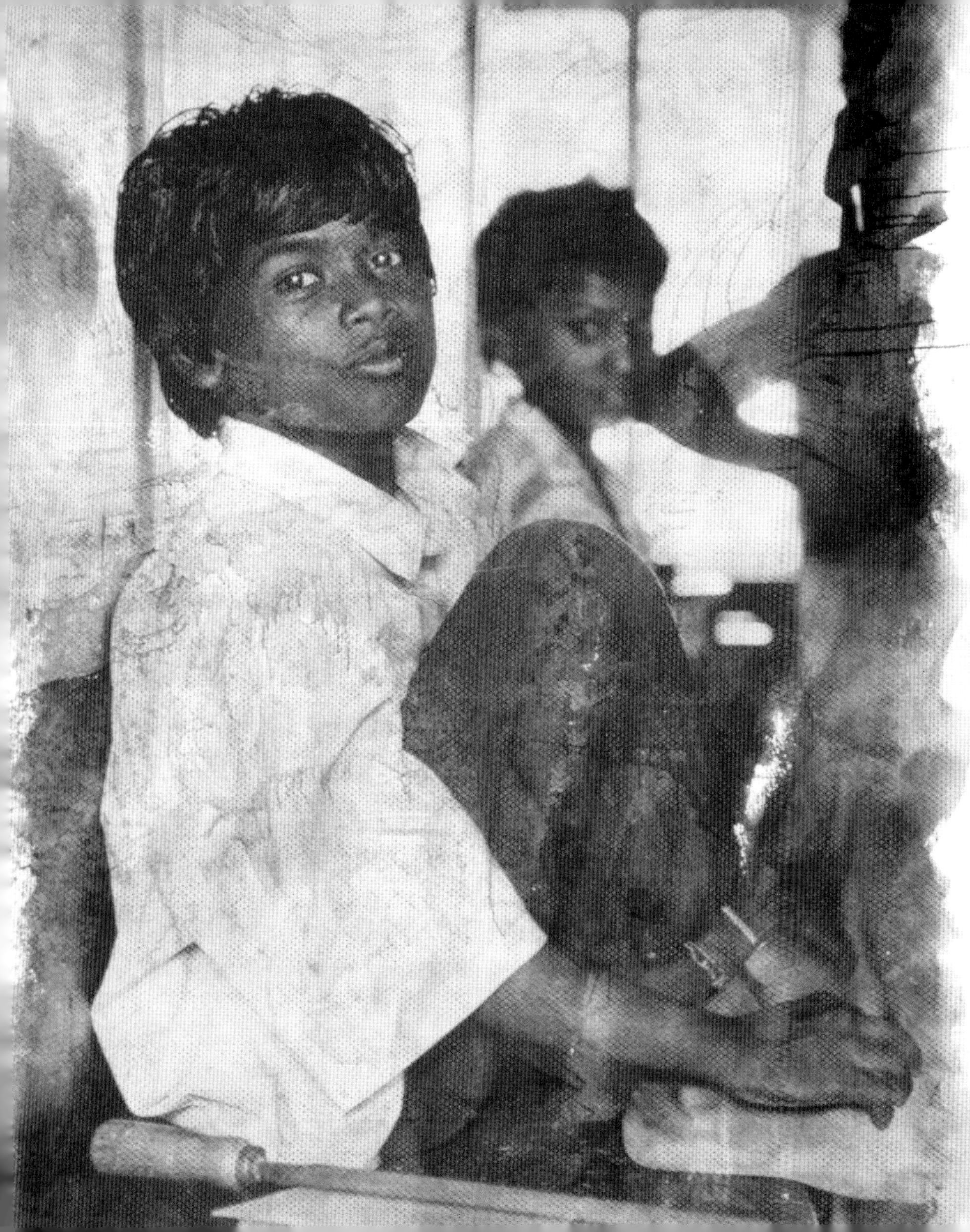

Alexandra Höner

rungsorganisationen gesehen. Dies gilt auch für die letzte Phase des Konfliktverlaufsbogens, wenn es sich entscheidet, ob nach einem Krieg die Herausbildung einer institutionellen Friedensstruktur gelingt, zu der auch die Aussöhnung der Konfliktparteien gehört, oder ob die Grundlage für eine spätere Wiederholung des Konfliktverlaufs – von der ersten Phase an – vorgezeichnet ist.

Erfahrungen mit Konfliktinterventionen von Südafrika bis ins ehemalige Jugoslawien verstärken den Eindruck, dass auf der Ebene der Gesellschaften vor allem die Nichtregierungsorganisationen und transnational orientierte Basisgruppen allein oder im Zusammenspiel mit internationalen Organisationen in der Lage sind, sich friedenspolitisch sinnvoll in Krisen- und Konfliktregionen dieser Erde zu engagieren. Einigen transnationalen Organisationen – wie zum Beispiel den Kirchen – wird dabei eine besonders ausgeprägte Rolle zugeschrieben, weil sie ein hohes moralisches Ansehen genießen und in vielen Ländern von den Konfliktparteien als glaubwürdige Vermittler anerkannt werden. Weltweit gibt es tatsächlich eine Reihe beeindruckender Beispiele. Dazu gehören die Vermittlungsaktivitäten der katholischen Kirche im Bürgerkrieg in

El Salvador oder die Rolle von Bischof Tutu bei der Versöhnungsarbeit in Südafrika.
Zivile Konfliktbearbeitung wird zunehmend auch von Einrichtungen der Entwicklungszusammenarbeit und -politik als neues Aufgabengebiet wahrgenommen. Dies wird unter anderem beim Aufbau eines Zivilen Friedensdienstes deutlich, der z.B. in Deutschland vom Bundesministerium für wirtschaftliche Zusammenarbeit gefördert wird. In Vergangenheit sind viele (kostenintensive) Entwicklungsprojekte durch Kriege zerstört worden, so dass dem inneren Zusammenhang von Entwicklung und Frieden mehr Beachtung geschenkt werden muss ("ohne Frieden keine Entwicklung und ohne Entwicklung kein Frieden"). Eine sinnvollerweise langfristig angelegte Entwicklungszusammenarbeit darf nicht zu Gunsten von kurzfristig notwendiger Katastrophenhilfe unterlassen werden. Denn auch für diesen Bereich gilt, dass der größte Anteil der weltweiten Katastrophenhilfe an Kriegsopfer geht. Drei Viertel der Menschen, die vom Welternährungsprogramm 1994 Nothilfe erhielten, waren Opfer von Kriegen, der größte Teil davon Flüchtlinge und im eigenen Land Vertriebene. Auch hier sind Maßnahmen der Gewaltprävention und der Friedenskonsolidierung von besonderer Bedeutung.

Zivile Konfliktbearbeitung lässt sich in allen Phasen des Konfliktes realisieren.

Grenzen ziviler Konfliktinterventionen

Zur Beendigung von innerstaatlichen Kriegen bedarf es offizieller Friedensschlüsse, die von den Regierungen und den politischen Führungseliten einzelner Konfliktparteien ausgehandelt, unterzeichnet und mit Nachdruck umgesetzt werden müssen. Dies bleibt mit ein Privileg der Staatenwelt. Nichtregierungsorganisationen können und sollten allerdings einen Beitrag dazu leisten, dass der Weg für derartige Abkommen geöffnet wird, Aspekte der Versöhnung berücksichtigt werden und die Akzeptanz von geeigneten Friedensschlüssen bei den unterschiedlichen gesellschaftlichen Gruppen steigt.
Die Erfolgsaussichten ziviler Konfliktinterventionen hängen stark vom Interesse der Konfliktparteien an einer konstruktiven Konfliktbearbeitung und ihrer Bereitschaft für Versöhnung ab. Die Chancen der zivilen Konfliktbearbeitung bestehen gerade darin, gesellschaftliche Friedenskräfte bei den einzelnen Konfliktparteien ausfindig zu machen, sie an einen Tisch zu bringen und als Multiplikatoren zu qualifizieren. Denn wie entwicklungspolitische Erfahrungen zeigen, müssen die jeweils betroffenen Gesellschaften die Konflikttransformationen im Kern aus eigener Kraft schaffen. Deshalb gehören Empowerment, das heißt die Befähigung zum selbstständigen, selbstbewussten Handeln, und die Förderung der Zivilgesellschaft zum integralen Bestandteil ziviler Konfliktinterventionen.
Auch wenn entfernte Regionen der Welt dank besserer Transportwege, schnellerer Transportmittel und elektronischer Vernetzungen heute immer leichter erreichbar sind, erhöhen sich die Schwierigkeiten ziviler Interventionen mit der Ferne der Konfliktregion. Dies müssen sich auch europäische NGOs und Basisgruppen vor Augen führen. Nicht nur die Entfernungen spielen eine Rolle, sondern auch die Andersartigkeit der Konfliktsituationen bzw. kulturelle Unterschiede werfen prinzipiell die Frage auf, inwieweit sich beispielsweise in den USA oder in Europa erprobte Formen ziviler Konfliktbearbeitung auf ande-

re Situationen und Kulturen übertragen lassen. Zivile Interventionen können zudem an unzureichenden Kompetenzen ihrer Akteure scheitern. Sprach- und Landeskenntnisse sind – je nach Form der Intervention – von besonderer Bedeutung, zudem pädagogisches, juristisches oder sozialpsychologisches Fachwissen.

Langfristige Strategien und kompetente Fachleute für nachhaltige Konfliktlösungen.

Ausgereifte mittel- und langfristige Strategien für zivile Konfliktinterventionen fehlen bislang, ungeachtet der Vielzahl und Vielfalt erprobter Einzelmaßnahmen. Dies liegt weniger am Wissen, denn am Willen der Beteiligten. So kommt es häufig dazu, dass die beteiligten Akteure (Staaten, Regierungen, Internationale Organisationen, NGOs, Basisgruppen) nicht einmal im konkreten Konfliktfall ausreichend kooperieren. Auch die mangelnden Ressourcen blockieren in hohem Maße die Entfaltungskraft ziviler Konfliktbearbeitung. Während die Mittel für eine militärische Option selbstverständlich bereitgestellt werden, sind Finanzen für zivile Konfliktbearbeitung nur unter größten Schwierigkeiten zu beschaffen.

Ansätze ziviler Konfliktintervention

Trotz dieser Probleme ist das Spektrum der Ansätze ziviler Konfliktbearbeitung beeindruckend. Es belegt, dass Einmischung nicht nur möglich ist, sondern auch friedenspolitisch sinnvoll. Im Folgenden werden drei Ansätze skizziert, in denen gesellschaftliche Akteure eine besonders wichtige Rolle spielen. Sie werden ihre langfristige Wirkung vor allem im Zusammenspiel mit den Instrumenten ziviler Konfliktbearbeitung der Staatenwelt entfalten (zum Beispiel Sanktionen, Schiedsgerichtsbarkeit, Hilfen beim ökonomischen und politischen Aufbau).

Friedensdienste und -missionen

Friedensdienste und -missionen sind unterschiedliche Formen der zivilen Krisenintervention, die von Nichtregierungsorganisationen und Basisgruppen in eigener Regie oder in Zusammenarbeit mit bzw. im Auftrag von internationalen Organisationen geleistet werden können. Seit vielen Jahren leisten Freiwillige im Rahmen von internationalen Friedensdiensten in vielen Krisen- und Kriegsregionen dieser Welt – im Nahen Osten oder in Nordirland – bewundernswerte Beiträge zur zivilen Konfliktbearbeitung. Ihre Aufgabe ist es, Kriegsleid zum Beispiel durch die Mitarbeit in Flüchtlingslagern zu mildern oder Personen "verfeindeter" Gruppen miteinander ins Gespräch zu bringen und den Weg für Verständigung und Versöhnung zu erleichtern. Häufig handelt es sich zum einen um *Friedensdienste als Lerndienste* mit einer Länge von mindestens einem halben Jahr. Dabei haben die Jugendlichen Gelegenheit, Erfahrungen zu sammeln, die für die Herausbildung eines eigenen Wertesystems und politischen Engagements von großer Bedeutung sein können. Zum anderen treten in jüngster Zeit immer häufiger die *Friedensfachdienste* in den Vordergrund. Darunter sind Einsätze von einschlägig ausgebildeten Personen mit Lebens- und Berufserfahrung zu verstehen, die den komplexen Problemlagen in den Krisen- und Kriegsregionen angemessen zu begegnen vermögen.
Die *Tatsachenermittlung ("Fact-Finding")* hat sich in jüngster Zeit zu einem wichtigen Instrument der friedlichen Streitbeilegung entwickelt, wobei sich vor allem die OSZE im Rahmen ihrer Langzeitmissionen große Verdienste erworben hat.

Möglichkeiten und Probleme des Fact-Finding konnten in jüngster Zeit am Beispiel unterschiedlicher Missionen im Baltikum wissenschaftlich erkundet und untersucht werden. Unter Fact-Finding versteht man generell die Entsendung von unabhängigen ExpertInnen, um Tatsachen über einen Konfliktgegenstand, über die Entstehung des Konfliktes, die Anliegen der Konfliktparteien und die Gefahren der Eskalation möglichst objektiv zu ermitteln. Fact-Finding kann Konfliktgegenstände zwar nicht aus der Welt schaffen und Konflikte nicht lösen. Es kann aber dazu beitragen, den Konfliktparteien eine andere Sichtweise auf ihren Streitgegenstand zu eröffnen und sie in die Lage zu versetzen, neue Wege für die Konfliktbearbeitung zu gehen. Zudem kann es durch Fact-Finding gelingen, die internationale Aufmerksamkeit für einen schwelenden Konfliktherd zu wecken und weitere Aktivitäten der Einmischung von außen auszulösen. Gleichzeitig kann durch Fact-Finding-Missionen Zeit gewonnen werden, während die Konfliktparteien auf die Ergebnisse warten. Auf UN-Ebene hat bereits 1991 die Generalversammlung beschlossen, dass neben ihr und dem Sicherheitsrat auch der Generalsekretär die Vollmacht erhält, Missionen zur Ermittlung von Tatsachen in Konfliktregionen zu entsenden. Fact-Finding wird nicht nur von Regierungsvertretern, sondern auch von Mitgliedern der NGO und Basisgruppen durchgeführt – im Auftrag von Staaten, internationalen Organisationen oder auch in eigener Verantwortung.

In Friedensdiensten leisten Jugendliche bewundernswerte Arbeit.

Unter *"Monitoring"* versteht man die Überwachung und Beobachtung umstrittener Ereignisse in Konfliktregionen, wo demokratische Rechte wie die Einhaltung von Meinungs- und Versammlungsfreiheit (noch) nicht gewährleistet sind oder die Durchführung von demokratischen Wahlen behindert werden soll. Immer häufiger arbeiten bei diesen Missionen Regierungsvertreter – zum Beispiel im Auftrag der UN – und Delegationen von NGO vor Ort zusammen. Dies war in größerem Ausmaß in Südafrika der Fall, wo der Übergang vom Apartheidsystem zur Demokratie begleitet und die Wahlen beobachtet wurden. Gerade die Wahlbeobachtung hat in jüngster Zeit an Bedeutung gewonnen, wie an den UN-Einsätzen zu sehen ist. So fanden 1988 noch keine derartigen Einsätze statt, während es 1994 bereits 21 waren. Ziel der Wahlbeobachtung ist die Gewährleistung unabhängiger und freier Wahlen. Um hierzu einen substanziellen Beitrag leisten zu können, müssen die WahlbeobachterInnen vor, während und möglicherweise auch noch nach den Wahlen präsent sein und ein breites Spektrum unterschiedlicher Aufgaben wahrnehmen. Den Missionen kommt eine große Verantwortung bei der Beurteilung des Wahlprozesses zu, denn ihre Einschätzung beeinflusst die Legitimation der Wahlen im Inland, vor allem aber auch im Ausland.

Vermittlung: Verhandlungen und Mediation

Einen "Königsweg" für erfolgreiche Verhandlungen gibt es nicht. Aber vor dem Hintergrund vieler gescheiterter Verhandlungen und Verhandlungsstrategien wurde in der Vergangenheit eine Reihe von Konzeptionen entwickelt, die sich von der traditionellen Form der Verhandlungsführung, nämlich der Auseinandersetzung um Positionen, abheben. "Alternative Dispute Resolution" (ADR) lautet dafür ein Fachbegriff, und als eine der maßgeblichen, in sich besonders schlüssigen Konzeptionen gilt das "Harvard Negotiation Project". Dessen Leitlinien haben in den USA bereits in die Ausbildung von Diplomaten Eingang gefunden. Die Konfliktbearbeitung wird als gemeinsamer Lernprozess zwischen den Verhandelnden aufgefasst. Zu den übergeordneten Prämissen gehören die konsequente Trennung zwischen "Mensch" und "Problem" und die Unterscheidung zwischen "Interessen" und "Positionen" der Konfliktparteien.

Unter Mediation (Vermittlung) wird ein Prozess des Konfliktmanagements verstanden, der dann eingeleitet werden kann, wenn Verhandlungen nicht zu dem gewünschten Erfolg geführt haben und eine unmittelbare Kommunikation zwischen den Konfliktparteien nicht (mehr) möglich ist. Die Konfliktparteien haben Interesse an einer Konfliktlösung. Sie suchen, um nicht zu Mitteln der Gewalt zu greifen, freiwillig Hilfe bei Dritten oder nehmen die angebotene Hilfe einer Einzelperson, einer Gruppe, eines Staates oder einer Organisation an. (Hierzu ausführlicher der Beitrag von G. Gugel in diesem Katalog).

Drei Beispiele zeigen unterschiedliche Mediations-Ansätze:

- Nach jahrzehntelangem Blutvergießen und erfolglosen offiziellen Verhandlungen gelang 1993 ein Durchbruch im israelisch-palästinensischen Konflikt, als die Palästinensische Befreiungsorganisation (PLO) vertraglich das Recht Israels anerkannte, in Frieden und Sicherheit zu leben.
  Die PLO erfuhr durch die politische Führung Israels die Anerkennung als legitime Vertreterin des palästinensischen Volkes.
  Die Tür zu mehr Vertrauen und Kooperation und zu weiteren, konkreten Verhandlungsergebnissen war aufgestoßen.
  Diesen Erfolg bewirkten u.a. norwegische Vermittler, die mit einem wohl bedachten Angebot an "guten Diensten" Vertreter beider Seiten an einen Verhandlungstisch gebracht hatten. Während die offiziellen Verhandlungsdelegationen mit ihren Bemühungen am Ende waren, wurde in Norwegen das notwendige Vertrauen aufgebaut und politisch umgesetzt.
- Die katholische Laienbruderschaft Comuniti San Egidio (benannt nach ihrem Stammsitz, einem Kloster in Rom) war als kirchliche Vermittlerin an der Aushandlung eines Waffenstillstandes zwischen der FRELIMO-Regierung und den RENAMO-Rebellen in Mosambik beteiligt.
  In den Räumen der Bruderschaft führte sie darüber hinaus in geschlossenen und öffentlichen Gesprächsrunden in den Jahren 1994 und 1995 VertreterInnen der laizistischen Gegner des Militärregimes in Algerien und der verbotenen islamistischen FIS zusammen. Die gemeinsam ausgehandelte Plattform von Rom (u.a. Anerkennung der Menschenrechtsdeklaration) fand jedoch in der offiziellen Politik keine Unterstützung.
- Weniger spektakulär sind die so genannten "problem-solving-workshops" in Konfliktregionen. Hier bemühen sich NGOs mit Angehörigen der Konfliktparteien mit überschaubaren Teilnehmerzahlen und über eine längere Zeitdauer hinweg, die Konfliktursachen und -hintergründe gemeinsam zu erhellen und Empathie für die andere Seite zu wecken.
  Das Berghof-Forschungszentrum in Berlin arbeitet seit einiger Zeit an und mit diesem Ansatz, um die Erfahrungen systematisch auswerten zu können.

ប្រយ័ត្នគ្រាប់មីន!!
Danger!! Mines!!

Versöhnung und internationale Kommunikation

Neben dem ökonomischen Aufbau kommt es bei der Konsolidierung des Friedens besonders darauf an, welche Unterstützung die gesellschaftlichen Friedenskräfte beim Aufbau einer Zivilgesellschaft erhalten.

Nach Beendigung einer Diktatur oder eines Krieges stellt sich die Frage nach der Aufarbeitung der in jenen Zeiten begangenen Verbrechen. Sind Soldaten und zivile Kriegsbeteiligte für ihre Handlungen während eines Krieges persönlich verantwortlich und haftbar? Der Prozess gegen die Verantwortlichen nationalsozialistischer Verbrechen in Nürnberg 1945/1946 hat deutlich gemacht, dass Kriegsverbrechen nicht anonym den Staaten angelastet werden können, sondern dass jeder Einzelne Verantwortung für seine Taten zu tragen hat. Niemand, so die Konsequenz, solle sich dieser Verantwortung mit dem Verweis auf staatliche Anordnungen entziehen können. Im Frühjahr 1993 beschloss der UN-Sicherheitsrat die Gründung eines vergleichbaren Tribunals gegen die Kriegsverbrecher im ehemaligen Jugoslawien, ein weiterer UN-Gerichtshof untersucht in Arusha Kriegsverbrechen in Ruanda. Ziel ist es, die militärischen und zivilen Führer der Kriegsparteien, denen Kriegsverbrechen angelastet werden, anzuklagen. Das Tribunal ist jedoch wegen seiner geringen Durchsetzungsmöglichkeiten umstritten. Strittig ist auch die Frage, ob ein solches Tribunal überhaupt helfen kann, nach einem Krieg einen Weg für einen dauerhaften, stabilen Frieden zu errichten. Andere, mehr auf Versöhnung als auf Bestrafung ausgerichtete Formen der "Vergangenheitsbewältigung" werden zum Beispiel in Südafrika angestrebt. Dort wurde 1995 eine "Kommission für Wahrheit und Versöhnung" eingesetzt, deren Aufgabe es ist, die politischen Straftaten aufzuklären, Opfer und Täter anzuhören, unter bestimmten Bedingungen Amnestieverfahren einzuleiten und Empfehlungen für Wiedergutmachung auszusprechen. Als ein Beitrag zur Versöhnung wird auch die im Oktober 1997 von der UNO eingerichtete Wahrheitskommission in Guatemala verstanden.

Ohne Versöhnung keine nachhaltige Konfliktlösung.

Ein großer, kaum zu lösender Problembereich ist der Umgang mit den vielfältigen traumatischen Erlebnissen, insbesondere von Frauen und Kindern. Die Entwicklung angemessener Hilfsangebote steht erst am Anfang.

Unabhängige Medien sind wichtige Voraussetzungen für den Auf- und Ausbau ziviler Gesellschaften. Deshalb hat sich die UNESCO zu Recht die verstärkte Förderung ungehinderter Kommunikationsmöglichkeiten gerade in Kriegs- und Krisengebieten zum Ziel gesetzt. Im Jahrbuch 1994/1995 der Deutschen UNESCO-Kommission z.B. heißt es: "Die UNESCO bemüht sich darum, dass der Kommunikationsbereich in die friedenserhaltenden Missionen der UNO einbezogen wird. So arbeitet sie zum Beispiel am Wiederaufbau des Pressewesens in Kambodscha und bei der Entwicklung eines Medienhilfsprogramms für Palästina mit und leistet Soforthilfe in Krisengebieten wie Ruanda. Mit dem Projekt "SOS-Media" werden die unabhängigen Medien und Journalisten in den Regionen des ehemaligen Jugoslawien unterstützt."

Die staatliche Kontrolle über die Medien hat sich in vielen (Bürger-)Kriegen der Vergangenheit und der Gegenwart als ein sehr einflussreicher Faktor auf Verlauf und Intensität der kriegerischen

Handlungen erwiesen. Durch eine zweckgerichtete Propaganda, durch das Zurückhalten und das Verfälschen von Informationen können Feindbilder vertieft, Bedrohungsängste aufgebaut und zu Gewalttätigkeiten gegen den "Gegner" aufgefordert werden.
Hinzu kommt, dass in einem Land, in dem Bürgerkrieg herrscht, die KriegsgegnerInnen auf beiden Seiten nur noch unter erschwerten Bedingungen miteinander ins Gespräch kommen. Während des Krieges im ehemaligen Jugoslawien hat sich gezeigt, wie rasch durch Dörfer und Städte (zum Beispiel durch Sarajevo oder Mostar) nahezu unüberwindliche Grenzen gezogen werden können, so dass alltägliche Kommunikationsformen wie persönliche Begegnungen nicht mehr oder nur noch unter großem Risiko für das eigene Leben möglich sind. Telefonische Kontakte brechen zusammen oder werden bewusst unterbrochen, und die Informationsvermittlung über unabhängige Zeitungen ist nicht mehr möglich. Dann aber stellt sich die Frage, wie Kommunikation über Grenzen hinweg stattfinden kann.
Vor diesem Hintergrund wird verständlich, dass zum Spektrum der Ansätze ziviler Konfliktbearbeitung auch die Förderung unabhängiger Medien und Kommunikationsstränge gehören muss. In diesem Zusammenhang spielen die neuen elektronischen Medien eine besondere Rolle. Durch sie ist es zum Beispiel möglich, Informationen von außen in ein Land hineinzutragen, die nicht über die staatlich kontrollierten Medien vermittelt werden. Und zum anderen kann es – wie im ehemaligen Jugoslawien – gelingen, Mitgliedern von Oppositions- oder Antikriegsgruppen die Kommunikation zu ermöglichen.
Selbstverständlich bergen auch diese Ansätze Probleme in sich, gerade wenn es um die Nutzung der online-Angebote in den Netzwerken geht. Die hohen Kosten, der Zeitaufwand, der "Datenmüll" und andere Problembereiche sind gegen die Vorteile abzuwägen, die diese Medien der zivilen Konfliktbearbeitung eröffnen können. Andererseits ergeben sich aus der Nutzung elektronischer Medien auch neue Perspektiven für Direktpartnerschaften zum Beispiel zwischen Schulen, die einer internationalen Verständigung und dem gemeinsamen Auf- und Ausbau der Zivilgesellschaften dienen.

Uli Jäger

...das Streiten üben

Wie entwickeln wir eine Streitkultur?

Friedenserziehung verlangt nach einer neuen Konfliktkultur, nach konstruktiver Kommunikation, die nicht schnellstmögliche Lösungen sucht, sondern das Konflikterlebnis als Chance wahrnimmt. Der Friede beginnt im Streit, indem wir uns vergleichen. Denn das Denken verändert sich, wenn im Vergleichen von Mentalitäten neue Konzepte entstehen. "Nur wenn, was ist, sich ändern läßt, ist das, was ist, nicht alles." Theodor W. Adornos Wort öffnet die Sicht auf neue mögliche Einstellungen zum Konflikt als Chance.

Hört auf zu streiten! Ihr sollt nicht streiten!

Wie oft haben Sie diese Worte schon gehört oder selbst ausgesprochen! Wir sind so erzogen worden – und meistens erziehen wir unsere Kinder auch weiter so.

Fortschrittliche PädagogInnen zeichnen sich dadurch aus, dass sie streitende Kinder nicht strafen, sondern ablenken. Sie schimpfen nicht, sondern reden mit den Kindern darüber, warum sie streiten. Trotzdem vermitteln sie den Kindern, dass sie nicht streiten sollen. Aber wir wissen alle, dass wir streiten. Die einen laut, die anderen leise, kalt oder heiß, oft oder selten, mehr oder weniger gern: Alle tun es. Streiten ist einerseits menschlich, andererseits verpönt. Also streiten wir mit schlechtem Gewissen, mit mäßigem Erfolg und mit wüsten Verletzungen an Leib und Seele.

Die Schlussfolgerung daraus lautet: Um so zu streiten, dass wir einander nicht verletzen, müssen Regeln gelernt, muss Streiten geübt werden. Schon früh, im Kindesalter. Deshalb sollte Basis-Know-how für konstruktives Streiten in den Lehrplan wie Lesen, Schreiben, Rechnen aufgenommen werden. Das ist die Idee, die zum Projekt P.A.K.T. geführt hat.

Streiten ist einerseits menschlich, andererseits verpönt.

Dieses Projekt heißt P.A.K.T., weil es einerseits darum geht, einen Pakt zu schließen.

P.A.K.T. heißt andererseits aber auch: "Psychologisches-Ambivalenz-Konsens-Training".

Psychologisch: Weil ein geistiges Nach-Innen-Schauen notwendig ist. Wie verhalte ich mich in Konfliktsituationen? Wie verhalten sich andere in Konfliktsituationen?

Ambivalenz: Weil wir wieder mehr mit Widersprüchen leben müssen. Unter anderem, weil Demokratie verlangt, das mitzutragen, was andere entschieden haben. In demokratische Entscheidungen sind alle einbezogen, auch, wer gern etwas anderes entschieden hätte.

Konsens: Da wir alle verantwortlich sind, und nicht als Ausführende für irgendeine große Macht funktionieren, müssen wir bündnisfähig werden.

Und T. für Training: Weil es viel zu lernen gibt!

Das Projekt P.A.K.T. bietet methodisches Know-how und kreative Anregungen. Hier werden keine fertigen Rezepte angeboten. Aber die Idee des Projekts weiß von der politischen Bedeutung im Umgang mit Weltanschauungen.

P.A.K.T. – ist ein Projekt, das dazu einlädt, mehr über Konflikte zu erfahren:

- Das Denken soll angesprochen werden: Neue Konflikterfahrungen müssen sinnvoll sein.
- Gefühle verlangen nach gegenseitigem Respekt.
- Der Körper empfindet Konflikte und drückt sie in Bewegungen aus.

- Jedes Training erfordert Zeit: Wiederholen, Reflektieren, Praktizieren.

Der Name P.A.K.T. ist Programm: Wer einen Pakt schließen will, läßt sich auf bestimmte Regeln ein. Konfliktkultur heißt, dass im konstruktiven Konfliktverhalten Bedingungen einzuhalten sind. Ziel des Projekts ist:

- die Begriffe "Frieden" und "Konflikt" in neuen Bezugssystemen anzubieten, um Experimente mit anderen Einstellungen zu ermöglichen;
- das "Kleine Einmaleins der Konfliktintelligenz" vorzustellen als methodische Grundlage für einen anderen Umgang mit Konflikten und als Voraussetzung für eine Kultur des Friedens;
- Streiten neu zu definieren: als notwendige, aber gewaltfreie gemeinsame Entscheidungsfindung;
- konstruktive Konfliktfreude bewusst als Bedingung für Demokratie darzustellen.

Das Projekt P.A.K.T. begleitet die Burgenländische Landesausstellung 2000 auf ihrem Weg zu modernen museologischen Vermittlungsangeboten. Die Ausstellung wird zum konkreten Anlass, Konfliktkultur im Unterricht zu thematisieren.

Die Konflikt-Lern-Module im Projekt P.A.K.T. wollen dazu anregen, neue Einstellungen zum Streiten zu entwickeln und die kreative Energie der Kinder und Jugendlichen auf Konflikterlebnisse und Friedens-Themen zu übertragen. Die P. A.K.T.-Module werden für den Schulunterricht als "Buntpack" angeboten, und zwar in drei Versionen: Version A für 6- bis 10-Jährige, Version B für 10- bis 15-Jährige, Version C für 14- bis 18-Jährige.

Konstruktives Streiten muss geübt werden.

Alle P.A.K.T. Module laden zu praktischen Unternehmungen ein. Selten wird etwas theoretisch erklärt. Die kreativen Prozesse vermitteln Erfahrungen. Diese sollen zu Diskussionen führen.
Ein Buntpack enthält ein Anleitungsheft für die LehrerInnen und sieben Konflikt-Lern-Module, die aufeinander aufbauen:

Leitfaden für LehrerInnen: Sprich, damit ich dich liebe.
Dieses Anleitungsheft enthält Informationen über die Ausstellung und eine kurze Einführung in die theoretischen Grundlagen des Projekts.
Der Titel dieser Broschüre will auf ein Phänomen hinweisen, das in Konfliktsituationen sehr häufig stattfindet: Die Konfliktpartner stellen Bedingungen. Aber Bedingungen zu stellen führt direkt in die Eskalation. Im Umgang mit den Konflikt-Lern-Modulen soll eines unbedingt klar werden: Konstruktives Streiten heißt, dass die Konfliktpartner ihre eigenen Interessen formulieren und bestimmte Kommunikationsregeln einhalten lernen.

Susanne Jalka

Modul 1: Know-how

In der ersten elementaren Stufe geht es darum, sich mit dem Begriff "Streiten" zu befassen und seine Bedeutung zu klären. In diesem assoziativen Verfahren gibt es keine "richtigen" oder "falschen" Antworten; jede Äußerung gilt. Wichtig ist, dass alle Kinder und Jugendlichen ernst genommen werden.

Die zentralen Fragen sind:

Was bedeutet der Begriff Streiten für mich?

Und was bedeutet er für andere?

Wie definiere ich Streit? Wie definieren ihn andere?

Was fällt mir dazu ein? Was fällt anderen dazu ein?

Wie verhalte ich mich in Konfliktsituationen?

Wie verhalten sich andere?

Mit Hilfe von altersspezifischen Spielen soll die Kommunikation zum Thema Streit und Konflikt angeregt werden. Letztendlich soll man sich darüber klar werden, ob man etwas an seiner Einstellung zum Konflikt ändern will. Und wenn ja: was?

Modul 2: Ich seh etwas, was du nicht siehst

Dieses Modul zielt darauf ab, aus den verschiedenen Bedeutungen der Begriffe "Streiten" und "Konflikt" persönliche Vorstellungen zu entwickeln und diese kreativ umzusetzen. Es geht darum, den Bewusstwerdungsprozess durch Bilder, Worte, Musik oder Bewegung zu unterstützen. Das Themenangebot nimmt zum Teil Bezug auf die Ausstellung "Krieg oder Frieden – Vom Kult der Gewalt zur Kultur des Friedens", zum andern geht es auf Erfahrungen mit verschiedenen Arten des Streitens ein.

Modul 3: Zamstreiten

Dabei handelt es sich um ein Lied und um Musikstücke zum Thema Streit. Sie vermitteln, dass wir Streiten lernen müssen, wenn wir so streiten wollen, daß wir einander nicht besiegen. Die Musikstücke laden zum Mitmachen ein: zum Singen oder Lärmen oder zum Streittanz, wobei der Spaß im und am Streit ausgedrückt wird. Um sich darüber klar zu werden, was "Streiten ohne Sieg" bedeutet, sollte über den Text des Liedes diskutiert werden: Man lobt die Ordnung und den Fleiß mit zierlichem Betrügen. Man spricht von Frieden. Jeder weiß, dass viele dabei lügen. Wir wollen streiten lernen, Streiten ohne Sieg! Wir wollen Menschen werden, Menschen ohne Krieg! Wir ist mehr als Du und ich. Wir streiten! Wir Menschen! Wir! Wir!

Modul 4: Konfliktgeschichten

Die Konfliktgeschichten bearbeiten zentrale Themen psychoanalytischer Konflikttheorie, ohne sich als solche auszuweisen. Die Auseinandersetzung mit Konfliktthemen, die in jeder Lebensgeschichte vorkommen, soll dadurch unterstützt werden. Diese Geschichten werden in zwei altersspezifischen Variationen angeboten:

- Wie Buntlinge streiten (für 6- bis 12-Jährige) ist die Geschichte von Kindern, die einen Schatz finden, darüber aber dann so zu streiten beginnen, dass sie sich in einen Kampf und in eine gefährliche Situation hineinsteigern.
- Pax an (für 12- bis 18-Jährige) ist eine Geschichte über einen Wochenendausflug, der "ganz normal" beginnt, aber von kleinen, scheinbar unwichtigen Spannungen zu schrecklichen Ereignissen führt.

Szene für Szene wird die Streitsituation in ihrer Eskalation vorgeführt. Die Eskalationsstufen sind eine der sehr wichtigen Schablonen, mit deren Hilfe Konfliktentwicklung eingeschätzt werden kann. Jede Stufe hat ihre spezifische Kommunikationsform.

Modul 5: Familienbande

In einem Video-Impulsfilm über eine Schultheateraufführung wird der Konflikt der Macht aus "Star Wars" thematisiert. Die Begegnung zwischen dem Lichthelden Skywalker und der Dunklen Macht stellt exemplarisch den Kernkonflikt der Geschichte dar. Die SchülerInnen identifizieren sich mit den Figuren und stellen den Konflikt im Rollenspiel dar. Die einzelnen Szenen beschreiben wieder die Stufen der Konflikteskalation, die von einer erwachsenen Person kommentiert wird. An den Wendepunkten der Konflikteskalation wird jeweils nach anderen kreativen Möglichkeiten im Umgang mit den zutage tretenden Kräften gefragt. Als Einstieg in ein anderes Streitkonzept mündet die Eskalation der Spannung dann in der Aufforderung, die Situation im Sinne konstruktiver Kommunikation weiter zu bearbeiten.

Modul 6: Das Rätsel 2000 plus

Das Preisrätsel wird in drei Altersvarianten angeboten und enthält jeweils 13 schwierige Fragen zu völlig unterschiedlichen Themenbereichen. Bei diesem Modul geht es um die Einübung kooperativer Kommunikation in der Gruppe. Die Lösungen sollen in einem kooperativen Prozess erarbeitet werden. Wie bei einem Preisrätsel werden die Lösungen eingesandt. Nur Schulklassen oder Schulen insgesamt sind teilnahmeberechtigt.

An der großen Burgmauer in der Burg Schlaining wird ein eisernes Band befestigt werden mit dem Motto: "In jedem Streit liegen Rätsel verborgen". Alle SchülerInnen, die dazu beitragen, die Fragen des Rätsels 2000 plus zu lösen, werden auf diesem Band namentlich genannt, ins Eisen eingraviert, für künftige BesucherInnen gut sichtbar.

Modul 7: Bordbuch Konfliktkultur

Dieses offene Modul setzt auf engagierte, kreative Mitarbeit. Es appelliert an Klassen und Schulen, an SchülerInnen und LehrerInnen, möglichst viele Projekte zu entwickeln und zu realisieren, die Lernen und Üben im Umgang mit Konflikten zum Thema haben. Denn die kreative und methodische Umsetzung von Konfliktkultur in konkrete Projektarbeit befestigt den Lernprozeß.

Außerdem wird in diesem Modul auf das Manifest 2000 hingewiesen. Mit dem von der UNESCO ausgerufenen "Internationalen Jahr für die Kultur des Friedens" werden Schulen weltweit eingeladen, Einstellungen und Verhalten im Sinne friedlicher Problemlösungen zu fördern und Projekte zu entwickeln, um die Werte einer "Kultur des Friedens" herauszuarbeiten.

Mit dem Bordbuch Konfliktkultur ergeht dieser Aufruf an alle interessierten Schulen, Projekte zu planen und zu entwickeln – und diese Projekte wenn möglich auch zu dokumentieren.

...den Frieden inszenieren
Ist stabiler Frieden möglich? *(Dieter Senghaas)*

...Frieden durch Recht
Welche Rolle spielt der internationale Gerichtshof? *(Arthur Eyffinger)*

...Frauen für den Frieden
Was leisten Frauen in der Friedensarbeit? *(Ellen Diederich)*

...Spaß am Frieden
Wie erleben Kinder Frieden? *(Sara Smidt)*

...viele Kulturen – eine Welt
Wie schliessen wir Frieden mit Anderen? *(Miriam Anne Frank, André Gingrich, Sabine Maierhofer)*

...Symbole des Friedens
Eine Sprache ohne Grenzen? *(Arthur Eyffinger)*

...Frieden literarisch
Vom ewigen zum augenblicklichen Frieden? *(Herbert Zeman)*

...Klänge des Friedens
Wie den Frieden intonieren? *(Dieter Senghaas)*

...Frieden schließen
Wie stiften Verträge Frieden? *(Leopold Auer)*

...Frieden denken
Ist Frieden ein Thema für die Philosophen? *(Leonhard Schmeiser)*

...den Frieden bewegen
Welche Ziele verfolgt die Friedensbewegung in Österreich? *(A. Pecha, Th. Roithner,Chr. Mokricky, P.Hämmerle)*

...Gedanken zur Gestaltung
Wie ist Frieden ausstellbar? *(Erich Woschitz)*

...den Frieden inszenieren

Ist stabiler Frieden möglich?

Wodurch und wie konstituiert sich Frieden? Diese elementare Frage rückte einer der führenden deutschen Pazifisten, Alfred H. Fried, in den ersten beiden Jahrzehnten des eben beendeten Jahrhunderts in den Mittelpunkt pazifistischer Programmatik. "Ursächlicher Pazifismus" war das Stichwort: "Wer eine Folge beseitigen will, muss zunächst ihre Ursache beseitigen. Und wer eine neue wünschbare Folge anstelle einer anderen gezeitigt sehen will, muss anstelle der einen Ursache jene andere setzen, die die gewünschte Folge hervorbringen kann." Das klingt methodisch-abstrakt, war aber ganz konkret gemeint: Wenn Krieg die Folge internationaler Anarchie ist, muss erst diese Anarchie beseitigt werden, um ihre Folge, den Krieg, zu beseitigen. Und an die Stelle von Anarchie muss eine "soziale Ordnung" treten, in deren Folge Konflikte in aller Regel verlässlich gewaltfrei bearbeitet werden, also – im politischen Sinne des Begriffes – Frieden hergestellt ist.

Ursächlicher Pazifismus

"Ursächlicher Pazifismus" ist der Versuch, über Voraussetzungen und Bedingungen, die Frieden ermöglichen, systematisch nachzudenken. – "Ursächlicher Pazifismus" war in der klassischen Pazifismus-Diskussion ein gleichermaßen grundlegendes wissenschaftliches wie praktisches Anliegen. Zur Tragödie des 20. Jahrhunderts gehört, dass Frieds Perspektive in den pazifistischen Strömungen an Aufmerksamkeit verlor, um schließlich zu einem Nicht-Thema zu werden. In diesem Jahrhundert der Gewaltherrschaft, der Kriege, der Genozide, der im Rahmen des Abschreckungssystems wechselseitigen Vernichtungsdrohungen wurde – durchaus verständlich und nachvollziehbar – Antimilitarismus die vorherrschende, Denken und Handeln bestimmende Orientierung des Pazifismus. Damit blieb eines von vornherein unzureichend: *Antimilitarismus* will aggressions-, gewalt- und kriegsverursachende Strukturen und Mentalitäten abbauen. Demgegenüber geht es dem "ursächlichen Pazifismus" um den Aufbau friedensfördernder Strukturen und Mentalitäten. Deshalb kann man "ursächlichen Pazifismus" und vergleichbare Orientierungen auch als einen auf die Konstruktion und Architektur des Friedens ausgerichteten bezeichnen, als *"konstruktiven Pazifismus"*.

> *"Ursächlicher Pazifismus" zielt auf soziale Ordnung und Zivilisierung des Konfliktes ab.*

"Ursächlicher Pazifismus" – so 1918 explizit von Alfred Fried formuliert –zielte auf die Errichtung einer *"neuen Weltordnung"*. "Beseelt von einem zielbewussten Friedensgeist" begriff Fried diese neue Weltordnung als das Ergebnis eines sich bereits vollziehenden Prozesses der "Staatenvergesellschaftung", der in einen "Gesellschaftsvertrag der Staaten" münden würde. Darüber käme es, in heutiger Terminologie formuliert, nicht zur Beseitigung von Konflikten, sondern zur *Konflikttransformation:* "zur Umwandlung des zwischenstaatlichen Verhältnisses, die erst den Konflikten einen solchen Charakter verleihen wird, dass sie der Gewaltlösung entrückt und zur rechtlichen Behandlung durchaus geeignet sein werden". Solche Konflikttransformation, die "Umwandlung des Charakters der Konflikte", meint damit genau das, was in der gegenwärtigen friedenstheoretischen Diskussion als *"Zivilisierung des Konfliktes"* bezeichnet wird. Während jedoch die klassische Sichtweise des "ursächlichen Pazifismus" den zivilisierten Umgang mit Konflikten im jeweils innerstaatlichen Rahmen als mehr oder weniger gelungen unterstellte – hier fand "Vergesellschaftung" schon statt –, kann diese Prämisse heute nicht mehr als selbstverständlich stimmig gelten. Denn ein Blick in die Welt unserer Tage zeigt, dass es kaum noch zwischenstaatliche Kriege gibt. Stattdessen sind zahlreiche militante innerstaatliche Konflikte, vor allem Bürgerkriege unterschiedlichster Prägung, zu beobachten. *Damit wird die Ermöglichung inneren Friedens* – also nicht nur die "neue Weltordnung" – *erneut zu einer wichtigen analytischen und praktischen Orientierung konstruktiven Friedensdenkens.*

Auf dem Weg zu Fundamentalpolitisierung

Tief greifende Veränderungen, die die westliche Welt schon früher und die außerwestliche Welt vor allem in den vergangenen Jahrzehnten erfasst haben, drängen zur Wiederaufnahme der Frage nach den Bedingungen inneren Friedens. Als die Idee des "ursächlichen Pazifismus" am Ende des vergangenen und zu Beginn dieses Jahrhunderts formuliert wurde, war die Welt, auch der Großteil der heute industrialisierten Länder, noch bäuerlich organisiert. Die vergangenen hundert Jahre werden, worüber wenig gesprochen wird, in die Geschichte als das Jahrhundert der Entbäuerlichung der Welt eingehen: Heute leben die meisten Menschen nicht mehr unter Bedingungen einer überwiegend lokalen Selbstversorgungswirtschaft, sondern in regionalen und überregionalen Verkehrswirtschaften mit zunehmenden weltwirtschaftlichen Bezügen. Entwicklungsländer sind hiervon keineswegs ausgenommen – im Gegenteil.

Dies neue sozio-ökonomische Umfeld hat für die Menschen eine ungeheure Horizont- und Handlungserweiterung zur Folge. Die mit dem Strukturwandel einhergehende Verstädterung verdichtet überdies die Kommunikation. Eine gleichzeitig stattfindende Alphabetisierung auf Massenbasis führt überdies zu einer breitenwirksamen Mobilisierung von Intelligenz, zu geistiger Emanzipation und einer Fertigkeitsrevolution: Das Kompetenzniveau von Menschen steigt dramatisch. Über sich weltweit ausbreitende Medien werden zudem Lebenserwartungen und Lebensstile vergleichbar.
So werden aus traditionalen Gesellschaften politisierbare und faktisch politisierte Gesellschaften. In ihnen werden überkommene Identitäten fragwürdig. Die "Wahrheiten" lassen sich nicht mehr zweifelsfrei definieren. Gerechtigkeitsvorstellungen vervielfältigen sich, ebenso wie die Interessen. Was eine "gute Gesellschaft" ist, wird angesichts der Pluralität von ordnungspolitischen Projekt- und Definitionsangeboten zum Problem. Die "tranquillitas ordinis", die "Ruhe der Ordnung", über die im Umfeld traditionaler Gesellschaft einst Augustinus schrieb, ist nicht mehr dingfest zu machen. Es entstehen, von ihrer Struktur her gesehen, konfliktträchtige, gegebenenfalls gewaltträchtige Gebilde, die – wenn sie nicht durch Diktatur oder Despotie dazu gezwungen werden – nicht mehr auf einen Nenner zu bringen sind. Jedoch unter den dargelegten neuen sozio-ökonomischen und sozio-kulturellen Bedingungen sind auch Diktaturen und Despotien über kurz oder lang zum Scheitern verurteilt: Denn die Pluralität ist nicht überwindbar; die Politisierung von Identitäten, Wahrheiten, Gerechtigkeitsvorstellungen und Interessen ist unumkehrbar.
Wenn gesellschaftliche, ökonomische und kulturelle Auseinandersetzungen sich als politische und politische Auseinandersetzungen sich als

gesellschaftliche, ökonomische und kulturelle darstellen, liegt *Fundamentalpolitisierung* vor. Und damit stellt sich, zu Beginn dieses Jahrhunderts in vielen Gesellschaften zugespitzt, die Frage nach Koexistenz trotz Fundamentalpolitisierung. Die Alternative zur Koexistenz ist – im Extremfall – der Bürgerkrieg, wie die tagespolitische Anschauung es uns täglich erneut lehrt.

> *Die Alternative zu Koexistenz ist Bürgerkrieg.*

Gewaltfreie Konfliktbearbeitung – Sechs Bedingungen

Wie aber entgeht man dem Bürgerkrieg? Der eben gekennzeichnete Umbau der Welt fand zunächst als Folge von Agrar- und industrieller Revolution seit der Mitte des 18. und vor allem im 19. Jahrhundert im westlichen Teil Europas statt. Daher wurde hier die eben umrissene Problematik – *Koexistenz trotz Fundamentalpolitisierung* – am frühesten akut, und hier lassen sich auch am ehesten einige Ergebnisse der Auseinandersetzung mit dieser Problematik beobachten. Vor allem sechs Bedingungen einer zivilisierten, d.h. nachhaltig gewaltfreien Bearbeitung von unvermeidlichen Konflikten müssen hervorgehoben werden:

Da ist *erstens* das legitime *Monopol staatlicher Gewalt*, d.h. die Sicherung der Rechtsgemeinschaft, zu nennen, sie ist für jede moderne Friedensordnung von grundlegender Bedeutung ist: Erst die "Entwaffnung der Bürger" nötigt diese dazu, ihre Identitäts- und Interessenkonflikte mit Argumenten und nicht mit Gewalt auszutragen. Potenzielle Konfliktparteien – ohne Waffen – werden zur argumentativen Auseinandersetzung und damit zu deliberativer Politik im öffentlichen Raum gezwungen. Was folgt, wenn das Gewaltmonopol zusammenbricht und sich die Bürger wieder bewaffnen, also das Fehdewesen und die Kriegsherren wieder auferstehen, illustrieren die militanten Konflikte der Welt.

Das Gewaltmonopol bedarf *zweitens* der *rechtsstaatlichen Kontrolle*, soll es nicht einfach nur Ausdruck von Willkür sein. Solche Kontrolle ist der Inbegriff des modernen Verfassungsstaates; ohne sie wäre Gewaltmonopol nichts anderes als Diktatur, also Herrschaft des Stärkeren. Rechtsstaatlichkeit legt die Spielregeln des politischen Meinungs- und Willensbildungsprozesses und der Entscheidungsfindung, auch der Rechtsdurch-

Bertha von Suttner

setzung fest. Neben allgemeinen Prinzipien, wie sie in Grundrechtskatalogen niedergelegt sind, sind diese Spielregeln von grundlegender Bedeutung, gerade weil man sich in politisierten Gesellschaften hinsichtlich substanzieller Streitfragen meist nicht einig ist.

Die *dritte* wesentliche Bedingung für inneren Frieden besteht in *Affektkontrolle*. Sie erwächst aus mannigfaltigen Interdependenzen: Moderne Gesellschaften sind vielgliedrig ausdifferenziert; in ihnen sind die Menschen vielfältige "Rollenspieler" mit aufgefächerten Loyalitäten. Vielfältige Rollenanforderungen, das lehren Konflikttheorie und Alltagserfahrungen, führen zur Konfliktfraktionierung und zu einer Mäßigung des Konfliktverhaltens, zu einer Zähmung der Affekte; ohne letztere wäre in komplexen Umwelten ein Zusammenleben gar nicht denkbar.

Die Kultur konstruktiver Konfliktbearbeitung wird zur emotionalen Grundlage des demokratischen Gemeinwesens.

Andererseits ist aber gerade angesichts von unerlässlicher Affektkontrolle, *viertens*, *demokratische Teilhabe* erforderlich. Denn dort, wo Menschen sich nicht in öffentliches Geschehen einmischen können, sei es aus Gründen rechtlicher oder sonstiger Diskriminierung, entsteht "Rechtsunruhe" (S. Freud), eine Art Konfliktstau, der in politisierbaren Gesellschaften schlimmstenfalls zur Brutstätte von Gewalt werden kann. Demokratie als die Grundlage von Rechtsfortbildung ist also kein Luxus, sondern eine notwendige Voraussetzung für friedliche Konfliktbearbeitung.

Jedoch ist, *fünftens*, solche Konfliktbearbeitung in politisierten Gesellschaften nur von Dauer, wenn es anhaltende Bemühungen um soziale Gerechtigkeit gibt. Moderne Gesellschaften sind überwiegend marktwirtschaftlich orientiert; Märkte sind auf Vorteile bedacht und produzieren anhaltend Ungleichheit. Wenn dieser Dynamik zur Ungleichheit nicht ständig entgegengewirkt wird, entwickeln sich in den Gesellschaften explosive soziale Zerklüftungen. Ohne anhaltende Bemühungen um Verteilungsgerechtigkeit stellen die Benachteiligten die Glaubwürdigkeit des Rechtsstaates in Frage, weil sie seine Spielregeln nicht mehr als fair empfinden. Demgegenüber führen ernsthafte Bemühungen um soziale Gerechtigkeit und Fairness einer konstruktiven Konfliktbearbeitung materielle Substanz zu; sie unterfüttern öffentliche Institutionen mit Legitimität.

Gibt es im öffentlichen Raum faire Chancen zur Artikulation von Identitäten *und* den Ausgleich von unterschiedlichen Interessen, kann unterstellt werden, dass ein solches Arrangement der Konfliktbearbeitung verlässlich verinnerlicht wird und also kompromissorientierte Konfliktfähigkeit einschließlich der hierfür erforderlichen Toleranz zu einem selbstverständlichen Maßstab politischen Handelns wird. Das Gewaltmonopol, die Rechtsstaatlichkeit und die Demokratie – kurz: der demokratische Verfassungsstaat – verankern sich, *sechstens*, in der politischen Kultur. Die Kultur konstruktiver Konfliktbearbeitung wird darüber zur emotionalen Grundlage des Gemeinwesens. Die materiellen Leistungen ("soziale Gerechtigkeit") erweisen sich hierbei als eine wichtige Brücke zwischen dem Institutionengefüge und dessen positiver emotionaler Absicherung ("Bürgergesinnung"). Es entstehen, um einen Begriff Ralf Dahrendorfs zu benutzen, entsprechende "Ligaturen", also politisch-kulturelle Bindekräfte bzw. soziokulturelle Tiefenbindungen.

Zur Entstehung einer Kultur konstruktiver Konfliktbearbeitung

Die politische Kultur konstruktiver Konfliktbearbeitung steht nicht am Anfang der Herausbildung moderner Koexistenz. Sie ist vielmehr ein spätes Produkt im historischen Prozess. Und sie war, nicht anders als die anderen fünf Komponenten, nicht in traditionaler alteuropäischer Kultur vorgezeichnet. Im Gegenteil: Die Herausbildung jeder einzelnen Komponente lässt sich viel eher als ein *Vorgang wider Willen* interpretieren. Denn historisch betrachtet war Entwaffnung in aller Regel das Ergebnis von Sieg und Niederlage in Ausscheidungskämpfen: Der Stärkere siegte über den Schwächeren, eine übergeordnete Macht über die untergeordnete. Rechtsstaatlichkeit hatte ihren Ursprung in historisch umkämpften und den Konfliktparteien abgetrotzten Kompromissregelungen, die in brüchigen Machtlagen zunächst als Konzession auf Zeit begriffen wurden. Was die Affektkontrolle betrifft: Selbstbestimmtes Leben in konkret-überschaubaren und kleinräumigen Zusammenhängen wurde allemal einer Eingliederung in eigendynamische, wie man heute sagt: selbstreferenzielle Funktionssysteme vorgezogen.

Die Bewältigung der Koexistenzproblematik ist nicht mehr aufschiebbar.

Auch fand der Kampf um die Erweiterung von Partizipation immer gegen harte Abwehrfronten statt; ebenso in einer Welt der systembedingten Ungleichheit die Auseinandersetzung um Verteilungsgerechtigkeit und Fairness: Politische Teilhabe und Verteilungsgerechtigkeit mussten den jeweiligen Status quo-Mächten abgerungen werden. Und schließlich kam eine Kultur konstruktiver Konfliktbearbeitung nur unter glücklichen Umständen und zugleich extrem voraussetzungsvollen Bedingungen zustande, über sie erst wurde eine Zivilisierung des Konfliktes und damit der prinzipiell gewaltfreie Austrag von Konflikten in einem Umfeld der Fundamentalpolitisierung wahrscheinlich.
Der Vorgang selbst ist nur als das historische Ergebnis vieler Konflikte begreifbar, die sich im europäischen Kontext in einer wie oben skizzierten Stufenfolge vollzogen. Entstanden ist ein Konstrukt der Konfliktbearbeitung, das verfassungsmäßige, institutionelle und materielle Dimensionen hat, aber auch von spezifischen Mentalitäten geprägt ist und insgesamt – man muss es nachdrücklich betonen – ein *zivilisatorisches Kunstprodukt* darstellt.

Die europäische Erfahrung wird sich wiederholen

Was Europa mühsam und qualvoll, in Versuch und Irrtum, auf Wegen, Umwegen und auch Abwegen lernen musste – *Toleranz als Lösung angesichts einer zunächst als Bedrohung empfundenen Pluralisierung* –, wird sich als Vorgang in anderen Teilen der Welt, wenn nicht im Detail, so doch prinzipiell wiederholen: Angesichts um sich greifender Fundamentalpolitisierung in der Folge des zitierten Umbaus traditionaler in sozial mobile Gesellschaften ist die Bewältigung der Koexistenzproblematik auch dort immer weniger aufschiebbar. *Jedoch, so wenig wie einst in Alt-Europa, so wenig ist diese moderne Problematik in der herkömmlichen Kultur der außereuropäischen Kulturbereiche vorgesehen.* Auch deren Selbstverständnis war im Großen und Ganzen "kosmozentrisch" orientiert: In ihm wur-

Die Waffen nieder!

Roman von Bertha von Suttner

den – vor allem in den Ausprägungen der Hochmythologie – der Kosmos, die Gesellschaft und die Menschen als eine Einheit begriffen. Diese wurde als eine wohl geordnete und wohlgefügte Hierarchie vorgestellt. Ihre Architektur war statisch gedacht. Auch waren in ihr die Rollen und Rollenspiele der Handelnden vorgezeichnet. Zyklizität bestimmte das historische Selbstverständnis, das in Wirklichkeit kein im heutigen Sinne historisches war, weil der Zyklus – analog zu den Vorgängen im Jahresrhythmus der Natur oder zu Vorgängen im politischen Raum (Aufstieg, Blüte und Verfall von Reichsstrukturen oder Imperien) – immer wieder zum selben Ausgangspunkt zurückkehrte. Unvorstellbar war im Großen und Ganzen die Idee einer Pluralität von Wahrheiten. Für die Bewältigung der modernen Koexistenzproblematik sind solche Vorstellungen nicht mehr hilfreich. Deshalb werden aus dem Zwang der Verhältnisse auch in der übrigen Welt neue zeitgemäße Perspektiven der Konfliktbearbeitung und damit neue zeitgemäße Formeln und Formen des inneren Friedens erwachsen müssen. Im Unterschied zur westlichen Entwicklung werden die kollektiven Lernprozesse in der außereuropäischen Welt nicht nur von den jeweiligen sozialen und kulturellen Umbrüchen vor Ort bestimmt; sie werden auch von der vorgängigen Entwicklung innerhalb des Westens mitbestimmt. Dabei sind in der außereuropäischen Welt vier Reaktionsweisen besonders markant:

Toleranz ist die Herausforderung des 21. Jahrhunderts.

Modernistisch-imitativ ist eine Reaktion, die die Herausforderung des Westens sowie dessen Erfahrungen und "Lösungsangebote" annimmt, diesen also als Vorbild begreift und gegen die Last der eigenen Tradition ankämpft, selbst gegen die eigene traditionelle Kultur. In der ersten Hälfte dieses Jahrhunderts gab es solche Orientierungen vielerorts, auch in China; sie wurden seinerzeit nicht geschichtsmächtig. Heute sind sie jedoch in zwei der vier Schwellenländer Ostasiens, Korea und Taiwan, von durchschlagendem Erfolg. Hier entstehen aus jungen Industrieländern "newly democratizing countries", deren politische Kultur sich bei aller lokalen Einfärbung in absehbarer Zeit kaum von derjenigen westlicher Länder unterscheiden wird. 117

Wo Modernisierungsumbrüche stattfinden und die Koexistenzproblematik virulent wird, da treten auch die *Bewahrer* in unterschiedlichen Ausrichtungen auf den Plan: die Traditionalisten, auch die Reaktionäre, im Allgemeinen aber die Konservativen. Ihnen geht es darum, das Rad der Geschichte zurückzudrehen, auf jeden Fall aber der Modernisierung Einhalt zu gebieten. Dieser Typ von Reaktion lässt sich überall auf der Welt beobachten, wo westliche Moderne und Traditionales aufeinander treffen. Gandhi könnte hier beispielhaft zitiert werden, denn seine Lebensphilosophie war dörflich, antikommerziell und egalitär ausgerichtet. Sie sah kleine Einheiten vor und favorisierte deshalb eine auf Konsens ausgerichtete direkte Demokratie im überschaubaren Raum. Heute finden sich vergleichbare Vorstellungen vor allem noch in Schwarz-Afrika.

> *Wird traditionale Kultur mit Modernisierung konfrontiert, gerät sie mit sich selbst in Konflikt.*

Wo Umbrüche stattfinden, da machen sich auch *halbierte Modernisten* bemerkbar. Sie stürzen sich auf westliches Know how, wollen aber alle übrigen geistigen Einflüsse fern halten. Japan verfolgte seit der Mitte des vergangenen Jahrhunderts erfolgreich ein solches Projekt; der Realsozialismus in diesem Jahrhundert blieb ohne Erfolg. Die so genannte "Singapur-Schule" ist jüngst für eine solche Orientierung der halbierten Moderne prominent geworden, auch der islamistische Fundamentalismus. Jedoch, die politischen Probleme einer komplexer werdenden, sich pluralisierenden Gesellschaft – sei es in Singapur, in China, im weiten Bereich islamischer Gesellschaften oder andernorts – werden mit Hilfe eines solchen ordnungspolitischen Programms nicht gelöst, nicht einmal einer Lösung näher gebracht, am wenigsten dort, wo man versucht, mit theokratischen Rezepten islamistischer Provenienz zu Werke zu gehen. In letzteren Bestrebungen dokumentieren sich faszinierende Parallelitäten, aber auch die Vergeblichkeit der "theokratischen Konterrevolution" gegen die Moderne, wie sie auch in Europa in der ersten Hälfte des 19. Jahrhunderts in Reaktion auf die französische Revolution zu beobachten war. Pluralismus gilt in dieser politischen Programmatik als eine sittenwidrige und gemeinschaftsstörende Idee, als Ausdruck von Werte- und Kulturverfall, als Inbegriff von moralischer Blindheit ("jahiliyya"). Uneingeschränkte, religiös motivierte Herrschaftsausübung gilt dagegen als zeitgemäß.

Mahatma Gandhi

Letztlich werden auch in der außereuropäischen Welt, wenn Moderne und Tradition sich begegnen und Umbrüche zustande kommen, Innovationen erforderlich sein. Dabei wird sich die innereuropäische Erfahrung wiederholen:
Sobald traditionale Kultur mit Modernisierungsschüben konfrontiert wird, Gesellschaften also einen strukturellen und folglich mentalen Umbruch durchlaufen, geraten eben diese Kulturen mit unerbittlicher Zwangsläufigkeit mit sich selbst in Konflikt. Daraus gehen die erforderlichen kollektiven Lernprozesse hervor – oder auch problematische Fehlentwicklungen.
Vier Fünftel der Menschheit werden in den kommenden

Jahrzehnten in der Regel wider Willen damit experimentieren müssen, auf die Probleme sozialer Mobilisierung und von Fundamentalpolitisierung erneut und jeweils vor Ort angemessene Antworten zu finden. Es ist unwahrscheinlich, dass die Antworten, die sich schließlich und endlich bewähren werden, abstrakt am Reißbrett erfunden werden. Näher liegend ist auch in dieser Hinsicht eine Wiederholung der europäischen Erfahrung: Was sich schließlich als tragfähiges Arrangement der Koexistenz, also des inneren Friedens, bewährt, wird als nicht beabsichtigte Folge politischer Konflikte entstanden sein.

Innerer Frieden ist nicht ein Randproblem, sondern weltweit ein existenzielles Kernproblem.

Die mühsame, qualvolle und konfliktreiche Erfahrung Europas auf dem Wege zum demokratischen Verfassungsstaat, seinen Institutionen und seinem Ethos, wird also außereuropäischen Gesellschaften nicht erspart bleiben. Der Vorgang ist dem europäischen vergleichbar, wenngleich sein Ergebnis verschieden sein könnte, vor allem wenn genuine Innovationen tatsächlich zustande kommen sollten. Aber gerade im letzteren Fall würde das Ergebnis nicht die Tiefendimension herkömmlicher Kultur reflektieren, sondern Neues – *wider die eigene Tradition.*

Pluralisierung als wahrgenommene Bedrohung, eine institutionell abgesicherte und emotional verankerte Toleranz als Lösung: Das ist, weltweit betrachtet, eine der großen Herausforderungen für die Menschheit im 21. Jahrhundert, nicht weniger gewichtig als die sich akzentuierenden weltweiten Umweltprobleme. Ein Rückblick auf das zu Ende gehende Jahrhundert verdeutlicht die Brisanz der Problematik. In ihm wurden "Alternativen" zur Toleranz auf barbarisch-grauenvolle Weise vielfach durchexerziert: Ausgrenzung, Gettoisierung, Apartheid, Vertreibung, "ethnische Säuberung", Völkermord und vor allem Bürgerkriege in vielen Varianten.

Anders als im "ursächlichen Pazifismus" zu Beginn dieses Jahrhunderts gedacht, bleibt damit angesichts der Unumkehrbarkeit von Pluralisierung die Suche nach ordnungspolitisch-normativen, institutionellen, materiellen und mentalen Bedingungen von Koexistenz innerhalb von Gesellschaften ganz oben auf der Tagesordnung: Innerer Frieden ist also nicht ein Problem am Rande, sondern zu einem virulenten und existenziellen Kernproblem geworden – weltweit betrachtet mehr als je zuvor: Denn noch im letzten Winkel der Welt brechen die Selbstverständlichkeiten überkommener Ordnungen weg, weshalb Orientierungskonflikte in der Mischung von Machtauseinandersetzung und Kulturkampf unvermeidlich sind.

Auf internationaler Ebene: Fragen über Fragen

Was im Innern von Gesellschaften schwierig zu bewerkstelligen ist und dort auch unter den besten Bedingungen nur als ein brüchig bleibendes Konstrukt ohne Bestandsgarantie verstanden werden sollte, die Stabilität inneren Friedens, das stellt sich auf internationaler Ebene als eine umso schwierigere Aufgabe: nämlich *internationale Koexistenz* zustande zu bringen und zu sichern. Noch sind die Staaten nicht entwaffnet, obgleich es, völkerrechtlich betrachtet, seit 1945 ein in der Charta der Vereinten Nationen niedergelegtes prinzipielles Gewaltverbot gibt und der Sicherheitsrat der Vereinten Nationen im Rahmen des Systems kollektiver Sicherheit eigentlich über ein Gewaltmonopol verfügt. Und erst letzthin wird dessen völkerrechtlich noch näher zu bestimmende Kontrolle diskutiert: Wer eigentlich ist auf Weltebene befugt, den Inhaber des internationalen Gewaltmonopols, wie er in der UNO-Charta konkret festgelegt ist, eben den Sicherheitsrat, zu kontrollieren? Wo ist die Instanz für Beschwerden gegen Entscheidungen des Sicherheitsrates, die die Betroffenen solcher Entscheidungen eventuell für völkerrechtswidrig halten? Zwar gibt es markante Prozesse der Internationalisierung, Transnationalisierung oder, wie heute modisch gesagt wird, der Globalisierung. Diese Prozesse finden jedoch in einer immer noch zutiefst zerklüfteten Welt statt, aus der erst in Anfängen (weltweit wirksame) systembedingte Zwänge der Affektkontrolle erwachsen. Nur in technisch-funktionalen Bereichen wie der internationalen Luftfahrt bestehen allseits akzeptierte Regelwerke. Man stelle sich vergleichbar Rahmenbedingungen für den internationalen Finanzverkehr vor, deren Funktion es wäre, die Psyche von Börsen zu domestizieren! Und was könnte demokratische Teilhabe auf Weltebene bedeuten? *Wer* müsste sich auf internationaler Ebene *wie* organisieren, um dem Demokratie-Gebot Genüge zu tun, gewaltträchtigen Konfliktstau zu vermeiden? Sollen neben den Regierungen auch Interessengruppen vertreten sein – etwa wie in der Internationalen Arbeitsorganisation (ILO) neben den Staaten die Arbeitgeber- und Arbeitnehmerorganisationen – oder auch Berufsverbände, Kultur- und Religionsgemeinschaften jeglicher Art und Größenordnung sowie die transnational operierenden Firmen? Und wie steht es um die Einbeziehung der viel zitierten "Zivilgesellschaft" – der vielen Nichtregierungsorganisationen wie Greenpeace, Amnesty International und anderer? Und woraus leitet sich deren Mandat ab? Und überhaupt: Wie müsste eine repräsentativ-demokratische Verfassung auf Weltebene aussehen? Was hieße hier "Bürgerbeteiligung"? Fragen über Fragen, die angesichts einer sich allmählich herausbildenden "postnationalen Konstellation" (J. Habermas) im neuen Jahrhundert eine Antwort finden müssen. Im Übrigen kann unterstellt werden, dass auch auf internationaler Ebene die Chancen einer Zivilisierung des Konfliktes gering bleiben, wenn Bemühungen, Ungleichheit abzubauen und wenigstens in der Tendenz Verteilungsgerechtigkeit zu erreichen, ausbleiben. Denn nur wenn solche Bemühungen zielstrebig und mit Ernst verfolgt werden, lässt sich auch auf Weltebene die aus der Dynamik von Privilegierung und Diskriminierung resultierende Anhäufung eines nicht mehr einhegbaren politischen Sprengstoffs vermeiden. Nur dann wird – materiell unterfüttert – auf internationaler Ebene eine Kultur konstruktiver Konfliktbearbeitung eine Chance haben.

Frieden muss begriffen werden als ein gewaltfreier und auf die Verhütung von Gewaltanwendung gerichteter politischer Prozess.

Frieden – ein politischer Prozess

Mit Blick auf eine verlässliche zivilisierte Bearbeitung von Konflikten, also hinsichtlich dauerhaften Friedens, lässt sich formulieren: *Frieden* muss begriffen werden als ein gewaltfreier und auf die Verhütung von Gewaltanwendung gerichteter politischer Prozess. Dieser soll mittels Verständigungen und Kompromissen solche Bedingungen des Zusammenlebens von gesellschaftlichen Gruppen bzw. von Staaten und Völkern schaffen, die weder ihre Existenz gefährden noch das Gerechtigkeitsempfinden oder die

situationsgerechte Ausbildung, also einen problem- und handlungsfeldspezifischen *zivilen Friedensdienst*. Von einem Friedensfachdienst, in dem sich bürgerschaftliches Engagement kompetent verwirklichen kann, ist jetzt oft die Rede. Hier eröffnet sich dem konstruktiven Pazifismus ein weites neues Betätigungsfeld, das auch einer heute weithin noch nicht bestehenden vorbereitenden, begleitenden und auswertenden Forschung bedarf.

Die notwendige Konzeptualisierung solcher Dienste wächst mit der Nachfrage, die einen objektiven Bedarf reflektiert, und insbesondere mit ersten Erfahrungen. Dabei dokumentieren diese Erfahrungen, vor allem wenn sie in Krisenlagen und zugespitzten Konflikten ge-macht werden, wie sehr staatliche und gesellschaftliche Aktivitäten in vielen Fällen aufeinander angewiesen sind, obgleich sie doch auf unterschiedlichen Ebenen operieren und unterschiedliche Adressaten haben. Selbst militärische Sicherungsmaßnahmen können sich gegebenenfalls als unentbehrlich erweisen, damit in einem Umfeld kriegerisch gewordener Konflikte zivilgesellschaftliche Aktivitäten überhaupt erst möglich werden. Dogmatisch motivierte Berührungsängste haben sich dabei als kontraproduktiv erwiesen, gemeinsame Lernprozesse ("multi-track activities") als zukunftsweisend.

Das Maß des Friedens ist der Frieden selbst.

Das Maß des Friedens

Friedensfachdienste sind Hilfestellungen für den Aufbau von Friedensstrukturen, nicht anders als eine auf Frieden ausgerichtete Diplomatie. *Nachhaltigen Frieden* wird es jedoch letztlich nur dort geben, wo die Konfliktparteien vor Ort sich schließlich und endlich auf allseits akzeptierte Verfassungsordnungen einigen und ihr Handeln in diesem Rahmen organisieren. Das gilt für einzelne Gesellschaften genauso wie auf internationaler Ebene. Und wie mühsam selbst mitten in Europa eine solche Verständigung auf neue Spielregeln der Koexistenz ist, zeigen derzeit beispielhaft die diesbezüglichen Prozesse der Verfassungsfindung im benachbarten Nordirland und auf dem Balkan.

"Ursächlicher Pazifismus" hatte einst die Akzente für "Frieden denken" und "Frieden machen" richtig gesetzt. Seine konstruktive Programmatik, die bisher weithin unbeachtet blieb, sollte eine Quelle der Inspiration für zeitgemäße kongeniale Bestrebungen sein. *Dabei kann als Leitidee gelten, dass das Maß des Friedens der Frieden selbst ist.* Darin liegt das Vermächtnis einer Idee des letzten Jahrhunderts – einer Idee, die es nach den schrecklichen Jahrzehnten des 20. Jahrhunderts im 21. Jahrhundert neu zu beleben gilt.

Dieter Senghaas

...Frieden durch Recht

Welche Rolle spielt der internationale Gerichtshof?

Über die Jahrhunderte hin wurde von vielen Denkern angenommen, dass Frieden Gerechtigkeit schaffe. Allerdings nur solange, bis der Mensch einsah, dass soziale Gerechtigkeit und eine internationale Rechtsordnung nicht das Ergebnis, sondern genaugenommen die Voraussetzung für die Errichtung eines Friedensreiches sind. Damit wurde offensichtlich, dass Frieden und Gerechtigkeit sich innerhalb eines komplexen sozialen Geflechts behaupten müssen, und zwar auf der Grundlage des Dreiklangs von Legislative, Judikative und Exekutive.

Doch bis auf den heutigen Tag ist keine angemessene Struktur für den internationalen Bereich entwickelt worden. Zu Beginn des 3. Jahrtausends steckt die internationale Ordnung immer noch in den Kinderschuhen. Das ist um so erstaunlicher, als durch den rasanten Technologiefortschritt die Welt immer mehr zu einem globalen Dorf wird. Jedes ernsthafte Ungleichgewicht an irgendeinem Flecken der Erde, sei dies nun die Folge einer Naturkatastrophe, eines Volksaufstandes, eines Terroranschlages oder einer zwischenstaatlichen Kriegshandlung, wird nicht nur weltweit durch die Medien verbreitet, sondern betrifft uns alle, ohne dass wir es vermeiden können, und hat unmittelbare Auswirkungen. Mit anderen Worten, mehr denn je scheint der Weltfriede jedermanns Eigeninteresse, also ein gemeinsames Interesse der Menschheit zu sein. Und genau hier, wo sich die Interessen treffen, kann am meisten gewonnen werden. Tatsächlich wurde der Friede - so lehrt uns die Geschichte - durch alle Jahrhunderte genau so missbraucht wie der Krieg, um Eigeninteressen und einer Machtpolitik zu dienen, zu Zeiten, wenn ein Kriegsgang kontraproduktiv erschien. Die vielfältigen Pläne der vergangenen Jahrhunderte, die den ewigen Frieden sichern sollten, waren oft nichts anderes als Machtplanspiele.

Drei Modelle für die Regulierung internationaler Beziehungen

Die Beziehungen zwischen Friede und Gerechtigkeit sind ein vielschichtiges Geflecht. Bisher wurden in der westliche Gesellschaft drei Modelle zur Regulierung internationaler Beziehung entwickelt:

***Pax Romana* als Macht-Imperium**

Das erste Modell ist ein allumfassendes monolithisches Imperium. Dieses zweifellos simpelste Modell hat sich häufig als äußerst stabil erwiesen. Allerdings waren Imperien selten auf soziale Gerechtigkeit gegründet. Als herausragende Beispiele der nicht-westlichen Welt mögen das Chinesische, das Islamische oder das Inka-Reich dienen. Der Höhepunkt innerhalb westlicher Grenzen ist das Imperium Romanum. Die Blütezeit der *Pax Romana* war wahrscheinlich die segensreichste und friedlichste Epoche der europäischen Geschichte. Und genau wegen dieser einzigartigen Erfahrung konnte die Idee eines Großreiches als Idealvorstellung so lange überleben, um schließlich die Wunschvorstellung der Europäer zu werden. Dies ist das Ideal, das schon Karl der Große wieder herrichten wollte; in letzter Hinsicht aber auch das Ideal, welches Napoleon vorschwebte. Es war jedoch Napoleon, der deutlich machte, dass die Idee eines Reiches, welches auf Eroberung begründet war, durch die Entwicklung der Gesellschaft sich überlebt hatte.
Wenn auch der Friede im Römischen Reich blühte, die Gerechtigkeit tat es nicht. Über 600 Jahre lang hat Rom niemals einen auf Gegenseitigkeit

begründeten internationalen Vertrag abgeschlossen, trotz der Tatsache, dass der Terminus *foedus aequum* zuerst in Rom geprägt war. Ebenso akzeptierte Rom niemals die Einsetzung eines Vermittlers, der im Streitfall hätte schlichten können. Internationales Recht, so wird häufig behauptet, hängt ab von der Koexistenz autonomer politischer Einheiten. Vorstellungen dieser Art waren dem politischen Denken Roms fremd. Auch hätte ein solches Konzept im Flickenteppich des mittelalterlichen Europas, einer Feudalgesellschaft mit ihren unzähligen Herren und Oberherren in grundsätzlich hierarchischer Ordnung, keine Chance gehabt. Erst mit dem Entstehen moderner Staaten kommt so etwas wie eine internationale Ordnung zustande.

Der Westfälische Friede als Macht-Balance

Ein Meilenstein auf dem Wege zur Entwicklung eines *Systems internationaler Macht-Balance* war der Westfälische Friede von 1648. Das Westfälische System war nicht etwa Produkt bester europäischer Tradition; das westfälische Konzept war die unvermeidbare, wenn nicht sogar panische Reaktion auf die unumkehrbare Auflösung des vorhergehenden Modells, der Welt von Papst und Kaiser, und auf die dramatischen Verluste europäischer Identität, die in der Jahrhunderte langen Tradition von "ein Glaube, eine Kirche, ein Kaiser" verankert gewesen war. Das Westfälische System war eher die Abschaffung eines veralteten Konzepts als der Triumph einer völlig neu entwickelten Theorie.

Das 16. Jahrhundert wurde Zeuge der entscheidenden Krise in der europäischen Geschichte. Hier begann der unumkehrbare Zerfall der mittelalterlichen Weltordnung. In den meisten Ländern wurden die Religionskriege durch das Entstehen autokratisch-zentralistischer Regierungen beendet. Es entstand der moderne souveräne Staat, der hauptsächlich darauf ausgerichtet war, dem Chaos entgegenzuwirken: ein wirkliches Krisenmodell. Daher auch das Beharren auf strengsten Regeln und ganz eindeutigen Territorialgrenzen; daher auch die vorherrschende Doktrin der Zeit, die *raison d'état*, die zuerst durch Machiavelli in Italien vertreten wurde, dann von Bodin in Frankreich, Lipsius in Belgien und Barclay und Hobbes in England, die das Interesse des Staats als so ursprünglich ansahen, dass alle Mittel gerechtfertigt waren. Die Idee eines absoluten Monarchen, auf der Linie von Richelieu, brachte den Durchbruch. Alle Nationen konnten das Feuer mit Hilfe ihrer eigenen Kräfte löschen. Alle, außer den Deutschen. Dieser Flickenteppich von unbedeutenden Königen, Vasallen, Kirchenfürsten jeden Glaubens und freien Städten, mit dem Kaiser als ihrem lediglich nominalen Oberherren, verlangte verzweifelt nach äußerer Einmischung. Zuerst kamen daher die Niederländer, dann die Dänen, darauf die Schweden und schließlich die Franzosen. Daher war der Friede von 1648 im Wesentlichen eine europäische Angelegenheit. Und in der Tat, Münster und Osnabrück zählen zu den strahlendsten Stunden europäischer Diplomatie. Der Friede beendete den Habsburger Imperialismus und gleichzeitig die französische Furcht vor einer Einkreisung durch Spanien. Allerdings nahm er den Deutschen für volle zwei Jahrhunderte die Hoffnung auf eine staatliche Vereinigung. Aus Verzweiflung und Chaos entstand die Vorlage für eine moderne europäische Politik.

> ***Gerechtigkeit ist nicht Ergebnis, sondern Voraussetzung für Frieden.***

Der Westfälische Friedensvertrag sollte ein Reich

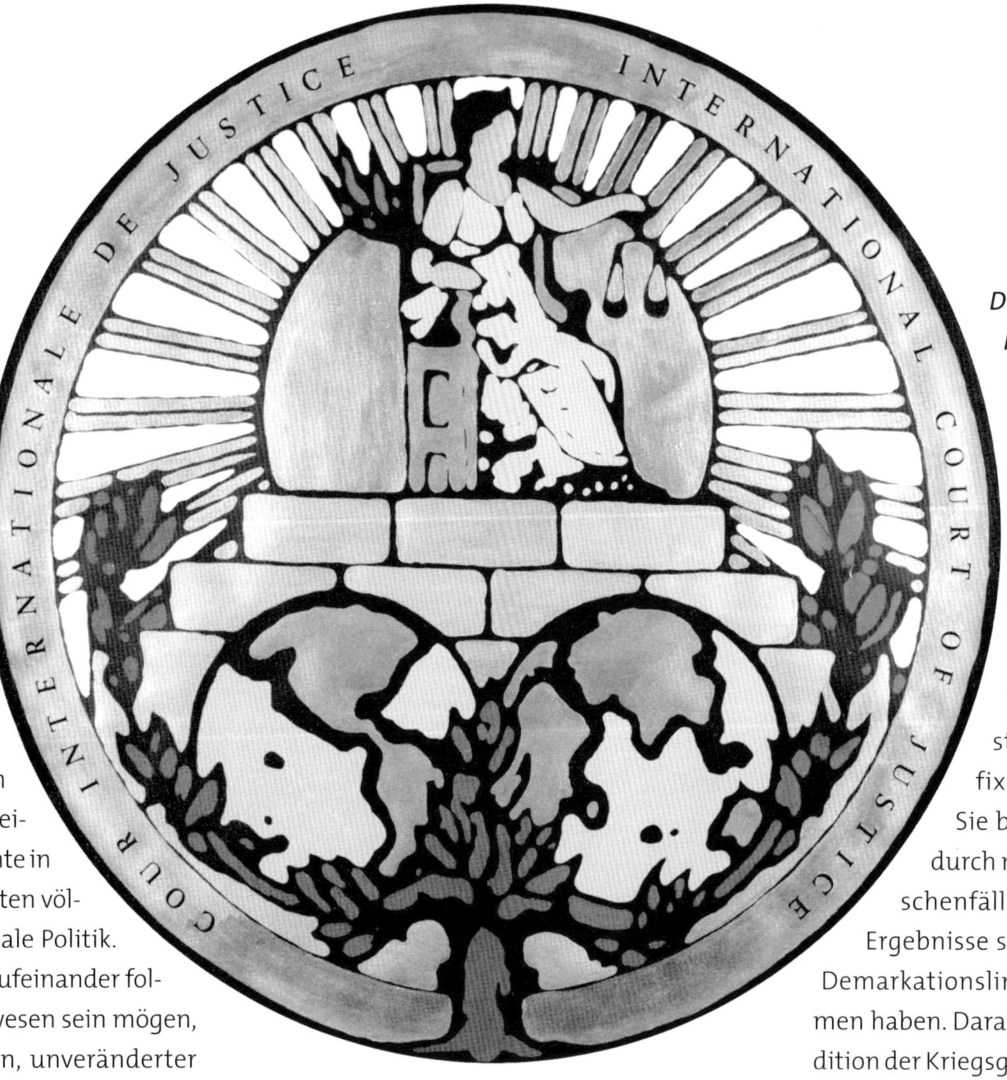

der Glückseligkeit verkünden, was die Geschichte allerdings widerlegte. Denn bereits 1713 musste eine Koalition europäischer Nationen in Utrecht die leidenschaftlichen Ambitionen Louis XIV in ähnlicher Weise zügeln, wie zuvor spanische Bestrebungen in Westfalen. Auch in Utrecht lief alles auf die Vorstellung hinaus, dass europäischer Frieden am besten durch eine Balance der Mächte zu erreichen sei. Diese Theorie beherrschte in den folgenden zwei Jahrhunderten völlig unangezweifelt internationale Politik. Doch so aufrichtig die ständig aufeinander folgenden Bemühungen auch gewesen sein mögen, die Balance wiederherzustellen, unveränderter Konkurrenzkampf, Rivalitäten und Argwohn herrschten unter den Mitgliedern dieser unaufhörlich wechselnden heiligen und ewiglichen Bündnisse. Industrielle Revolution und Kolonialisierung wirkten darauf verstärkend, so dass dieses Model schließlich auf den Schlachtfeldern von Somme und Flandern endgültig zusammenbrach. Mit der Abhaltung der Haager Friedenskonferenzen (1899 und 1907) gewann die Entwicklung in Richtung einer wahren internationalen gesetzlichen Ordnung, einer auf Gesetzen basierenden globalen Gesellschaft wirklichen Antrieb.

Die Haager Friedenskonferenzen

Seit Urzeiten finden Begegnungen zwischen verschiedenen sozialen Gruppierungen - sei es auf Stammesebene oder zwischen Nationen - sowohl in feindlicher als auch freundlicher Atmosphäre statt. Auf internationaler Ebene sind die offensichtlichsten Beweise hierfür schriftlich fixierte internationale Verträge. Sie beleuchten Verhandlungen, die durch militärische Geplänkel und Zwischenfälle ausgelöst wurden, deren Ergebnisse so unterschiedliche Inhalte wie Demarkationslinien oder Wirtschaftsabkommen haben. Darauf geht auch die komplexe Tradition der Kriegsgesetze zurück, die die *ius ad bellum* einschließen, jene vielfältigen Regulierungen, die helfen sollten, selbst auf dem Schlachtfeld ein Minimum sozialer Normen und menschlicher Standards aufrecht zu erhalten. Unter diesen Standards ist besonders die Doktrin des *bellum iustum* als Erbe des westlichen

Rechtsgedankens auffällig, deren Verfassung den gerechten öffentlichen Krieg untermauert. Diese so wertvollen Anweisungen haben ihren Weg bis in die Handbücher der großen spanischen Wissenschaftler des 16. Jahrhunderts gefunden: von den Richtlinien der römischen Prätoren, eingebettet in Justinians Kodex, entlang der Bestimmungen der kanonischen Gesetze und der Schriften der Kirchenväter von St. Augustinus zum großen Thomas von Aquin. Von hier gelangten sie in die Textbücher des Holländers Hugo Grotius über die Gesetze von Krieg und Frieden, die dazu dienten, die schlimmsten Gräueltaten des 30jährigen Krieges zu mildern. Hier liegen die Wurzeln der verschiedenen ethischen Normen heutiger humanitärer Gesetze und Rechte: der Status der Kranken, Verwundeten und Kriegsgefangenen, die Rolle der Kriegslist, die Behandlung von Abgesandten und Spionen, die Doktrin des guten Glaubens und *pacta sunt servanda*, die Bedingungen der Kapitulation von Städten sowie der Status von Zivilisten. All diese Vorschriften wurden in den Gesetzen der beiden Haager Friedenskonferenzen kodifiziert, die sich wiederum vorangegangener Konventionen des Genfer Roten Kreuzes, der amerikanischen Lieber-Anweisungen sowie früherer Treffen in St. Petersburg und Brüssel bedienten.

Im Römischen Reich blühte der Friede, aber nicht die Gerechtigkeit.

Im Krieg wie auch in friedlichen Beziehungen entwickelte sich das Recht schnell, und damit wuchsen im modernen Staaten-System auch grenzüberschreitender Handel sowie Bankgeschäfte enorm an. In der Folge führte diese Intensivierung der Kontakte zur Einrichtung permanenter Botschaften. Die Diplomaten, die das Privileg der Immunität genossen, hatten hauptsächlich die Aufgabe, die Interessen des Heimatlandes im Gastland zu vertreten. Da sie aber leicht zugänglich und immer präsent waren sowie regelmäßig Empfänge gaben, förderten sie gleichzeitig Angelegenheiten und Aufgaben besonderer Wichtigkeit oder allgemeinen Interesses. In den folgenden Jahrhunderten entwickelte die Diplomatie eine äußerst formelle Struktur von Protokoll und Etikette. Trotz aller diplomatischer Bemühungen hielten die Spannungen unter den versammelten großen und kleinen europäischen Nationen an, und Konflikte drohten zu jeder Zeit auszubrechen.

Hier kommen wir nun zum Kern der Sache: zur stetigen Entwicklung jener Instrumente, die dazu dienten, Auseinandersetzungen friedlich zu regeln, so dass am Ende eines langen gewundenen Pfades schließlich der Aufstieg zu einem wahren Welt-Gericht stand. Um die Länge dieses Prozesses zu erklären, muss man weit in die Geschichte Europas zurückgreifen. Auf internationalem Terrain gab es so etwas wie eine zentralisierte Regierung, eine Legislative, einen Militärapparat oder die politische Exekutive nicht. Das europäische Staaten-System basierte auf dem Konzept souveräner Nationen, deren größte Angst der Eingriff Dritter in die inneren Angelegenheiten des Landes war. Dieses charakteristische Merkmal bestimmt auch die Aufgaben der modernen Welt. Alle wesentlichen Probleme des heutigen Staates – Handel und Gewerbe, ausgeglichenes Wachstum, Ökologie oder Terrorismus – sind ganz wesentlich grenzüberschreitender Natur und erfordern gemeinsames Vorgehen auf globaler Ebene. Diese Probleme müssen aber innerhalb eines Systems angegangen werden, das in seiner Ideologie und Organisation nationalen Richtlinien folgt.

Friedliche Konfliktlösung

Verhandlung – Vermittlung – Schlichtung

Wenden wir uns nun den Mechanismen zu, die über die Jahrhundert entwickelt wurden, um Frieden zu sichern. Die erste und auch natürlichste Reaktion auf einen Konflikt zwischen Staaten war immer schon die Eröffnung bilateraler Verhandlungen. An diesem Punkt offenbart sich der wahre Wert von Diplomatie. Die Geschichte lehrt uns aber, dass solche Verhandlungen aus emotionalen Gründen, aus Misstrauen oder nur auf Grund von Stolz und Ehre der Nation häufig in einer Sackgasse landen. Aus diesem Grund entwickelte sich sehr bald eine zweite Phase in den Verhandlungen, nämlich der Wunsch nach einem dritten Staat oder einer dritten Person, die freiwillig vermittelnd zwischen die Parteien tritt, um sie zu versöhnen. Die vermittelnde Partei oder Person verfolgte dabei nicht selten auch eigene Interessen. Auf lange Sicht profitieren direkt benachbarte Länder selten von ausgedehnten Spannungen in ihrer Region. Über eine erfolgreiche Vermittlung gibt es klare Vorstellungen: Am wichtigsten ist, dass der Vermittler das Vertrauen beider Parteien genießt. Außerdem sollte er eine Autoritätsperson sein, d.h. beispielsweise eine politische oder moralische Instanz.

Das Westfälische System beendete die Tradition: ein Glaube, eine Kirche, ein Kaiser.

Scheitert die Vermittlung trotz aller Bemühungen, so darf der anstehende Konflikt nicht schwelen; im Interesse der internationalen Gemeinschaft muss er bearbeitet werden. Hier bietet sich ein formaler, pragmatischer Ansatz an: die vorsichtige Untersuchung der Fakten, die den Disput ausgelöst haben, und die genaue Prüfung der rechtlichen Grundlage der beiden Parteien. Um den ersten Zweck zu erfüllen, wurde mit der Untersuchungskommission eine Institution entwickelt, die oft als Vorzimmer rechtlicher Untersuchung dient. Das erfolgreichste Mittel, das bereits sehr früh entwickelt wurde, ist die Ernennung eines Schlichters oder die Gründung eines Schlichtergremiums.

Indem sie sich auf Schlichtung verlegten, übertrugen die Parteien ausdrücklich ihre Rechte und Rechtspositionen auf Schlichter. Ist das Gremium erst einmal bestimmt, können die Parteien keinen direkten Einfluss mehr auf den Ausgang des Verfahrens nehmen. Als Regel gilt: Der Spruch wird bindend sein für die Parteien, wie auch immer er ausfällt. Hier sieht man schon, warum es in einer Welt souveräner Staaten so lange dauerte, ein solches Rechtsinstrument anzuerkennen. Das ist auch genau der Grund, warum es, nachdem es zur vollen Blüte innerhalb der griechischen Stadt-Staaten gelangt war, von den Römern schlichtweg abgelehnt wurde. Erst im Mittelalter wurde das Konzept wieder entdeckt, wenn auch nur in einer ziemlich verhaltenen Form. Viele Jahrhunderte lang fungierte der Papst in Rom als *summus arbiter* der Christenheit. Ganz allmählich dann wurde dieses Vorrecht von Staatsoberhäuptern geteilt.

Eine allgemeine Anerkennung des Konzepts einer Schlichtungskammer moderner Art ist erst gegen Ende des 18. Jahrhunderts zu erkennen, im Zusammenhang mit dem angelsächsischen Brudermord, als der Vertrag von Jay (1794) und die Übereinkunft von Alabama (1873) den Streit zwischen England und Amerika in Bezug auf ihre kolonialen Auseinandersetzungen und den Bürgerkrieg beilegte. Der Durchbruch gelang jedoch in den jungen lateinamerikanischen Republiken, den früheren spanischen Kolonien, die im ersten Viertel des 19. Jahrhunderts ihre Unabhängigkeit erreichten: Im Zusammenhang mit Freundschaftsverträgen, Handels-, Schifffahrts- und Grenzregelungen, wurde (von 1850 an) eine Klausel zur Auflage gemacht, dass jeder zwischen den Parteien entstehende Streit, der sich auf die Auslegung der Verträge bezog, automatisch einem Schlichtungsgericht unterworfen werden musste. Die Kammer konnte entweder aus einem Einzelschlichter oder bei Übereinkunft auch aus einer Gruppe von drei bis fünf Mitgliedern bestehen.

Der geschichtlich interessanteste Aspekt dieser Entwicklung ist der prophylaktische Machtzuwachs der Kammer. Die Schlichtung braucht nicht mehr in einer stets angespannten Atmosphäre des Konflikt-Ausbruchs stattzufinden und ist nicht mehr angewiesen auf die Zustimmung der Parteien, sondern kann schon lange vorher geregelt werden. Dies ist nun tatsächlich ein völlig neuer und glücklicher Ansatz.

Um 1870 fassten diese Ideen auch in Europa Wurzeln, vornehmlich in intellektuellen Kreisen. Das 1873 in Gent gegründete *Institut de droit international* war der erste Rechtskörper, der internationales Recht fördern und mit der nationalen Rechtsprechung in Einklang bringen sollte. Dieses Ziel vefolgte auch die *Interparliamentary Union,* eine Vereinigung europäischer Parlamentsabgeordneter im Geiste guter Zusammenarbeit. Während der 1880er und 1890er Jahre produzierten diese beiden herausragenden Vereinigungen eine wahre Fülle von Schriften, die sich mit den Aspekten der Endgültigkeit des Schlichtungsspruchs befassten. Interessanterweise wurden bereits Vorhaben zur Einrichtung eines *permanenten* Schlichtungsgerichts entwickelt.

Alle diese Vorhaben und Pläne wurden auch von externen Faktoren beeinfllusst. Die Friedensbewegung übte beachtlichen Druck aus, während Sozialisten und Anarchisten sich gemeinsam gegen die Herrschenden wandten, um den Massen zu zeigen, dass sie alles taten, um das Wettrüsten zu beenden, die Lücke zwischen Arm und Reich zu schließen und Zusammenstößen in Europa, Afrika oder Asien zuvorzukommen. Aufgrund der zwiespältig empfundenen Entscheidungen der verschiedenen Tribunale auf der ganzen Welt erhielt der Gedanke an eine ständige Kammer Nahrung. Eine andere, von vielen Seiten erhobene Forderung verfolgte das Ziel, die Schlichtung als Pflicht-Instrument der Konfliktlösung einzusetzen, auch im Vorfeld kriegerischer Auseinandersetzungen. Diese beiden Überlegungen beherrschten die Debatten auf der Ersten Haager Friedenskonferenz 1899. Die Einladung des Zaren zu dieser Konferenz sollte als Zeichen verstanden werden, dem Wettrüsten Einhalt zu gebieten. Hierfür hatte der Zar viele ehrenwerte und menschlich hochstehende Gründe, aber auch bestimmte verdeckte Motivationen. Ziel war ein Fünf- bis Zehnjahresabkommen. Das Ergebnis der Debatte war dramatisch. Vielversprechender war die Debatte einer zweiten Kommission über Recht und Sitte im Krieg. Die Übereinkunft war der Höhepunkt einer Entwicklung, die ein volles Jahrhundert gedauert hatte. Jedoch auf Druck der Medien, der Sozialisten und der Friedensbewegung wurde den Politikern klar, dass von der Konferenz eine Signalwirkung ausgehen musste. Daher wurde in letzter Minute das Thema Schlichtung auf die Tagesordnung gesetzt. Dramatische Redeschlachten endeten in der Einrichtung einer stän-

Der moderne souveräne Staat entstand aus dem Chaos - als Krisenmodell.

digen Kammer, allerdings auf Kosten einer verpflichtenden Schlichtung. Diese Idee war von den meisten Ländern als unzumutbare Einmischung in ihre nationale Rechtsprechung verworfen worden. Auf diese Art hielt, durch die Seitentür sozusagen, das erste internationale Gericht seinen Einzug.

Das Ständige Schlichtungsgericht
Permanent Court of Arbitration (PCA)

Als Zeichen der Dankbarkeit gegenüber dem Gastgeberland der Konferenz wurde das PCA in Den Haag eingerichtet. Aber viel Permanenz gab es bei diesem Gericht nicht, auch war es kein Gerichtshof im eigentlichen Sinne. Was eingerichtet wurde, war eine Art Geschäftsstelle, die eine Liste mit Gelehrten und Diplomaten aufbewahrte, die bereit waren, an einer Schlichtungssitzung teilzunehmen. Diese Liste sollte von den Nationen selbst zusammengestellt werden. Eine große Zahl zeitgenössischer Beobachter glaubte, dass der Gerichtshof stillschweigend verscheiden würde. Aber, das Gegenteil trat ein. Innerhalb nur weniger Jahre schlichtete das PCA eine Reihe politisch delikater Fälle, wie den Doggerbankvorfall zwischen Russen und Engländern, ein Zwischenfall aus dem Russisch-japanischen Krieg. Daher glaubte man mit jedem Erfolg mehr, dass das Gericht tatsächlich neuartig sein könnte. Ein symbolisches Zeichen für das gestiegene Ansehen war 1904 das Geschenk des amerikanischen Stahlmagnaten schottischer Abstammung, Andrew Carnegy, den Bau eines sogenannten Friedenstempels zu finanzieren, als Symbol für die Hoffnung der Zeit und als Gerichtsgebäude für die neue Kammer. Der Grundstein für den Friedenspalast wurde während der Zweiten Haager Konferenz gelegt, die im Sommer 1907 stattfand. Die Absicht, verpflichtende Schlichtungen festzuschreiben und See- und Schiedsgerichte einzurichten, schlug völlig fehl, da die Teilnehmerstaaten mehr als je zuvor darauf bedacht waren, keine Handbreit ihrer Souveränität aufzugeben. Es gibt keinen deutlicheren Hinweis als diesen, dass das PCA zum Ende des Jahrhunderts das äußerst mögliche internationale Instrument war. Mehr ging nicht. Im August 1913 wurde der Friedenspalast in Den Haag mit großem Pomp eingeweiht. Die Nationen bereiteten eifrig eine dritte Konferenz vor, die 1915 in den Räumen des Palastes stattfinden sollte. Der I. Weltkrieg machte diese Pläne zunichte.

Die Haager Friedenskonferenzen bemühten sich um internationale Rechtsordnung.

Der Internationale Gerichtshof in Den Haag

Erst nach den Verheerungen des Zweiten Weltkrieges nahm ein hundertjähriges Ideal Gestalt an: der Völkerbund. Unter seinem Schutz wurde für eine friedliche Beilegung von Konflikten die formelle Grundlage innerhalb einer internationalen Rechtsordnung geschaffen: die Einrichtung eines ständigen internationalen Gerichtes, das der globalen Gemeinschaft zu dienen hatte. Dieser *Permanent Court of international Justice* (PCIJ) wurde im Jahre 1923 in Den Haag eingerichtet. Die Gründungsväter seiner Satzung glaubten, dass dieser ständige Gerichtshof schon durch seine bloße Kontinuität und festgefügte rechtliche Verfahrensweise das rechtliche und moralische Ansehen besitzen würde, um die lang ersehnte internationale Gerichtsbarkeit zu schaffen. Es ist jedoch eine Sache, ein System einzurichten, das in der Theorie von Gelehrten und Phi-

Peace Palace. Den Haag

losophen fünf Jahrhunderte lang unterstützt wurde, und eine ganz andere Sache, es dann auch innerhalb verwickelter Weltpolitik in der Praxis funktionieren zu lassen. Die ersten Ergebnisse waren ziemlich negativ.

Die meisten Fälle standen in Beziehung zum unglücklichen Versailler Vertrag und betrafen polnische Fragen, Danzig oder die deutsche Minderheit in Schlesien. Das Gericht war ein ziemlich kühnes Unterfangen angesichts der immer angespannteren internationalen Lage. Trotzdem gelang es dem PCIJ, der Welt die Bedeutung einer strengen Gerichtsbarkeit beizubringen, die Waffen des internationalen Rechts zu schärfen, sein Ansehen zu verbessern und die Kenntnisse internationalen Rechts zu vergrößern.

Auf dem ersten Treffen der Vereinten Nationen (UN) in San Francisco im Jahre 1945 kam nicht der geringste Zweifel auf, dass die Welt sich weiterhin an ähnlichen Richtlinien orientieren sollte. Und so fand im Frühjahr 1946, in der großen Gerichtshalle des Friedenspalastes, die konstituierende Sitzung des Internationalen Gerichtshofes statt, eines der fünf Hauptorgane der neuen Weltorganisation.

Die Vereinten Nationen spiegelten die dramatischen, aus dem Zweiten Weltkrieg resultierenden

Veränderungen in der internationalen Politik wider. Die europäischen Mächte zählten nicht mehr zu den tonangebenden Nationen. Auch beherrschten Europas Rechtstraditionen nicht mehr selbstverständlich den Gerichtssaal. Bezeichnend für diese veränderte politische Lage war der Umzug des Hauptquartiers von Europa nach New York. Aus den Erfahrungen mit dem PCIJ zog man die Lehre, dass es klüger sei, Recht und politische Interessen zu trennen. Das Gericht wurde daher in sicherem Abstand gehalten: in Den Haag.

Darüber hinaus sorgte der Scharfblick für politische und diplomatische Praktiken für ein sehr ausgefeiltes System der Richterwahl. Zu diesem Zweck wurde die Welt in fünf Zonen eingeteilt: Europa und Nordamerika, Leiteinamerika, die sozialistische Welt, Afrika und Asien. Nationale Gruppen mussten Kandidaten aus ihrer Region vorschlagen. Die endgültige Abstimmung musste dann in New York erfolgen, zeitgleich mit der davon unabhängigen Wahl zum Sicherheitsrat und der Vollversammlung der Vereinten Nationen. Bis auf den heutigen Tag hat sich dieses System als recht effektiv erwiesen. Allerdings hat sich die Anzahl der Mitgliedsstaaten der Vereinten Nationen, als Folge der allmählichen Entkolonialisierung, innerhalb von dreißig Jahren fast verdreifacht. Dementsprechend wurde die Zusammensetzung der Hauptorgane der UN angepasst. Zur Zeit ist die Zusammensetzung des Internationalen Gerichtshofes wie folgt: fünf Richter aus der Westlichen Welt, drei aus Afrika und drei aus Asien, je zwei weitere, die Lateinamerika und die Sozialistischen Staaten repräsentieren.

Zuständigkeiten und Verfahren

Der Internationale Gerichtshof hat zwei wesentliche Aufgabenbereiche:

1. Er entscheidet in Rechtsstreitigkeiten ausschließlich zwischen Staaten und prinzipiell niemals in Privatangelegenheiten.
2. Das Gericht kann die anderen Hauptorgane der Vereinten Nationen und ihre Abteilungen beratend unterstützen.

In Ausübung beider Tätigkeiten erwartet man vom Gericht, dass es Gebrauch macht von den Prinzipien des herrschenden Rechtssystems, der Rechtsnormen und ungeschriebenen internationalen Regeln, genau so wie von der Rechtslehre im jeweiligen Rechtsbereich. Nationen, die sich an den Internationalen Gerichtshof (ICJ) wenden, aber auf der Richterbank nicht vertreten sind, sind berechtigt, einen Richter *ad hoc* zu benennen, der dann ihren besonderen Rechtsraum, in diesem speziellen Fall, zu beachten hilft. In Fällen zwischenstaatlichen Rechtsstreits reichen die Parteien ihre Klage entweder getrennt oder gemeinsam ein. In manchen Fällen ist diese gemeinsame Form der Klageerhebung eine vorweggenommene Anerkennung eines Vertrages, dem die Parteien später zustimmen müssen – ähnlich der Schlichtung. Trotzdem ist ein Rechtsstreit vor diesem Gericht eine recht diffizile, zeitraubende und teure Sache. Um die Verhandlungsdauer zu verkürzen, wurden spezielle Kammern geschaffen; doch wurde dadurch das Verhalten der Nationen nicht grundsätzlich geändert. Die Verfahren verlangen Genauigkeit und sind aus gutem Grund zeitaufwendig.

Um die verschiedenartigen Rechtstraditionen der Welt angemessen zu berücksichtigen, verlangt das System nach einem schriftlichen und einem mündlich vorgetragenen Teil. Die Rechtsparteien sind aufgefordert, innerhalb eines halben Jahres eine schriftliche Stellungnahme einzureichen, zu der die beklagte Partei in einer Gegenschrift Stellung nehmen muss. In den meisten Fällen bestehen die Parteien – und die Erfahrung zeigt, dass es sinnvoll ist – auf einer zweiten Runde, wiederum mit einer Frist von drei bis sechs Monaten; manchmal ist sogar eine dritte absolut notwendig. Auf der Grundlage der eingereichten Schriftstücke bereiten dann das Gericht und die Parteien die Anhörung vor. Sie finden im Friedenspalast statt.

Verfahrensverzögerungen

Im Laufe der Jahre hat das Gericht immer wieder die Bedeutung knapper Plädoyers und kurzer Anhörungen unterstrichen. Trotzdem haben Parteien immer wieder das Gericht buchstäblich in Schriftstücken ertränkt, durch unhandliche Bände technischer Erläuterungen, die nicht grundsätzlich rechtlicher Natur waren. Auch hier sind wieder die eklatantesten Hindernisse für eine Beschleunigung der Verfahren recht unterschiedlich. Häufig genug versucht eine überraschend beklagte Partei zunächst vorbedingliche Einwände zu erheben. So mag z. B. eine Partei erklären, dass der Streit überhaupt nicht existiert, dass er nicht justiziabel und dass das Gericht nicht sachkundig oder keine angemessene Kammer sei, um sich mit der Sache zu befassen; oder wenigstens noch nicht, wenn gewisse Voraussetzungen, wie , z. B. tiefergehende Verhandlungen, nicht erfüllt sind. Häufig muss sich das Gericht mit solchen Fragen beschäftigen, bevor es überhaupt daran denken kann, sich dem eigentlichen Sachverhalt des Streites zuzuwenden.

Verfahrensverzögerungen treten auch ein, wenn die klagende Partei, aus Furcht vor einem militärischen Schlag des Gegners, das Gericht ersucht, vorsorglich "einstweilige Schutzmaßnahmen" anzuordnen. Wenn diese vielleicht auch nicht den Angriff unterbinden, so können sie doch wenigstens die nachträgliche Nichtigkeit möglicher territorialer Gewinne erreichen. Verzögernd wirkt auch, wenn ein Drittland, dessen Interessen durch die Entscheidung betroffen sind, um Intervention ersucht. Das kann z. B. bei Grenzstreitigkeiten der Fall sein. All dies mag die durchschnittliche Dauer eines Verfahrens zu erklären, die leicht einen Zeitraum von zwei Jahren überschreiten kann. Tatsächlich sind es häufig die Parteien selbst, die darauf bestehen, mehr Zeit zu benötigen, weil neue Tatsachen eingetreten sind oder sich die politischen Vorstellungen geändert haben.

Der Haager Internationale Gerichtshof ist die Instanz der zivilen Konfliktbearbeitung.

Eines ist sicher, ein Rechtsverfahren beim Internationalen Gerichtshof ist für die Parteien ein Abenteuer, bei dem das Ansehen, die "Ehre" einer Nation und ihre Stellung in der Welt deutlich auf dem Spiel stehen. Hier treffen wir daher auch auf den tröstlichsten Teil des aktuellen Standes der Weltstreitereien. Wenn man einerseits auch bedauern mag, dass dem Gericht rechtliche, militärische oder wirtschaftliche Zwangsmittel fehlen, um Gewalt und Aggression zu beseitigen, so lehrt uns doch die Erfahrung immer wieder, dass das moralische Prestige des Gerichts – das "Gewissen der Welt" – nicht unterschätzt werden darf. Nationen, ob sie nun groß oder klein sind und welchen politischen Glaubens auch immer, scheuen die Peinlichkeit, aus dem Kreis der zivilisierten Welt ausgeschlossen zu werden und im Widerspruch zu weltweit anerkannten ethischen Prinzipien zu stehen.

Dies bringt uns nun zu einem anderen Verfahren, das häufig von Kommentatoren kritisiert wurde, zur "Optional-Klausel". Diese stellt allen Staaten frei, die Gerichtsentscheidung für alle Fälle, an denen sie beteiligt sind, im Voraus anzuerkennen. Würde dieses Verfahren von allen Nationen der Welt akzeptiert, könnte jede militärische Konfrontation wirkungsvoll verhindert werden. Bei der gegenwärtigen politischen Situation der Welt zeigen jedoch die Nationen erhebliche Zurückhaltung bei einer solchen grundsätzlichen Anerkennung. Wenn sie auch prinzipiell zustimmen, machen die meisten Nationen ihre Zustimmung in praxi wieder zunichte, indem sie Bedingungen stellen: z. B. den Ausschluss bestimmter Streitfälle oder die Forderung, die andere Partei müsse ebenfalls grundsätzlich zustimmen oder die Zustimmung müsse zeitlich begrenzt werden. All dies macht deutlich, dass unsere Welt immer noch ziemlich unvollkommen ist. Vielleicht ist das beste Kompliment, das man dem Gericht machen kann, wenn man seine Leistungen betrachtet, der Verweis darauf, dass Erfolg und Versagen und die eingereichten Streitfälle ziemlich genau die Hauptkonflikte und Umwälzungen der globalen Gesellschaft in den letzten fünfzig Jahre widerspiegeln. Der Internationale Gerichtshof ist ein verlässliches Barometer des sozio-politischen Klimas unserer Welt.

Peace Palace. Den Haag

Spezielle Fallbeispiele

Im ersten Jahrzehnt seines Bestehens beschäftigte sich der ICJ mit Auseinandersetzungen um die Pariser Friedensverträge und Luftzwischenfälle, die typisch für die Ära des Kalten Krieges und einer bipolaren Welt waren. In den 1960er Jahren war er mit der Entkolonialisierung und den Geburtswehen für eine gerechtere Welt befasst. Die Auseinandersetzungen um Namibia und Südwestafrika brachten das Gericht an den Rand einer Krise. Im Jahre 1966 gab die Stimme des Vorsitzenden in einer 8:7-Abstimmung den Ausschlag dafür, dass gegen Äthiopien und Liberia zu Gunsten einer weiteren Präsenz von Südafrika in dem betreffendem Gebiet votiert wurde. Das war ein

Schlag ins Gesicht der (damals zuerst so genannten) "Dritten Welt". Beinahe zwei Jahrzehnte wurde der ICJ fast vollständig von den Entwicklungsländern ignoriert.

In den 1970er Jahren verlangte die enorme Zunahme der Weltbevölkerung nach drastisch neuen Methoden der Nahrungsgewinnung, mit höchst dramatischen Folgen für den Bereich der Seefischerei. Riesige Flotten von Hecktrawlern entrissen dem Meer seine Reichtümer in bisher unbekannten Größenordnungen. Und die moderne Technologie tat ein Übriges: Die wirtschaftliche Ausbeutung der Bodenschätze, insbesondere von Erdgas und Erdöl (auf dem Kontinentalschelf), verlangte nach strengeren territorialen Grenzbestimmungen und technischen Rechtsnormen für Gebiete wie Golfe, Buchten und Inseln. Mitte der 1970er Jahre wurde unter der Schirmherrschaft der UN eine internationale Konferenz einberufen, die – nach hitzigen Debatten – 1982 zur Verabschiedung des Montego-Bucht-Abkommens führte. Unzählige Fälle kamen vor das Gericht, und nachfolgende Instanzen versuchten, ein riesiges Feld neuen Rechts abzustecken. Schließlich zwang der technische Fortschritt die UN, sich für einen eigenen Gerichtshof für Seerecht in Hamburg zu entscheiden, um weitere rechtliche Verwicklungen zu sondieren.

Vor dem ICJ steht die Ehre der Nation auf dem Spiel.

Unter den verschiedenen sozialen und politischen Krisen im Gefolge der Entkolonialisierung waren zwangsläufig auch Grenz- und Grenzverlaufsstreitigkeiten. Aufgeteilt von rivalisierenden europäischen Mächten des 19. Jahrhunderts bei ihrem "Gedrängel um Afrika" und anschließend ohne Rücksicht auf lokale und stammesabhängige Traditionen auf Landkarten festgeschrieben, sahen sich die jungen Nationen des Schwarzen Kontinents bei ihrem Unabhängigkeitsstreben plötzlich mit unüberwindlichen Hindernissen und Auseinandersetzungen konfrontiert. Das Gericht leistete sehr viel bei der Entflechtung geltenden Rechts von politischer Zielsetzung. Es erfüllte die gleiche Aufgabe für Lateinamerika. Die meisten der früheren Provinzgrenzen des Spanischen Reiches waren natürliche Grenzen, Bergketten und Flussläufe, Gebiete, die tatsächlich nicht von Menschen bewohnt wurden. Niemand hatte sich dafür interessiert, bis plötzlich moderne Technologie es möglich machte, reiche Bodenschatzvorkommen aufzuspüren. Das veränderte den Blick auf diese Bergregionen und Urwaldgebiete.

Mit zeitlichem und sozialem Wandel und neuen Herausforderungen an die Menschheit treten auch immer wieder neue Probleme in den Vordergrund – so eben auch in der letzten Dekade. Es ist ein weiterer Beweis für die Kraft und gesellschaftliche Relevanz des Gerichts, diese neuen Themen inmitten seiner Rechtsfälle zu finden. Hier müssen insbesondere zwei Fälle der vergangenen Jahre erwähnt werden, die die Umwelt und den Konflikt zwischen Ökologie und Ökonomie betrafen:

Viele Jahre hindurch hatte ein internationales Konsortium auf der winzigen Pazifkinsel Nauru reiche Phosphatvorkommen abgebaut. Nachdem die Vorkommen zu Ende gegangen waren, schlossen die Gesellschaften einfach die Abbaugebiete und ließen das kleine Nauru als bejammernswerte Mondlandschaft zurück. Es ist ein schlagendes Beispiel für den Fortschritt internationaler Rechtsordnung, dass die Insulaner Mittel und

Wege fanden, um einen Schriftsatz an den ICJ aufzusetzen. In seinem Urteil gestand die Kammer der Insel nicht nur eine beachtliche Geldsumme zum Ausgleich für erlittenen Schaden zu, sondern es formulierte auch eine wegweisende Erklärung über moralische Standards, die für ökonomische Aktivitäten zu gelten hätten.

Von ähnlichem Interesse war der jüngste Streit um das Gabeikovo-Nagimaru Projekt. Wie zur Blütezeit des Kalten Krieges und des Comecon waren riesige Staudämme und Wasserbauprojekte im Grenzgebiet zwischen Ungarn und der damaligen Tschechoslowakei entwickelt worden, mit der Absicht einer weitgehenden (militärischen) Nutzung der Donau und gleichzeitiger Gewinnung von Elektrizität für den Budapester Raum. In den 1960er Jahren waren über dieses Projekt Verträge mit einem Volumen von vielen Millionen geschlossen worden. Als dann jedoch die politische Richtung sich änderte und gleichzeitig die Grünen in Ungarn an Bedeutung gewannen, betrachteten die Politiker das Projekt aus einer völlig anderen Perspektive. Aufgeschreckt durch die dramatischen Folgen für die wertvolle Umwelt, eröffneten sie Verhandlungen zur Nachbesserung der Verträge. Diese Verhandlungen endeten jedoch in einer völligen Sackgasse. Als dieser Fall vor dem Gericht verhandelt wurde, standen nicht nur Gebietsansprüche, Vertragsbruch, Vertragsauslegung und staatliche Rechtsnachfolge zur Entscheidung an, sondern auch die rechtliche Bedeutung dieser Themen angesichts der Erkenntnis negativer ökologischer Folgen durch das gesamte Projekt. Fälle dieser Art werden um so interessanter, je deutlicher sie sich am Rande dessen bewegen, was *lex lata* und *lex ferenda* genannt wird, positives Recht und sich an die geänderten gesellschaftlichen Normen und Erkenntnisse anpassendes Recht.

Das Gleiche gilt unmissverständlich für Rechtshilfe-Ersuchen an den Gerichtshof durch Organe der UN. Gerade hier wird eine eindeutige Antwort auf Fragen prinzipieller und grundlegender sozialer und politischer Bedeutung erwartet. Von großem Interesse sind die kürzlichen Anfragen der Weltgesundheitsorganisation (WHO) und der Generalversammlung der UN, wegen einer Rechtmäßigkeit (der Androhung) des Gebrauchs von Nuklearwaffen bei zwischenstaatlichen Konflikten. Natürlich fordert eine solche Anfrage den Sachverstand der Richter bis an die äußerste Grenze heraus und spaltet die Meinung des Gerichts in gleicher Weise, wie die Gesellschaft selbst geteilt ist. Daher sind solche Zeichen auch von allergrößter Bedeutung, um den Beitrag der Rechtswelt in der weltpolitischen Arena zu sichern. Und dies bringt uns zu einer letzten Beobachtung:

Häufig haben politische Kommentatoren darauf hingewiesen, dass das Gericht der Welt und sich selbst am besten durch eindeutige Urteile und klare Entscheidungen dienen würde. Wenn das Gericht sich jedoch mit aktuellen Problemen befasst, die die Meinungsverschiedenheiten und ebenfalls die verschiedenen Rechtspositionen in unserer Welt sehr deutlich werden lassen, was sollte man da Anderes erwarten, als dass sich diese Divergenzen im Gerichtssaal widerspiegeln, ist doch hier die ganze Welt in verkleinerter Form vertreten.

Der ICJ ist ein Barometer des sozio-politischen Klimas der Welt.

Hier kommt auch der zusätzliche Wert von Meinungsverschiedenheit und Meinungsvielfalt ins Spiel. Die Richter schreiben zunächst ihre individuelle Meinung nieder. So kann jeder, wenn er sich später dem allgemeinen Mehrheitsvotum anschließt, nachweisen, auf welchen eigenen, unter Umständen sogar abweichenden Denkwegen er zu diesem von der Mehrheit getragenen Urteil gelangt ist. Andererseits kann ein Richter, sollte er das abschließende Urteil seiner Kollegen nicht teilen, auch wenn er mit vielen Einzelpunkten einverstanden sein mag, nachweisen, warum er sich der mehrheitlichen Schlussfolgerung widersetzt. Diese Texte sind oft geradezu eine Fundgrube für wissenschaftliche Forschung. Weit mehr als das Urteil selbst, welches häufig genug das Ergebnis von Kompromissen ist, geben sie Einblick in die tatsächliche Sachlage und die Probleme, mit denen sich das Gericht vor seiner Urteilsfindung konfrontiert sah. Genau hier beweist der Gerichtshof seinen Wert: als Sozialbarometer und Interpret rechtlicher Sitten und Normen. Wenn überhaupt eine Instanz diese Rolle in unserer geteilten und problembeladenen Welt zu erfüllen vermag, dann ist es der mit der größten Autorität ausgestattete Internationale Gerichtshof, der ICJ.

Arthur Eyffinger

Übersetzung: Heiner Eickhof

Peace Palace. Den Ha

...Frauen für den Frieden

Was leisten Frauen in der Friedensarbeit?

Europas Geschichte beginnt bereits mit einer Vergewaltigung. Gott Zeus raubt die Tochter des Königs Agenor von Tyros. Er verschleppt sie nach Kreta. Dort vergewaltigt er sie. Zum "Trost" bietet er ihr an, dass ab dann der Kontinent ihre Namen tragen soll: Europa.

Aktionen von Frauen
für Frieden gegen Krieg und Gewalt

Das 20. Jahrhundert war das blutigste Jahrhundert der Menschheitsgeschichte. Es war das Jahrhundert der Entwicklung von Massenvernichtungswaffen, die in wenigen Minuten ganze Städte auslöschen, Millionen Menschen vernichten können. Seit dem Abwurf der Atombombe auf Hiroshima sind die Träume der Kinder verändert. Im 20. Jahrhundert hat sich der Anteil der zivilen Kriegsopfer kontinuierlich erhöht. Die Kriege früherer Jahrhunderte waren Kriege auf Schlacht-Feldern. Wenn die Truppen durch Dörfer und Städte zogen, wurden überdies zugleich Frauen und Kinder vergewaltigt und gemordet. Bis zum Ersten Weltkrieg waren etwa 80% - 90% aller im Krieg Gemordeten Soldaten und 10%- 20% Frauen und Kinder. Im Zweiten Weltkrieg stieg der Anteil der Frauen und Kinder an den Gemordeten auf etwa 50%, die andere Hälfte waren Soldaten. Seit dem Krieg der Vereinigten Staaten von Nordamerika gegen das kleine Land Vietnam sind 10% - 20% aller Gemordeten Soldaten und 80% - 90% Frauen und Kinder.

Während des Golfkrieges schrieb die Journalistin Gisela Breitling einen Brief an Scheherazade, eine unserer Schwestern von gestern. Scheherazade war die Frau, die in 1000 und einer Nacht dem blutrünstigen König Geschichten erzählte, deren Inhalte ihn veränderten und ihn am Ende weise, das heißt, nicht mehr gewalttätig, werden ließen:
"In unserem Jahrhundert, Frau Scheherazade, ist immer Krieg gewesen, Weltkrieg, Kalter Krieg, heißer Krieg, Guerillakrieg, Kleinkrieg, Geschlechterkrieg," Krieg gegen die Natur, Krieg gegen fremde Völker. "Der Krieg kriegt nie genug. Ist ein Krieg verloren, und jeder Krieg geht verloren, so wird ein neuer gefunden. Der Krieg, sagt man, bricht aus und dann wird er geführt. Aber wie kann er geführt werden, wenn er ausgebrochen ist? Der Krieg ist der Vater aller Dinge – der Vater und die Dinge, sie sind ja wohl dann auch danach. Der Krieg ist das Übel, zu dessen Abschaffung man ihn zu führen behauptet. Wenn er die Fortsetzung der Politik mit anderen Mitteln ist, so muss auch die dementsprechend sein. Manchmal wird der Krieg erklärt. Aber so viel messerscharfe Logik für Kriegserklärungen auch aufgewendet wird, man hat ihn uns doch nie wirklich erklären können"...
(Scheherazade, Stimmen von Frauen gegen die Logik des Krieges. Luchterhand Hamburg/Zürich 1992, S.26 ff.)

Aus diesem Grund beginnt der Ausstellungs-Teil *Frauen für Frieden, gegen Krieg und Gewalt* mit dem Vietnam Krieg. Wir vergessen dabei nicht die Millionen Frauen, die vor dieser Zeit für Frieden gestritten, gekämpft und gelitten haben. In den Dokumentationen, den Videos, Dia-Schauen gehen wir auf die Frauenfriedensbewegung insgesamt ein. Trotzdem kann nur ein kleiner Ausschnitt der kollektiven Anstrengung aus der Fauenfriedensbewegung der verschiedenen Kontinente dokumentiert werden.

Gewalt gegen Frauen
in Kriegs- und Friedenszeiten

Wir leben in Zeiten, in denen jeder Teil unseres Lebens von Gewalt durchdrungen ist. Es gibt keinen sicheren Ort. Gewalt ist zu Hause, bei der Arbeit, in unseren Vorstellungen. Gewalt wird propagiert über die Medien, Computerspiele, Pornografie. Alle Formen von Gewalt sind miteinander verbunden. Die Absichten, die Vergewaltigung hervorbringen, haben mit den Absichten zu

tun, die Kriege erzeugen und uns an den Rand der globalen Vernichtung gebracht haben.
Frauen sind im 20. Jahrhundert zu Expertinnen für Erfahrungen mit den verschiedenen Formen der Gewalt geworden. Die Gewalt, die sich durch die ökonomischen Interessen der reichen Länder im Zusammenhang mit der Globalisierung entwickelt, ist wie eine Krake, die immer mehr Menschen, vor allem Frauen und Kinder, Länder und die Natur erfasst. Das Leben auf dem Planeten wird wesentlich bestimmt durch das Profitinteresse einiger riesiger globaler Konzerne, das über alle anderen Werte und Bedürfnisse gestellt wird. Diese Konzerne versuchen, sich die weltweite demokratische "Lizenz zum Plündern" (Maria Mies/Claudia von Werlhof) zu sichern. Sie versuchen, sich Instrumentarien zu schaffen wie das Multilaterale Abkommen über Investitionen, MAI, die Millennium Runde der Welt-Handels-Organisation (WTO), unter Kritikern seit Seattle umbenannt in "Welt-Tyrannen-Organisation". Um diese Interessen auch mit Gewalt durchsetzen zu können, ist die größte Militarisierung der Menschheitsgeschichte mit der NATO als dem reichsten Militärbündnis aller Zeiten entstanden. Beim 50. Jahrestag der NATO, dem Gipfel im April

Frauen haben lange Traditionen des Widerstandes gegen den Krieg, lange Traditionen darin, die Logik des Krieges zu durchbrechen und den Frieden vorzubereiten:

- Lysistrata, die zusammen mit ihren Freundinnen beschloss, ihren Männern die Sexualität zu verweigern, solange der Krieg andauerte,
- die Frauen der Burg Weibertreu bei Heilbronn, die als Kriegsbeute ihre Männer, Väter und Söhne aus dem Krieg in die Dörfer zurücktrugen,
- Streiks von Munitionsarbeiterinnen, Schienenblockaden gegen Munitionstransporte,
- Frauen aus sogenannten Feindesländern trafen sich während der Kriege, um zu verhandeln, organisierten wirkliche Gipfeltreffen mit Frauen aus der ganzen Welt, um Friedenslösungen zu diskutieren. So z.B. 1915, als sich über 1.000 Frauen aller kriegführenden Länder in Den Haag trafen, um ihren Willen gegen den Krieg zu bekunden und Friedensvorschläge zu erarbeiten. Das war die Geburtsstunde von Women's International League for Peace and Freedom (WILPF), eine Organisation, die bis heute in vielen Ländern agiert.
- Frauen wie die von Greenham Common, die in England für Jahre die Cruise-Missile Basis belagerten, Manöver störten und die Weltöffentlichkeit täglich informierten,
- Frauen, die bei den Frauenfriedensmärschen Tausende von Kilometern durch Europa gelaufen sind, um mit jedem Stadtparlament zu diskutieren und zu fordern: Macht Eure Stadt zur atomfreien Zone,
- Frauen aus vielen Ländern, die 1986 "Women for a Meaningful Summit" gründeten, die zu allen Gipfeltreffen zwischen Gorbatschow und Reagan, später Bush, gefahren sind aus Zorn darüber, dass bei diesen sogenannten Gipfelgesprächen keine Frau und kein Mensch mit dunkler Hautfarbe beteiligt waren. Die Frauen entwickelten Friedensvorschläge, die weit über das hinausgingen, was die beiden älteren weißen Männer verhandelten.
- Frauen, die Millionen Unterschriften gegen den Krieg sammelten, ihr Rederecht erkämpften, das Wahlrecht. Auch dieser Kampf hatte die Hoffnung, mit dem Wahlrecht der Frauen könnten Kriege verhindert werden, Das war eine Illusion.
- Die Weltfrauenkonferenzen der Vereinten Nationen als wirkliche Gipfeltreffen von Frauen aller Kontinente,

Frauen machen weltweit etwa 60% der Friedensarbeit, sind also der größte Teil der Friedensbewegung.

Inernationales Frauenfriedensarchiv

1999 in Washington D.C. haben sich diese Staaten, die einerseits die alten Kolonialmächte repräsentieren, andererseits nahezu identisch sind mit den Ländern, in denen die Multinationalen Konzerne beheimatet sind, nach Auffassung vieler Menschen in der Friedensbewegung die "demokratische Lizenz zum Töten" (Jürgen Grässlin) erteilt. Die Entwicklung der NATO ging von einem Veteidigungsauftrag hin zur Garantie der jederzeitigen Aufrechterhaltung des freien Zugangs zu "unseren" Ressourcen. Der Krieg gegen Jugoslawien war nach Meinung vieler Menschen der erste in diesem Sinne.

Die "unheilige Dreifaltigkeit"

Dwight D. Eisenhower kreierte in den 50er Jahren den Begriff "militärisch-industrieller Komplex". Dieser Begriff beinhaltet drei Elemente: die Waffenkonstrukteure, die Waffenproduzenten: die Rüstungsindustrie, die Waffenanwender: das Militär. In diesem Zusammenhang hat sich z.B. eine besondere Sprache entwickelt.

Carol Cohn, eine US-Amerikanerin, verbrachte einen Sommer mit männlichen Experten der Nuklearstrategie. Sie analysierte deren Sprache

Die "unheilige Dreifaltigkeit"

Waffenkonstrukteure:

Zum Beispiel Sam Cohen – Beruf: Erfinder von Atomwaffen, u.a. der Neutronenbombe

"Ich bin ein Mensch, der ein einigermaßen alltägliches Leben geführt hat, zumindest äußerlich. Durch reinen Zufall bin ich während des Kriegs in Los Alamos (Neu-Mexiko/USA Atomforschungszentrum, d.Verf.) gelandet. Es hat mich fasziniert. ich bin dabei geblieben und mache es jetzt schon vierzig Jahre. ("Es" sind Atomwaffen.) Das ist all die Jahre mein Beruf gewesen. .. (Ich habe) die Idee mit der Neutronenbombe ausgeheckt und noch allerhand weitere Konzepte, ... ich hatte großen Spaß damit. ... Eine der Sprengsätze nannte sich übrigens ‚Taube', was für Friedenstaube stehen sollte. .Noch einmal, wenn ich mich als Mensch einschätzen soll, ich hatte nie irgendwelche Bedenken. Rein verstandesmäßig rechtfertige ich die Faszination, die Atomwaffen auf mich ausüben, indem ich mir sage, sie sind wichtig für die Sicherheit meines Landes, und deshalb muß man keine Bedenken haben. Wenn ich in mich hineinschaue, wüßte ich nicht, was ich sagen sollte – ich habe es getan, weil ich es wollte."

Zitiert nach: Robert del Tredici, Unsere Bombe, Frankfurt/Main 1988, S. 160

Waffenproduzenten

"Und wie sieht der Menschenfresser eigentlich aus?

Auf einem Foto aus dem Hause Rheinmetall
zähle ich fünf Lebewesen und fünf Geschosse
Die Lebewesen sind mit Anzug, weißem Hemd und Schlips bekleidet
daraus entnehme ich, daß es Männer sind
Ihr Haarwuchs rangiert zwischen noch voll, gelichtet und dünn
daraus entnehme ich, daß sie zwischen Ende Dreißig und Mitte Fünfzig sind
Alle bis auf einen haben die oberen Schneidezähne entblößt
daraus entnehme ich, daß sie ein gutes Geschäft abgeschlossen haben
Alle halten mit der Rechten oder mit beiden Händen
die von ihnen produzierten Waffen innig stolz oder kumpelhaft fest
daraus entnehme ich, daß sie Waffen lieben
Der innigen stolzen oder kumpelhaften Bewegung entnehme ich außerdem
daß sie gern einen bombenhaften Penis hätten
Alle hier sichtbaren Repräsentanten des Rüstungskonzerns
(mit Ausnahme des nicht Lächelnden, der den Mund dümmlich offen hält)
wirken dynamisch, genau und entschlossen auf mich
Daraus entnehme ich, daß sie mein deutsches Schicksal lenken werden
wie bereits zweimal in diesem Jahrhundert
sofern wir sie nicht entmachten."

Dorothee Sölle, Im Hause des Menschenfressers, Texte zum Frieden – Rowohlt, Hamburg 1981, S. 28 f.

Waffenanwender

"Dann, gerade als es so aussah, als hätte sich das Ding in einem Dauerzustand eingerichtet, schoß aus der Spitze ein gigantischer Pilz hervor, der die Säule auf insgesamt 15.000 Meter anwachsen ließ. Die Spitze des Pilzes war noch lebendiger als die Säule selbst, sie kochte und brodelte in einer weißen Raserei aus cremigem Schaum, stieg zischend nach oben, um schließlich zur Erde zu stürzen, wie tausend Geysire, die sich in einen einzigen ergießen."

William L. Laurence, Die Geschichte der Atombombe. Dämmerung über Punkt Null, München 1952, zit. nach French, a.a.O. 208

Die gleiche Situation beschreibt Hisako Matsubara, die den Abwurf der Atombombe miterlebte:

"Alles war schwarz, war verschwunden in einem schwarzen Staub, war zerstört. Flammen, die aufzuzüngeln begannen, schienen das einzige zu sein, das noch Farbe hatte. Von überall her tauchten aus dem schwarzen Staub, der wie ein Nebel war, Gestalten auf, ebenfalls schwarz, haarlos, gesichtslos. Sie schrien mit Stimmen, die nichts Menschliches mehr hatten. Sie überschrien das Stöhnen, das von überall her aus den Trümmern drang, das aus der Erde selbst zu kommen schien."

Zitiert nach Marylin French, Der Krieg gegen die Frauen, S. 208 ff.

und kam zu frappierenden Ergebnissen, die unsere Annahmen erhärten: "Die Erfinder der Atombombe nannten tatsächlich den ersten Versuch: Dreifaltigkeit, nach der Heiligen Dreifaltigkeit von Vater, Sohn und Heiligem Geist, "den männlichen Kräften der Schöpfung". Die Männer, die heute die strategischen Doktrinen ersinnen, nennen sich selbst, "die nukleare Priesterschaft". Die gesamte Geschichte des Bombenprojektes ist durchdrungen von Bildern, in denen die überwältigende Macht der Naturzerstörung mit der Macht des Erschaffens verwechselt wird."

Frauen machen weltweit etwa 60%, also den größten Teil der Friedensarbeit.

"Cohn fand, daß die Werbeanzeigen für neue Waffen im Air Force Magazine es in puncto Männerängste und - phantasien mit dem Playboy aufnehmen konnten. Waffen werden in der Werbung als "große Prügel" oder "penetrators" angepriesen oder wegen ihrer "Macht, einen Krater zu reißen", gerühmt."

Carol Cohn "In the rational World of Defense Intellectuals" zitiert nach Marilyn French, Der Krieg gegen die Frauen, Hamburg 1992, S. 203 ff.

Eine Reihe Analysen von Friedenswissenschaftlerinnen beschäftigt sich mit der Entwicklung der Zunahme weltweiter Gewaltverhältnisse, so auch mit der Entwicklung des Soldatenberufes.

Cynthia Enloe, eine US-amerikanische Feministin, kreierte den Begriff Ramboisierung während des Golfkriegs. "Sie stellte nämlich fest, daß der Film Rambo für die amerikanische Nation, speziell für die Männer, eine wesentliche Rolle spielte, sie vom sogenannten Vietnam-Trauma zu heilen, von der Einsicht nämlich, daß sie den Krieg gegen eine viel schwächere Nation verloren hatten. Außerdem kam dieser Film gerade rechtzeitig, die jungen Männer und Frauen der US-Armee psychisch auf den Golfkrieg vorzubereiten.

Diese direkte Aufrüstung der jungen Männer bedeutet die Konstruktion der neuen männlichen Identität. Sie richtet sich nach dem Modell des Rambo, der sich selbst das Recht zum Töten nimmt, weil er die überlegene Waffe hat. Da Männer in den meisten der verarmten Länder nichts gesellschaftlich Nützliches mehr tun können, drückt man ihnen eine Kalaschnikow in die Hand. Dann sind sie wieder "Männer". Bei den NATO-Soldaten in Jugoslawien ist es im Grunde nicht anders. In der globalisierten High-Tech-Wirtschaft gibt es auch für sie kaum noch etwas Nützliches zu tun. Die mikroelektronische "Revolution" macht sie mehr und mehr überflüssig. Was aber bleibt, ist der Krieg. Krieg schafft Arbeitsplätze und macht aus "Knaben" "Männer". Während der Bombardierungen war immer wieder die Rede davon, daß Deutschland nun durch die Teilnahme am NATO-Krieg gegen Serbien "erwachsen" geworden sei. (Interview mit Prof. Dr. Maria Mies in "analyse und kritik", August 1999)

Die vier Grundformen der Gewalt

Hunger und Krankheit als Gewalt

Die erste Form der Gewalt, der täglich die meisten Menschen zum Opfer fallen, sind die Waffen Hunger und vermeidbare Krankheiten. Es ist der Krieg gegen die 2/3-Welt, gegen fremde Völker.

Hiermit sind vor allem Frauen in der 2/3-Welt (Trikont) konfrontiert, zunehmend auch in den früheren sozialistischen Ländern. Die Frauen in Afrika nennen den Hunger: Waffe. Sie haben uns bei den Weltfrauenkonferenzen gesagt: Ja, die Waffen, von Atomwaffen bis zu den Landminen, töten. Oft schnell. Die Waffen aber, die gegen uns eingesetzt werden, töten langsam, aber perma-

nent: Der Hunger und der Mangel an Medizin für vermeidbare Krankheiten. Wir können, trotz harter Arbeit, nicht ausreichend Nahrung und Wohnung für die eigenen Kinder und die Familie heranschaffen. Die Folgen: 40.000 tote Kinder am Tag. Anders ausgedrückt: Die ökonomische Ausbeutung der Länder des Trikont ist derart, als würde alle drei Tage eine Hiroshima-Bombe auf diese Länder geworfen. Alle drei Tage sterben so viele Kinder an Hunger und vermeidbaren Krankheiten, wie Menschen beim Abwurf der Atombombe auf Hiroshima gestorben sind: 120.000.

Wir widmen einen großen Teil der Ausstellung unseren Schwestern in Afrika, Asien und Lateinamerika. Wir wollen herausstellen, daß der Kolonialismus von Europa ausgegangen ist. Er wirkt bis heute fort. Vor allem Frauen und Kinder sind davon betroffen.

Gewalt gegen die Natur

Die zweite Form des Krieges und der Gewalt ist gegen die Natur gerichtet. Alle Formen aufzuzählen, die zur Zerstörung des ökologischen Gleichgewichts, zur Ausrottung von Pflanzen- und Tierarten, zur Verseuchung durch die Atomkraft und Atombomben, durch Chemiegifte, Abholzen der Wälder, zur Verseuchung von Luft, Wasser, Erde, Pflanzen, Tieren und Menschen, alles Lebendigen also, führen, würde Tage brauchen.

In allen Aktionen, die Frauen weltweit gegen Krieg gemacht haben, sind wir unvermeidlich auf den Krieg mit der Natur gestoßen.

Im Zusammenhang mit Atomtechnologie und Umweltgiften in Kriegs- und Friedenszeiten sind vor allem Mütter zu Expertinnen geworden.

Die Waffen Hunger und Krankheit töten langsam.

Die Mütter sind konfrontiert mit den Auswirkungen dieser Hinterlassenschaften einer ausschließlich am Profit orientierten Wirtschaft. Sie sind fast immer diejenigen, die die verletzten und kranken Angehörigen, vor allem die Kinder, versorgen.

Gewalt im Alltag

Die dritte Form des Krieges gegen die Frauen ist die Alltagsgewalt. Die weltweite Frauenbewegung hat das Phänomen der Gewalt gegen Frauen offen gelegt. Frauen haben geforscht, geschrieben und die Erkenntnisse umgesetzt in Aktion. Seit Mitte der siebziger Jahre gibt es Frauenhäuser, in denen Frauen vor Gewalt Schutz suchen und finden: vor der Gewalt von prügelnden Männern und vor Folter.

Vergewaltigung kann heute nicht mehr als durch Frauen selber provoziert abgetan werden. Dennoch sind die Dunkelziffern bei diesem Verbrechen enorm hoch.

In vielen Ländern gibt es noch keine Frauenhäuser, so z.B. in Russland.

"In Rußland sind 1998 nach Angaben des russischen Innenministeriums etwa 14.500 Frauen nach Mißhandlungen durch ihren Lebenspartner gestorben. Das sind in einem Jahr mehr tote Frauen als tote sowjetische Soldaten in zehn Jahren Afghanistankrieg. Die häusliche Gewalt hat laut Innenministerium wegen der wirtschaftlichen Krise und der hohen Erwerbslosigkeit stark zugenommen. (Wir Frauen, 3/99 S. 5)

Prostitution, Prostitutionstourismus, Pornografie, Verkauf von Frauen und Kindern in die Bordelle der europäischen und nordamerikanischen Staaten sind zu einem Riesengeschäft geworden.

Feministische Ansätze in der Friedens- und Konfliktforschung

"Die feministische Wissenschaft teilt mit der kritischen Friedens- und Konfliktforschung das emanzipatorische Erkenntnisinteresse. Ebenso, wie die Friedens- und Konfliktforschung kein monolithischer Block ist, bestehen auch in der feministischen Wissenschaft verschiedene Ausrichtungen. Konsens besteht dennoch dahingehend, daß Feminismus auf theoretischer Ebene die Wahrnehmung der Unterordnung bzw. Unterdrückung von Frauen und auf praktischer Ebene die Überwindung dieses hierarchischen Geschlechterverhältnisses anstrebt. Wie überall im Wissenschaftsbetrieb sind auch im Bereich der Friedensforschung Frauen eine verschwindende Minderheit. Sie werden zudem auf sogenannte weiche Themen verwiesen. Feministische Ansätze sind in diesem Bereich (insbesondere im deutschsprachigen Raum) bisher unterrepräsentiert.

Was sind die Anliegen feministischer Wissenschaftlerinnen in der Friedens- und Konfliktforschung? Die vorherrschende androzentrische, d.h. an männlichen Erfahrungshorizonten ausgerichtete Sichtweise blendet die spezifischen Lebenszusammenhänge von Frauen in einem System des Unfriedens aus und kommt so zu in geschlechtsspezifischer Hinsicht verzerrten Ergebnissen. Kritisiert wird, daß die Disziplin durch die Ausblendung der Analysekategorie Geschlecht ihrem Anspruch auf Allgemeingültigkeit und Objektivität nicht gerecht wird. Durch eine Reformulierung des analytischen Instrumentariums der Friedens- und Konfliktforschung unter Berücksichtigung weiblicher Lebenswelten soll ein höheres Maß an Objektivität erreicht werden.

Konkret setzt feministische Kritik dabei an zentralen Begriffen an: Angesichts der zahlreichen Menschenrechtsverletzungen an Frauen einzig aufgrund ihrer Geschlechtszugehörigkeit, die auch zu sogenannten Friedenszeiten stattfinden, wurde die auf Johan Galtung (1971, 1990) zurückgehende, weitverbreitete Definition von Frieden als der Abwesenheit personaler, struktureller und kultureller Gewalt hinterfragt; feministische Forscherinnen bezweifelten, ob die Definition in der Lage sei, die spezifischen Ausprägungen patriarchaler Gewalt zu fassen.

Die Miteinbeziehung der Analysekategorie Geschlecht ermöglicht es darüber hinaus, die verschiedenen Rollen von Frauen im System des Unfriedens zu erforschen. Frauen sind die von Kriegen am stärksten betroffene Gruppe, und das weltweit: Sie stellen die Mehrheit der Todesopfer und Flüchtlinge und werden (auch zu sogenannten Friedenszeiten) Opfer sexualisierter Gewalt. In denjenigen Gesellschaften, in denen der Status von Frauen maßgeblich durch ihre männlichen Angehörigen bestimmt ist, kann deren Tod eine lebenslange soziale Schlechterstellung der Frau bedeuten. Aufgrund der traditionellen Zuständigkeit von Frauen für Reproduktionsarbeit sind sie auch in besonderem Maße von der Umweltzerstörung durch Kriege betroffen. Frauen sind jedoch nicht nur Opfer, sondern finden sich auch auf der Seite der Täter. (Frauen sind Opfer und Täterinnen, haben sich einplanen lassen in Kriege: als Mütter, die Soldaten gebären, als humanitäre Helferinnen, als Frauen, die Männer stützen, die in den Krieg ziehen, als Trümmerfrauen, die wieder aufbauen, was sie nicht zerstört haben.) Sie kämpfen als Soldatinnen und arbeiten in der Rüstungsindustrie. In der feministischen Wissenschaft wurde darüber hinaus der Begriff "Mittäterin" (Thürmer-Rohr 1987) geprägt, dadurch soll ermöglicht werden, auch diejenigen Tätigkeiten von Frauen, die objektiv zur Vorbereitung und Verlängerung von Kriegen beitragen, zu analysieren. Gemeint ist weibliche Zuarbeit, wie z.B. die Freistellung der Männer für Kampfhandlungen oder die Reproduktion der militärischen Kampfkraft durch Pflegearbeit. In der Aufkündigung dieser weiblichen Mittäterschaft wird dabei ein besonderes Potenztial von Frauen zur Gestaltung von Frieden gesehen. Nicht zuletzt treten Frauen als Friedensaktivistinnen in Erscheinung, und oftmals nutzen sie für ihre Form von Widerstand weiblich konnotierte Symbole und Handlungsweisen. Im wesentlichen haben sich drei feministische Positionen herauskristallisiert, die sich zum Teil überschneiden:

1. Akzeptanz der traditionellen weiblichen und männlichen Geschlechterrollenstereotype. Dabei wird auf eine quasi natürliche Disposition der Frau zur Friedfertigkeit aufgrund ihres biologischen Geschlechts rekurriert. Ausgangspunkt ist hier die (tatsächliche oder potenzielle) Mutterschaft mit den damit verbundenen Zuschreibungen wie Fürsorglichkeit, von denen ein spezifisch weiblicher Zugang zum Friedensthema abgeleitet wird

2. Ablehnung des traditionellen Bildes der friedfertigen Frau ab. Im Mittelpunkt dieser Position steht die Forderung nach einem gleichberechtigten Zugang von Frauen zu allen gesellschaftlichen Institutionen. Dabei wird der Zugang von Frauen zum Militär häufig als 'Test' für tatsächliche Gleichberechtigung angesehen, die Institution selbst jedoch nicht hinterfragt (eine prominente Vertreterin dieser Richtung ist z.B. die US-amerikanische National Organisation of Women).

3. Betonung der Funktionalität des Geschlechterdualismus in einem System des Unfriedens. Hier wird argumentiert, daß "die sich ergänzenden, tatsächlich aber hierarchischen Sozialcharaktere ,kriegerischer Mann' und ,friedfertige Frau' [...] zur Erhaltung des Militärischen und des internationalen Kriegssystems bei[tragen]". Ein Ausweg wird im Aufbrechen tradierter Geschlechterkonstruktionen mit dem Ziel der Überwindung des hierarchischen Geschlechterverhältnisses insgesamt gesehen." (Wasmuht 1996)

Eva Maria Hinterhuber, Berlin/Schlaining,

Kriegsgewalt

Die vierte Form der Gewalt ist der eigentliche Krieg – ein Zustand also, in dem es um die gewaltsame Durchsetzung von Interessen einer Gruppe über die der anderen mit Waffen geht.

Kriege werden um Ressourcen, aus ökonomischen und machtpolitischen Interessen geführt. Ideologische und religiöse Differenzen werden benutzt, um Menschen von der Notwendigkeit eines Krieges zu überzeugen.

Seit dem Zweiten Weltkrieg gab es über 200 Kriege. Die Kriege der Gegenwart sind weniger Kriege zwischen Staaten, sondern Kriege innerhalb der Länder, sie sind vor allem langlebig.

In den meisten Kriegen heute werden vor allem "einfache" Waffen eingesetzt. Die meisten Toten sind Opfer von Bodenkämpfen und Landminen. Die High-tech-Waffen sind vor allem im Golfkrieg und im Krieg gegen Jugoslawien sowie gegen den Irak eingesetzt worden. Sie sind als permanente Bedrohung und als permanentes Verschleudern von Bodenschätzen, Arbeitskraft, Intelligenz gegenwärtig.

Einige Ziele, um die angeblich Kriege geführt werden, sind: Menschenrechtsverletzungen, Verhinderung von Vergewaltigung, Befreiungen. Diese Ziele sind nicht identisch mit den wirklichen Kriegsursachen, sondern werden als Vorwand zur Kaschierung der ihnen zugrunde liegenden ökonomischen und machtpolitischen Interessen benutzt.

Über Vergewaltigung in Kriegen haben Frauen seit Mitte der siebziger Jahre weltweit geforscht und veröffentlicht. Hervorzuheben ist die Analyse von Susan Brownmiller: "Gegen unseren Willen, Vergewaltigung und Männerherrschaft", in der sie die Systematik von Vergewaltigungen in Kriegen beschreibt. Helke Sander hat in ihrem dreistündigen Film "Befreier und Befreite" filmisch und dokumentarisch die Analyse vervollständigt. Während des Krieges in Bosnien war es zum ersten Mal in der Geschichte möglich, dass innerhalb von kurzer Zeit die Massenvergewaltigungen öffentlich gemacht, internationaler Protest und Hilfe für die traumatisierten Frauen organisiert werden konnten.

> *Vor allem die Mütter sind zu Expertinnen der Gewalt geworden.*

Vergewaltigung durch die Sieger hat nichts mit dem Ausleben aufgestauter Lust zu tun, das wäre eine Verharmlosung dieses Kriegsverbrechens. Vergewaltigung ist kein aggressiver Ausdruck von Sexualität, sondern ein sexueller Ausdruck von Aggression. Frauen sollen mit Gewalt gedemütigt und unterworfen werden. Der Krieg liefert den Männern den Rahmen, um ihrer Verachtung für Frauen freien Lauf zu lassen. Gleichzeitig wird durch die Gewaltausübung am Körper der Frau der besiegte "Feind" noch einmal besiegt. Die Vergewaltigung und Inbesitznahme von Land haben identische Wurzeln mit der Vergewaltigung und Inbesitznahme des Körpers der Frau.

Frauen wie Männer in der US-amerikanischen Armee müssen bei Angriffsübungen schreien: Kill, kill, rape, rape. (Vrouwen en militarisme, en antaal artikelen, Fem. Zeitschrift, Nijmwegen, Sept. 1982, vgl. auch: Beiträge zur fem. Theorie und Praxis Nr. 8, 1983, S. 77)

Aus dem US-amerikanischen Soldatenlied "Drill Sergeants Ditty" kam während des Vietnam-Krieges eine Zeile weltweit öffentlich ins Bewusstsein, in dem die Identität von Waffe und Penis hergestellt wird:

This is my rifle, this is my gun, one is for business and one is for fun. (Das ist mein Gewehr, das ist meine Knarre, das eine für den Job, das andere zum Spaß) Frei übersetzt: Hab Kanone und Schießeisen, das eine macht Kinder, das andere Waisen. (Nach Susan Brownmiller: Gegen unseren Willen, Vergewaltigung und Männerherrschaft, Frankfurt 1980, S. 38)

Frauen in Aktion

Zwei Gruppen von Müttern widmen wir besondere Aufmerksamkeit: den russischen und tschetschenischen Soldatenmüttern, die ihre Söhne aus dem Krieg zurückholten, sowie den Komitees der "Mütter der Verschwundenen" in Lateinamerika und anderen Ländern wie z.B. der Türkei.

Die russischen und tschetschenischen Soldatenmütter

Im Frühjahr 1995, während der heftigen russischen Angriffe auf Tschetschenien, zog eine Gruppe von russischen Soldatenmüttern erst in Bussen, später zu Fuß weiter nach Tschetschenien. Sie wollten ihre dort stationierten 18 bis 20jährigen wehrpflichtigen Söhne aus diesem Krieg zurückholen. Sie begaben sich mitten in die Feuerzonen. Tschetschenische Frauen, die in ihren Kellern saßen, um sich vor den Bomben zu schützen, vernahmen diesen Friedensmarsch der russischen Mütter. Und das nahezu Undenkbare geschah. Sie verbündeten sich mit den russischen, den Frauen aus dem sogenannten Feindesland. Die russischen Frauen konnten einige der Söhne ausfindig machen und zurückholen. Seit dieser Zeit arbeiten russische und tschetschenische Frauen zusammen gegen den Krieg. Das Komitee der Soldatenmütter hilft Deserteuren, Kriegsdienstverweigerern und versucht, Aufklärungsarbeit zu leisten.

Emanzipation heißt nicht Nachahmung männlicher Dummheit.

Das Moskauer Komitee erhielt 1996 den Alternativen Nobelpreis.

Die "Mütter der Verschwundenen" in Lateinamerika

In den siebziger Jahren herrschten in nahezu allen lateinamerikanischen Ländern Militärdiktaturen. Die Länder wurden mit Krieg, Folter, Ermordungen überzogen, Hunderttausende von Menschen verschwanden auf dem Subkontinent. In all diesen Ländern wurden Frauen aktiv, deren Angehörige verschwunden waren. Sie standen auf der Plaza del Mayo in Buenos Aires, auf den zentralen Plätzen in San Salvador, in Santiago de Chile und anderen Orten. Sie fragten: Wo sind die Verschwundenen? Viele von ihnen wurden selber Opfer von Repression, Folter, Gefängnis, Ermordung. Bis heute haben die Frauen nicht nachgelassen, Aufklärung über das Schicksal der Verschwundenen zu fordern. In Chile entstanden Gruppen von Frauen, die in dieser Situation eine besondere Kunstform schufen: Die "Arpilleras" - Stoffbilder, in denen die Frauen aus den Armenvierteln über ihre Lage berichteten. Die Frauen fordern: "Lebendig habt ihr sie genommen, lebendig wollen wir sie zurück."

Frauen für Frieden

Das Zentrum unserer Dokumentation des Widerstandes von Frauen ist der Bergfried der Burg Schlaining. In diesem Turm der Frauen schläft kein Dornröschen mehr und wartet auf den Prinzen. Im Gegenteil: Wir Frauen sind hellwach und

ernationales Frauenfriedensarchiv

bestehen auf dem Recht der Erkenntnis und des Widerstandes.
Wir dokumentieren u.a.: Die Frauen in Schwarz als weltweites Netzwerk von Frauen gegen Krieg und Gewalt, berichten über Women's International League for Peace and Freedom, über die Bemühungen der Frauen in den Vereinten Nationen, über die Wiederaufforstung der afrikanischen Wälder, über Frauen, die den Friedensnobelpreis und den Alternativen Nobelpreis bekommen haben.

Viele Frauen verschiedener Länder haben uns Material zur Verfügung gestellt. Wir bedanken uns bei allen ganz herzlich. Hervorheben möchten wir die Wandbilder von Thalia Campbell aus Wales, einer Greenham Frau der ersten Stunde, zu Petra Kelly, Greenham Commmon, dem Frauenwahlrecht, dem "Nein zum Staatsterrorismus". Die Bilder repräsentieren die Liebe zum Detail und die Schönheit in unserer Arbeit, der wir so dringend bedürfen. Friedensarbeit ist kein Sonntagsspaziergang, ist durch die Beschäftigung mit den Inhalten von Krieg und Gewalt oft deprimierend und zerstörerisch. Um so notwendiger sind solche Visionen.

Links und rechts vom Eingang in das Turmzimmer vor den drei Meter dicken Mauern "wachen" zwei Frauen, die weltweite Symbole der Frauenfriedensbewegung sind. Angela Y. Davis, Bürgerrechtlerin, Professorin und Schriftstellerin aus den USA, und Leyla Zana, Parlamentarierin aus Kurdistan.
Beide Frauen sind wegen ihres Engagements für Frieden und Verständigung, Emanzipation von Frauen und gegen Rassismus ins Gefängnis gekommen, beide wurden durch die Todesstrafe bedroht. Sie stehen für die Schönheit und die Kraft des Widerstandes.

Frauen ins Militär?
Nein, danke!

Greenham Common

"Wenn die Männer das Haus verlassen, um Krieg zu machen, müssen die Frauen das Haus verlassen, um Frieden zu machen!"

Im Juni 1981 begann der erste große Frauenfriedensmarsch von Kopenhagen nach Paris. Tausende Frauen, Kinder und Männer liefen 1.400 km zu Fuß, um für ein atomwaffenfreies Europa zu demonstrieren. Eine kleine Friedensgruppe von Frauen aus Wales hörte davon. Sie beschlossen, einen Friedensmarsch von Wales zur Cruise-missile-Basis Greenham Common, im Südwesten von England, zu machen. Als sie dort ankamen, beschlossen einige der Frauen, so lange nicht wieder nach Hause zu gehen, bis die Atomraketen dort abgezogen seien. Sie begannen, die Basis zu belagern, stellten Zelte an allen acht Toren auf. Am 10. Dezember 1982 kamen 30.000 Frauen nach Greenham, um die Basis zu "umarmen". "Arms are for linking!" Arme sind zum Umarmen! sagten die Frauen. Im Englischen hat das Wort "arm" die doppelte Bedeutung: Arm und Waffe. Sie verwandelten den 14 km langen Zaun, der den Tod bewachte, in einen Zaun des Lebens. Kinderkleidung, Blumen, Spielzeug, Wünsche wurden in den Zaun hineingeflochten.

Frauen ins Militär? – Nein, danke!

Nun sollen wir Frauen das letzte "Berufsverbot" für Frauen durchbrechen und auch in die Armee gehen, uns auch "die Institutionen der Gewalt" erobern, wie die Militärsoziologin Ruth Seifert sagt, und sie versteht das positiv. Wir sollen der

Ramboisierung einen weiblichen Touch geben, dem großen Bruder USA folgen.
Die ganze Debatte um Frauen ins Militär wird auf der Ebene formaler Gleichheitsvorstellung, unter totaler Abstraktion des Inhaltes, mit dem wir gleich werden sollen, geführt. Der Inhalt dieser Gleichheit heißt: Krieg und nicht Karriere von einigen Frauen und Männern in den reichen Ländern. Wir haben beschrieben, dass bei den heutigen Kriegen 80% - 90% der Ermordeten Frauen und Kinder sind. Sind die Frauen irrsinnig geworden, sich jetzt auch dazu ausbilden zu lassen, dem "Vaterland zu dienen" und Frauen und Kinder anderer Länder abzuschlachten?

Wir erklären eindeutig und unmissverständlich: Wir sind als Pazifistinnen genau so gegen Männer im Militär! Wir sind für die Abschaffung allen Militärs.
Viele junge Frauen, die sonst so gut wie keine Chance auf qualifizierte Berufe haben, fallen auf das Gerede von der Armee als Ort von "Freiheit und Abenteuer" und den "großen humanitären Aufgaben der Armeen und der NATO" herein und kämpfen dafür, in diese Militärmaschinerie aufgenommen zu werden.

Es entspricht nicht unseren Vorstellungen von Emanzipation und Gleichberechtigung, dass wir Frauen jetzt bald an führender Stelle der Militärmaschinerie NATO dabei sein "dürfen"! Diese Militärmaschinerie, deren Budget für anderthalb Tage dem Jahres-Budget der Vereinten Nationen einschließlich aller Hilfsprogramme gegen Hunger und Krankheit und der friedenserhaltenden Maßnahmen entspricht. Wir empfinden das als Perversion der Vorstellung von Gleichheit. Wenn schon Gleichheit, dann sollen sich die Männer an uns orientieren, keine Frau, kein Mann in die Armeen! Auflösung der Armeen!
Emanzipation heißt nicht die Nachahmung männlicher Dummheit.

Die Pentagramm-Aktion in den Niederlanden

Am 12. Mai 1986 trafen sich Tausende von Frauen in Den Haag, um mit ihrer Women's Pentagramm Aktion Zeichen zu setzen. Das Pentagramm spielt in vielen Mythologien ein Rolle, ist Symbol für Feuer, Wasser, Luft, Erde, Äther. In dieser Frauenaktion symbolisierte das Pentagramm: Trauer, Wut, Kraft, Widerstand, Visionen.
Im Manifest heißt es(in Auszügen):

"Wir sind Frauen jeden Alters, jeder Richtung, Herkunft und Religion.
Wir fürchten um unser Leben, um das Leben dieses Planeten, der Erde, der Kinder.

Wir trauern.
- Wir trauern um die Frauen, die Opfer von Gewalt, Vergewaltigung und Unterdrückung sind.
- Wir trauern um das unnötige Sterben von Frauen, Kindern und Männern durch Waffen und Folter, Strahlung, Hunger.
- Wir trauern um das Sterben der Wälder, der Seen und Flüsse, von Wärme und Zuwendung, Offenheit und Vertrauen.

Wir sind wütend.
- Wütend über die Ohnmacht des einzelnen Menschen.
- Wütend über die auf Macht und Prestige gerichtete Haltung von Herrschenden, die eiskalte Arroganz und Zynismus derer, die die Macht haben.
- Wir sind wütend über die Manipulation von Tatsachen wie Waffenhandel, Wirtschaft, Umwelt und Sicherheit, über den Missbrauch

der 3. Welt zugunsten unserer wirtschaftlichen Interessen.

- Wir sind wütend über den Mißbrauch und die Verschwendung von Geld, Gütern und Energie, den Materialismus als Norm.

Wir erkennen in einander eine enorme Kraft.

- Verbunden mit den vielen Frauen, die vorangingen, fühlen wir uns stark und aufrecht. Aufrecht in der Welt technokratischen Denkens, in der das Gefühl mißachtet wird.
- Miteinander fühlen wir wieder festen Grund unter unseren Füßen, Raum und Wärme.

Wir leisten Widerstand.

- Wir widersetzen uns der Übermacht von Öl und Gold.
- Wir widersetzen uns festgerosteten Strukturen und stereotypen Begriffen, die nicht durchdacht, nicht untersucht sind.
- Wir widersetzen uns der Lüge, daß Waffen Konflikte lösen können, gegen das gespaltene Denken von Abschreckung und Drohung.

Wir haben Visionen.

- Wir wollen in einer Welt leben, in der es genügend Nahrung für alle gibt.
- Wir wollen in einer Welt leben, in der jeder Mensch einen sinnvollen Beitrag leisten kann, in seiner Arbeit, seiner Kreativität, in der Entspannung.
- Wir wollen, daß jede und jeder die Beziehung zwischen dem militärisch-industriellen Komplex, dem Rüstungswettlauf, zwischen Unterentwicklung und Aufrüstung, zwischen Frauenbewegung und Friedensbewegung sieht."

In der Mitte des Turmes steht ein Küchentisch. Er soll Symbol dafür sein, daß viele Frauenprojekte und Ideen für Frauenfriedensaktionen an Küchentischen entstanden sind. Wir führen Verhandlungen und mischen uns ein.

Ellen Diederich

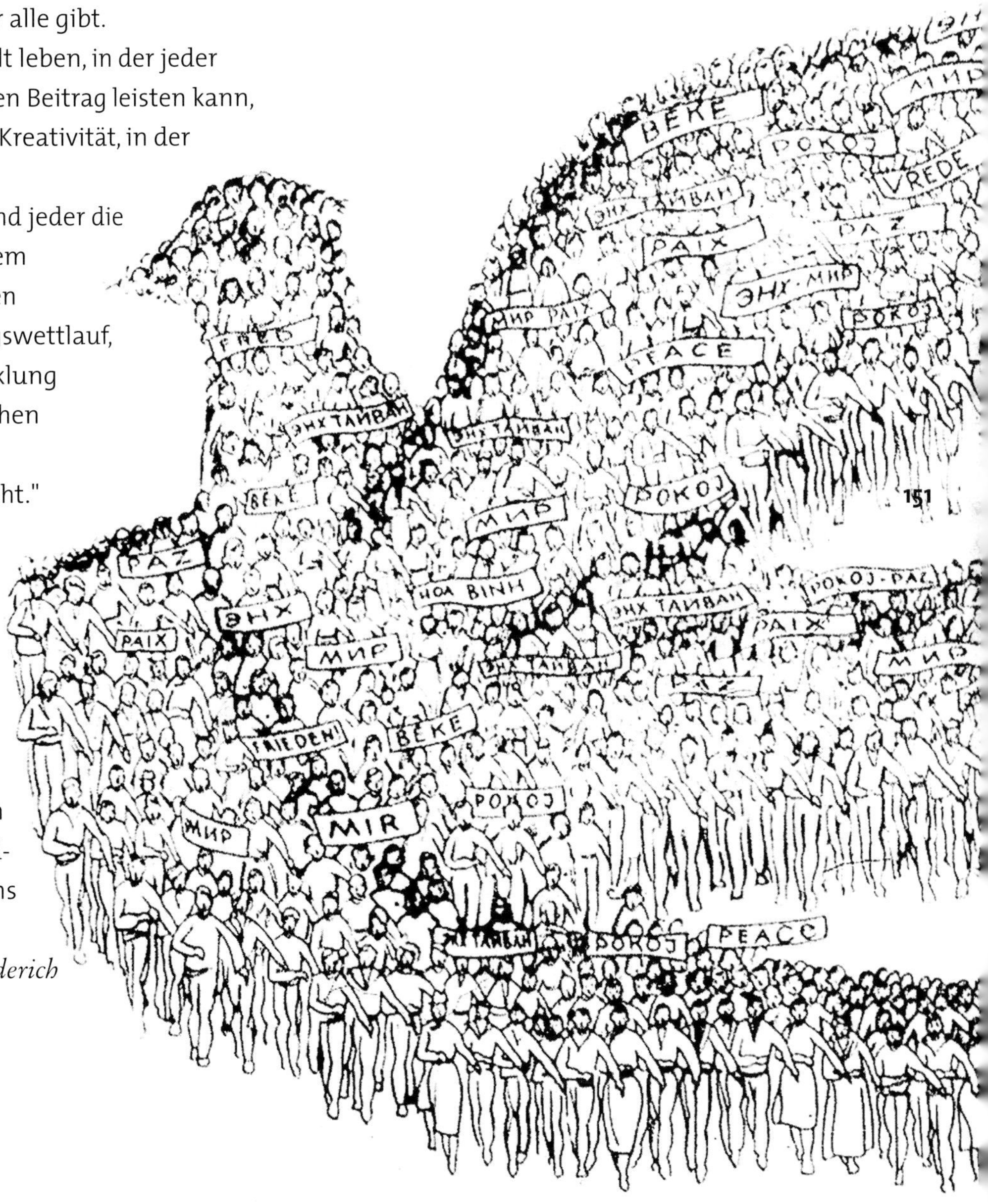

...Spaß am Frieden

Wie erleben Kinder Frieden?

"Das Kind erfährt die Welt in konzentrischen Kreisen, Mittelpunkt ist der Intimbereich der Familie. Von hier aus erfolgt sein Ausgriff in die Welt, hierin kann es sich jederzeit zurückwenden. Zu jeder Gemeinschaft, an der das Kind teilnimmt, gehört ein räumlich abgegrenzter Bereich: in ihn einzutreten heißt, Menschen zu begegnen. Kontakt mit Menschen setzt Eintritt in die räumliche Konfiguration der Gesellschaft voraus." *(Elisabeth Pfeil: Das Großstadtkind. München / Basel 1965)*

Überlegungen zum Friedenspfad für Kinder

Die Landesausstellung, die Grundstein für ein zukünftiges Friedensmuseum sein soll, entsteht nach dem Grundverständnis, dass sie erst gelungen ist, wenn BesucherInnen sie für sich produktiv nutzen können. Dies ist eine große Herausforderung, da jeder anderes Vorwissen mitbringt, andere Interessen hat, sich unterschiedliche Wahrnehmungsweisen angeeignet hat (lesen, hören, sehen, mit den Händen agieren, sprechen etc.), unterschiedlich viel Zeit in der Ausstellung verbringen will und weitere Unterschiede mehr. Anstatt es jeder/jedem recht machen zu wollen, werden unterschiedliche Zugangsmöglichkeiten geschaffen, wird Wahlfreiheit angeboten.

Da besonders auch Familien mit der Ausstellung angesprochen werden sollen, und da Frieden der Zukunft für und mit den Kindern von heute "gemacht" werden muss, entstand die Idee eines Friedenspfades für Kinder. Kinder wählen spontan und wissen selber sehr schnell, was sie anspricht und was nicht – selten ist es das Gleiche wie bei Erwachsenen. Entweder hängt ein Bild zu hoch, ist der Inhalt im Vergleich zur Lebenswelt des Kindes nicht relevant, ist die Aussage zu kompliziert, ist zu viel Text zu bewältigen, oder anderes hindert sie am Wahrnehmen.

> *Kinder wählen spontan und wissen selber sehr schnell, was sie anspricht und was nicht.*

Lange haben wir uns mit der Problematik beschäftigt, wie man sich mit Kindern über das so abstrakte Thema "Krieg oder Frieden" verständigt. Sicherlich kennt jedes Kind Gewalt, wobei es weder darum gehen kann, die Gewalterfahrungen zu reproduzieren oder gar derartig aufzurühren, dass sie in diesem Rahmen nicht aufgefangen werden können. Noch darf Gewalt nur moralisierend verdammt und damit verdrängt werden. Daher legen wir Wert darauf, viele Möglichkeiten der konkreten Auseinandersetzung auf der Ebene des Konfliktthemas anzubieten. Wir möchten, dass die Kinder an vielen verschiedenen Stationen eines Friedenspfades, der sich durch die ganze Ausstellung zieht, erleben und erfahren, wie spannend Frieden spielen sein kann, dass das viel schöner ist als Krieg spielen.

Diese Absicht verfolgen wir auch mit den "Buntlingen". Bei diesem Maskottchen finden sowohl Harmonie- als auch Aggressionsbedürfnis in einer Figur Eingang. Es war uns wichtig, nur eine Figur anzubieten und nicht eine gute und eine böse. Nur so kann die Einsicht gestärkt werden, dass mehrere Seelen in einer Brust streiten und man sich nicht auf Sündenböcke außerhalb sich selbst zurückziehen kann. Außerdem wollten wir nichts Statisches, Starres schaffen, sondern etwas Gestaltbares. Die gefundene Lösung ist eine Figur mit zwei Enden, in die man mit den Fingern hineinschlüpfen kann. Hält man unser Maskottchen in der Hand, so unterstützt es leicht Selbstgespräche des mit ihm spielenden Kindes/Erwachsenen, oder es erleichtert ein gemeinsames Spiel mehrerer Beteiligter mit mehreren Figuren, die unterschiedlich farbig gestaltet sind. Kinder nehmen das Maskottchen mit. Das Maskottchen geht mit den Kindern mit.

Der Friedenspfad für Kinder

Für den Friedenspfad für Kinder, der sich - mit Ausnahme des Gewaltkellers - durch die ganze Ausstellung zieht, haben wir fünfzehn Stationen entwickelt:

• ***Station 1:***

Die Buntlinge kommen! – Comicwerkstatt

Die Station 1 befindet sich im Container im Eingangsbereich. Die einzigen Erwachsenen sind hier die BetreuerInnen. Sie erklären den Kindern die Station, wie sie "geht". Sie verteilen das Material und helfen bei Fragen weiter. Was tun die Kinder? Sie sitzen an Tischen und zeichnen Comicfiguren oder sie schieben an einer Magnetwand haftende Comicfiguren herum und basteln so an einer Geschichte. Andere schreiben Sätze und Wörter in leere Sprechblasen oder ordnen bereits vorhandene neu. Hier tut sich viel, in kurzer Zeit, kurzweilig. Viele bleiben länger, erfinden gar eine neue, eigene Geschichte! Immer wieder ist von Aussprache und Streit, von Grenzen der Gewalt und ihrem Überschreiten im vorgegebenen Comic die Rede, überspitzt formuliert, in einer Sprache, wie sie Kindern vertraut ist. In der Comicwerkstatt können sie sich damit auseinandersetzen, in eigenen Worten und Bildern.

• ***Station 2:***

So ein Theater! – Stegreifbühne

Für kleine theatralische Improvisationen werden Requisiten zu verschiedenen Themen zur Verfügung gestellt. Im Rollenspiel sollen Interaktionen zwischen Kindern gefördert und dabei Spielregeln sozialen Verhaltens erfahren und gelernt werden.

Gewalt darf nicht moralisierend verdammt und verdrängt werden.

• ***Station 3:***

"Frieden ist für mich..." – Malatelier

Hier sollen nicht nur die momentanen BesucherInnen "etwas davon haben", sondern auch die nachfolgenden. Das heißt: Sowohl der Prozess als auch das Ergebnis sind wichtig. Gedacht ist an eine große Leinwandrolle, waagerecht aufgelegt, wo Visionen des Friedens gemalt werden können – alleine oder gemeinsam, als Einzelbild oder als Fortsetzung des vorherigen usw. Mit jedem Tag wird die Seite der bemalten Rolle dicker, die unbemalte dünner. Am Ende der Ausstellung gibt es ein großes Fest, wo unter anderem diese Bilder, in Quadratmeter geschnitten, ersteigert werden können. Der Erlös kommt der Errichtung des Friedensmuseums zugute.

• ***Station 4:***

"Tribunal der Tiere" – Eine Umwelt-Geschichte

In der anschaulichen Sprache der Comics wird hier erzählt, was der Mensch der Natur antut. Tiere und Pflanzen sitzen über die Umweltsünden der Menschen zu Gericht. Zum Obersten Richter wurde der Maulwurf ernannt, weil er tief an die Wurzeln geht, ohne Ansehen der Person urteilt und weise Recht spricht. Er gibt den Menschen und der Natur eine Chance, wenn... Dass Anklage und Urteil bei den Menschen ankommen und von ihnen verstanden werden, dafür sorgt als Identifikationsfigur ein kleines, aufgewecktes Mädchen, das der Gerichtsverhandlung und der Urteilssprechung beiwohnt, einen Dolmetscher zur Seite hat und mit einem Handy ausgestattet ist.

Anja Nolte

• ***Station 5:***

Wütend, na und? – Toberaum

Kinder brauchen Bewegung – ein Bedürfnis, das in Ausstellungen meist zu kurz kommt. Trotz enger Räumlichkeiten wollen wir diesem elementaren Drang Rechnung tragen: In einer Tobekammer mit Matratzen und Boxsäcken können Kinder Aggressionen "abführen", solange es nicht gegen Menschen geht.

• ***Station 6:***

Mach (k)ein Gesicht – Mimiken in Bewegung

In Fotos mit Kindermimiken, die verschiedene affektive Befindlichkeiten ausdrücken, wird ein Bewegungs- bzw. Wackeleffekt eingebaut, der Gesichtsausdruck verändert sich mit dem Blickwinkel des Kindes.

• ***Station 7:***

Was gibt`s Neues? – Nachrichtenstudio

Wie kann man mit der täglich produzierten Menge von Nachrichten umgehen, insbesondere mit Informationen über Konflikte und Kriege? Ein "Studio" bietet die Möglichkeit zu erleben, wie Nachrichten entstehen. Aktuelle Nachrichten werden von den Kindern selber verarbeitet. Die daraus entstehenden "neuen" Nachrichten sind für die nachfolgenden Kinder interessant.

• ***Station 8:***

"Wieder zu Hause?"

– Fotos von Kindern aus dem Kosovo

Wie Kinder nach den – teils traumatischen – Erlebnissen im Kosovo-Krieg mit ihrem Nachkriegs-Alltag fertig werden, dokumentieren authentische Fotos. Diese wurden im Herbst 1999 von den Kindern selber mit Einwegkameras aufgenommen. Die Motive zeigen nicht nur verheerende Zerstörungen, sondern bekunden auch den Mut zum Lachen, ein bisschen Optimismus und Hoffnungsschimmer: Die bunten Luftballons dürfen frei in den Himmel steigen.

• ***Station 9:***

Die Anderen verstehen

– Ein multikulturelles Puppenspiel

In einem Puppenhaus mit Puppen unterschiedlichen Geschlechts und Alters, verschiedener Hautfarbe und Herkunft können Kinder Szenarien des sozialen Zusammenlebens entwickeln und Rollen erproben, dazu Geschichten erzählen und Projektionsflächen finden, sich integrieren und identifizieren, aber auch abgrenzen und darüber diskutieren. Ziel ist es, Toleranz einzuüben.

• ***Station 10:***

"Ich wünsche mir..." – Ideen zum Frieden

Kinder haben sehr fantasievolle und genaue Vorstellungen vom Frieden. Diese können sie in Bilder oder Sprüche umsetzen, die wiederum von anderen Kindern fortgesetzt werden können, so dass eine lange Friedensgeschichte entsteht, die nie aufhört, immer im Werden ist – ein Prozess wie der Frieden selbst.

• ***Station 11:***

Kinder haben Rechte – ein Baukasten

Im Raum der Menschenrechte lernen Kinder ihre ganz persönlichen Rechte kennen. Spielerisch sammeln sie Erfahrungen, wie die Rechte in ihrem Alltag und in anderen Ländern beachtet und umgesetzt werden, wo sie missachtet werden, wo und wie sie verbessert werden müssten.

• ***Station 12:***

... um die Welt – Die UNO im Spiel

Stellen Sie sich vor, ein Zehnjähriger, sein Vater und eine Zwölfjährige mit ihrer Tante sitzen an einem Tisch vor einer Brettspiel-Landschaft. Sie schieben Spielfiguren hin und her, und immer wieder springt eine/r auf, geht im Ausstellungsraum herum, um hier oder dort etwas anzuschauen. Kurz darauf zurückgekommen, entspannt sich ein kurzes Gespräch zwischen den SpielerInnen. Jetzt kommt er/sie auf die Antwort. Jetzt kann der nächste Zug getan werden. – Themen rund um die UNO finden so ins Spiel und (vielleicht) ins Bewusstsein.

Wir wollen keine Sensationen bieten, aber zu neuen Erfahrungen anregen.

• ***Station 13:***

Auf der Suche nach... – Im Reich der Sinne

Ein Automat enthält Kugeln, in denen Zettelchen versteckt sind. Auf diesen stehen Dinge, die sich in dem Raum "Sinneswelten des Friedens" befinden. Vielleicht ist man schon achtlos oder verständnislos daran vorbeigegangen. Doch jetzt werden die eigenen Sinne geweckt. Man begibt sich auf die gezielte Suche nach dem Objekt, entwickelt Interesse, fragt nach, lernt Neues kennen. Die Kinderstation will hier die Kommunikation aller untereinander anregen und das Schauen schärfen

• ***Station 14:***

Es wird einmal ... – Eine Leseecke

Im "Salon des Friedens" haben die Kinder eine eigene kleine Leseecke. Hier haben sie die Möglichkeit, in preisgekrönten Bilderbüchern zu stöbern und in die bunte, spannende Welt des Friedens einzutauchen. Hier entdecken sie schwarz auf weiß vieles von dem wieder, was sie vorher auf den anderen Stationen bereits erlebt und erarbeitet haben. Hier können sie die Erfahrungen in Ruhe verarbeiten und auf sich wirken lassen. Und daraus Lehren ziehen für morgen, für eine friedliche Zukunft – und was man selber dazu beitragen kann.

• ***Station 15:***

"Dear Mr. President" – Die Peace-Bird-Aktion

Äußerst lebendig, bunt und international geht es in einer kugelförmigen Installation zu: Hier melden sich Kinder rund um den Erdball zu Wort. Sie nahmen Mitte 1980 an der weltweiten Aktion "Peace Bird" teil, um – zur Zeit des Kalten Krieges – an die damaligen Präsidenten der USA und der Sowjetunion, Reagan und Gorbatschov, zu schreiben: nach dem Motto "Hört auf mit dem Quatsch!"

Etwa 250.000 Briefe sind damals eingegangen, häufig, schon auf dem Umschlag sichtbar, mit ausdrucksstarken Illustrationen versehen, die alle – egal aus welchem Erdteil sie stammen – eine eindeutige Sprache sprechen: "Frieden ist das Schöns*de*." - eine Sprache, die jedes Kind versteht und zu der es seine ganz eigenen Vorstellungen entwickelt oder auf dem Friedenspfad schon entwickelt hat.

Den Friedenspfad bestimmende Faktoren

Die Beispiele zeigen die vielschichtigen Aspekte, die der Konzeption des Friedenspfades für Kinder zugrunde liegen. Da auch Kinder sehr unterschiedlich sind, wird innerhalb der Stationen oft stark variiert. Dabei kommen mehrere Merkmale zum Tragen:

Alter
Kinder entwickeln sich unterschiedlich schnell, so dass eine klare Zuordnung – welches Angebot für exakt welches Alter? – nicht sinnvoll ist. Unsere Konzeption richtet sich an Kinder von etwa 6 Jahren bis 12 Jahren. Wichtiger ist, dass sich die Kinder selber entscheiden, was ihnen zusagt und was nicht. Kompliziertheitsgrade gibt es nicht nur von Station zu Station, sondern auch innerhalb der Stationen, wie das Beispiel der Comic-Werkstatt zeigt.

Allein – unter Kindern – mit Erwachsenen
Manche wollen gerne alleine an etwas tüfteln, sich vertiefen oder nur schauen. Andere reden gerne und sind froh über Gesprächspartner. Also werden Möglichkeiten für alleiniges Erforschen wie auch für mehrere Personen vorgesehen. Dabei werden wiederum sowohl Interaktionen zwischen Kindern angeregt wie auch Erwachsene miteinbezogen.

Betreut oder selbstständig
Viele Stationen sind so gedacht, dass sie ohne zusätzliche Erklärung zu nutzen sind. Manche Stationen bzw. ganze Räume brauchen hingegen fachkundige Betreuung. Dahinter steckt nicht nur das Bemühen um ökonomischen Einsatz des Materials – in den Werkstätten etwa –, sondern vor allem die Überzeugung, dass die Auseinandersetzung mit einem Thema, mit anderen Meinungen, anderen Zugängen besonders intensiv und nachhaltig verläuft, wenn darüber diskutiert wird, wenn Zeit damit verbracht wird, sich auch auf andere einzulassen. Besucherbefragungen ergeben immer wieder, dass personale Vermittlung mit Abstand die größte Nachhaltigkeit erzeugen kann. Diese kann am besten jemand gewährleisten, der/die situationsbezogen die Anwesenden miteinander in Interaktion bringt, der/die das Thema und die Idee des Raumes verkörpert und lebendig unter die Interessierten bringt.

Wahrnehmung – Sinne – Ästhetik
Wie oben bereits angesprochen, hat jeder unterschiedlich ausgeprägte Zugänge der Wahrnehmung und verschiedene Begabungen sich auszudrücken. Darauf wird Rücksicht genommen, indem eine Vielfalt von ästhetischen Sprachen zur Anwendung kommt: theatralisch-dramatisches Spiel, zeichnen, großflächig farbig malen, mit Papier falten, Haptisches, miteinander reden etc.

Über die Landesausstellung hinaus gehende Überlegungen

Ein Orientierungsplan für Kinder hat andere Funktionen als einer für Erwachsene. Selten wird sich ein Kind eine bestimmte Station anhand

Anja Nolte

eines Planes suchen. Vielmehr geht es um einen Überblick über bereits Besuchtes und noch Kommendes. Zusätzlich ist der Plan als Erinnerungsstütze gedacht, indem er als Spielfeld zu Hause zum weiteren Benutzen einlädt. Dabei wird vielleicht auch dem Nachbarkind oder der Oma zu Hause ein bisschen erzählt, wie es in der Ausstellung war. Neue BesucherInnen werden im besten Fall neugierig gemacht.
In der Ausstellung benutzt das Kind den Plan, indem es bei allen bereits besuchten Stationen in ein nach dem Adventskalenderprinzip zu öffnendes Fensterchen eine Erinnerungsskizze malt – ein Detail, eine Assoziation, ein Wort. Sind alle Fenster offen und bemalt, ist sich das Kind sicher, alle Stationen erlebt zu haben. Am Ausgang erhält es ergänzende Spielregeln, mit denen der Plan zu einem Spiel für zu Hause wird.

Wir haben die Merkmale und einige Beispiele "unseres" Friedenspfades für Kinder in der Landesausstellung skizziert. Vieles (mehr) haben wir angedacht, nicht alles ließ sich verwirklichen. Aber bis zum Museum – im kommenden Jahr – werden wir mehr davon umsetzen können. Sind wir damit auf dem richtigen Weg?
Sieht man sich die Tradition von Landesausstellungen in Österreich an, so ist die durchgängige Beachtung der Kinderperspektive mit eigenen Stationen durchaus einmalig. Bekannt sind steigende Bemühungen um Kinder im Bereich der personalen Vermittlung. Ebenso gibt es bereits viele Landesausstellungen, die eigene Kinderkataloge herausbringen. Eigene, in die Ausstellung integrierte Räume sind allerdings selten. Die Landesausstellung "Meinhard II - eines Fürsten Traum", die grenzübergreifend in Stams, Nordtirol, und Schloss Tirol, Südtirol, 1995 stattgefunden hat, integrierte etwa vier Stationen für Kinder. Beispielsweise konnte in einer Schreibwerkstatt das Schreiben mit Federkiel oder mit Wachstafeln ausprobiert werden. In der oberösterreichischen Landesausstellung "Land der Hämmer. Heimat Eisenwurzen" in Weyer 1998 gab es zwei in die

Ausstellung integrierte Räume für Kinder und Schulklassen sowie ein Jugendatelier, das Schulklassenprojekte rund um das Thema darstellte. In einer Höhle wurde ein Aktionsraum eingerichtet, in dem Ausstellungsinhalte vertieft wurden. In einer Besucherwerkstatt konnten sinnliche Erfahrungen mit Eisen gemacht werden, z.B. durch das Stanzen von Namen.

Hingegen ist in den 80er und 90er Jahren im deutschsprachigen Raum ein Boom in der Entstehung von Kindermuseen zu beobachten. (In Amerika ist diese Institution bereits über hundert Jahre alt). Sie versuchen, für Kinder der unterschiedlichen Alters Erfahrungs- und Erlebnisräume zu schaffen, wobei benutzbare Objekte und Installationen eine wichtige Rolle spielen. (Im Wiener Kindermuseum ist derzeit auch ein Kleinkinderbereich geplant). Dabei geht es meist nicht nur um den Selbstzweck der Aktivität, sondern ein Thema bestimmt die jeweilige Ausstellung (z.B. Angst, Ghana, Stadt oder auch das Werk eines Künstlers, einer Künstlerin, wie es das Wilhelm Lehmbruck Museum in Duisburg seit bald 20 Jahren praktiziert). Wir können also auf fundierte Erfahrungen aus Praxis und Theorie zurückgreifen. Bei der Neugestaltung von größeren Museen ist es inzwischen üblich, Aktiv-Zonen oder Ateliers für Kinder einzurichten (z.B. Science Museum London, Naturwissenschaftliche Sammlungen Winterthur, Technisches Museum Wien). Diese werden meist auch von fachkundigem Personal betreut, so dass die Räumlichkeiten den Möglichkeiten und Bedürfnissen der BenutzerInnen aufgrund von Beobachtungen und Erfahrungen immer wieder angepasst werden können. Seltener finden sich in die gesamte Ausstellung integrierte Wahrnehmungsinseln oder Aktivmöglichkeiten für Kinder. Eine zeitlang wurden gerne Hands-on-Objekte oder auch Knöpfchen-drück-Objekte einbezogen, und man wähnte das Potenzial, etwas für Kinder zu tun, als erschöpft. Nun geht die Diskussion dahin, dass auch Mind-on-Aktivitäten nicht unterschätzt werden dürfen, da sich nicht alles sinnvoll in Hands-on-Angebote umsetzen lässt.

Wir wollen nicht nur Kinderräume schaffen, sondern die Interaktion aller Familienmitglieder fördern.

Lassen wir den Blick zurück in die Burgenländische Landesausstellung schweifen, liegen die Unterschiede der genannten Beispiele zu den in eine grosse Ausstellung integrierten Stationen eines Kinderpfades auf der Hand. Häufig spielen Angebote für Kinder nur eine sehr untergeordnete Rolle und prägen nicht den gesamten Ausstellungsverlauf. In einem Kindermuseum hingegen ist der Raum ausschließlich oder zumindest vorwiegend für Kinder definiert.

Anders beim beschriebenen Friedenspfad für Kinder: Hier geht es nicht nur darum, Kinderräume zu schaffen, sondern auch die Interaktion von Erwachsenen mit Kindern (Begleitpersonen, BetreuerInnen) zu fördern. Dabei stehen nicht allein die Kinderinteressen im Vordergrund, da sich der Hauptteil der Ausstellung an Erwachsene richtet. Vielmehr tragen wir uns mit der Hoffnung, dass in diesem Angebot jedes Mitglied einer Familie oder einer anderen gemischten Gruppe etwas Interessantes, Neues und Wiedererkanntes für sich findet - und zwar gleichzeitig, so dass sie darüber untereinander und miteinander reden können.

Sara Smidt

Anja Nolte

...viele Kulturen – eine Welt

Wie schliessen Wir Frieden mit Anderen?

Seit dem frühen 20. Jahrhundert haben namhafte Ethnologen und Sozialwissenschafter begonnen, die symbolische Bedeutung jeglicher sozialer Kommunikation in modernen Gesellschaften und deren Beitrag für den Zusammenhalt und die Solidarität der Gruppe, auf die sie sich bezieht, zu analysieren. Aus diesen Untersuchungen wissen wir, dass nonverbales Verhalten immer Teil unseres Kommunikationsprozesses ist. Nach dem Sozialanthropologen Edward Hall verlaufen rund 60% unserer gesamten Kommunikation "nonverbal" – ohne Worte. Die Gestik und das gesprochene Wort können (aber müssen nicht) einander beeinflussen und von einander abhängig sein. Oft ist daher die körperliche, nichtverbale Sprache nur in ihrem jeweiligen kulturellen Umfeld verständlich. Gestikulieren mit Armen, Beinen, Körperhaltung oder Gesichtszügen verlangt in der jeweiligen Kultur oft wortloses Akzeptieren. Sie setzt sprachloses Verständnis gegenüber normierten Verhaltensmustern voraus.

Die Symbolsprache

Im alten Tibet wurde Fremden oder auch im Range höher stehenden Personen eine uns eher seltsam anmutende Form der Begrüßung entgegengebracht. Anstatt eines Handschlages oder einer Verbeugung wurde dem Ankommenden die Zunge gezeigt. Dieser musste dieses Begrüßungsritual in derselben Form erwidern. Verstehen wir eine solche Gestik als Zeichen von Hohn und Spott, so galt sie im alten Tibet als Erweis eines ehrfürchtigen und höflichen Grußes. Anhand dieser kleinen Szene möchten wir demonstrieren, dass es unterschiedliche Symbolsprachen auf der ganzen Welt gibt. Eine bestimmte Ausdrucksform kann, je nach kulturellem Kontext, eine unterschiedliche Bedeutung haben. Und umgekehrt können verschiedene Ausdrucksformen denselben Inhalt vermitteln. Eine erste und elementare, friedliche Kontaktaufnahme unter Menschen ist sicher das Grüßen, das Begrüßen. Begegnen sich zwei Personen, die einander noch fremd sind, wird das oftmals als ein eher feindliches Moment empfunden. Nicht ohne weiteres wird das "Sich Grüßen" als ein Beschwichtigungsakt verstanden, der derlei "Fremdenfeindlichkeit" aufheben soll.

Mimik und Gesten sagen oft mehr als Worte.

Durch die Körpergestik entsteht daher ein Ausdruck, bei dem zwischen der wahrgenommenen Erscheinung der körperlichen Außenwelt und der seelischen Innenwelt ein Zusammenhang aufscheint. Der Ausdruck ist Teil und Mittel zur Selbstdarstellung, unterliegt aber zum Großteil kulturellen Normen und wird auch von unbewussten Idealbildern bestimmt. Gesten mit bloß regionaler Bedeutung kann man in anderen Kulturen zu verstehen versuchen (oder auch missverstehen), und zwar durch einen interkulturellen Lernprozess. Durch die Entwicklung vermehrter Sensibilität für Körpersprache, durch Achtung, Beachtung und Bedeutungsbeimessung der Körpersprache, kann es auch zu einer Sensibilisierung des gesprochenen Wortes kommen, was wieder ein genaueres, aufmerksameres Zuhören bedingt.

Der Gruß mit den Augen

Blicke haben in allen Kulturen etwas zu bedeuten. Doch bringen kulturelle Unterschiede oft auch „andere Blicke" hervor.
In der westlichen Welt schaut man sich in die Augen. Das Blickritual zwischen einander be-

Foto: Brenne-Wegener

kannten Menschen dauert im Durchschnitt zwei bis vier Sekunden, je nach Situation auch kürzer oder länger. Die Konfrontation ist ein Spezifikum der westlichen Welt. Wer bei einer Gegenüberstellung dem direkten Blickkontakt ausweicht, entzieht sich der Verantwortung und erweckt den Eindruck, etwas zu verbergen, ein schlechtes Gewissen zu haben, sich zu schämen oder zu lügen. Denn sonst würde man sich ja stellen. Demut oder Unterwerfung bedeuten im Westen vielfach Selbsterniedrigung oder Selbstverleugnung.

Anders verhält es sich in Kulturen, die diese Aug-in-Aug-Konfrontation als auf- und zudringlich empfinden. So gilt es unter den gegebenen historischen und religiösen Bedingungen im "Orient" als schamlos und überheblich, wenn Frauen den Männern direkt in die Augen blicken. Aus diesem Grunde richten sie ihren Blick zu Boden. Schauen sie jedoch auf, so ist das ein starkes individuelles, intensives und emotionales Signal. Männer untereinander hingegen halten im Mittelmeerraum und in den arabischen Ländern meist einen sehr viel längeren Blickkontakt.

Wiederum anders verhält es sich großteils im afrikanischen Raum. Hier wird es als unhöflich empfunden, wenn man einem Menschen, den man schätzt, ehrt und respektiert, in seine Augen sieht. Während man mit ihm spricht, sieht man an ihm vorbei oder zur Seite. Diese Tugend gilt als Gebot des Anstandes und der Höflichkeit und nicht als Zeichen von Unterwerfung wie im europäischen Sinne. Damit sollen nicht Schwäche, Verlegenheit oder Unterlegenheit zum Ausdruck gebracht werden, sondern Bescheidenheit, Zurückhaltung. Nicht Konfrontation wird gesucht, sondern Kommunikation auf einer weniger konfliktträchtigen Ebene.

Handkuss und Bussi-Bussi

Neben dem Gesicht sind die Hände der sichtbarste und ausdrucksstärkste Teil unseres Körpers, ausgestattet mit präziser Handlungs- und Wahrnehmungsfähigkeit. Dass den Händen eine besondere Bedeutung – praktische wie symbolische – zukommt, ist allein schon dadurch belegt,

DE MARZO DIA INTERNACIONAL DE LA MUJER
POR LA PAZ Y LA JUSTICIA SOCIAL
DE 2 P M A 8 P M. PLAZA DE LA CULTURA

WORLD ASSEMBL
FOR PEACE AND LIF
AGAINS
NUCLEAR WA
PRAGU
JUNE 198

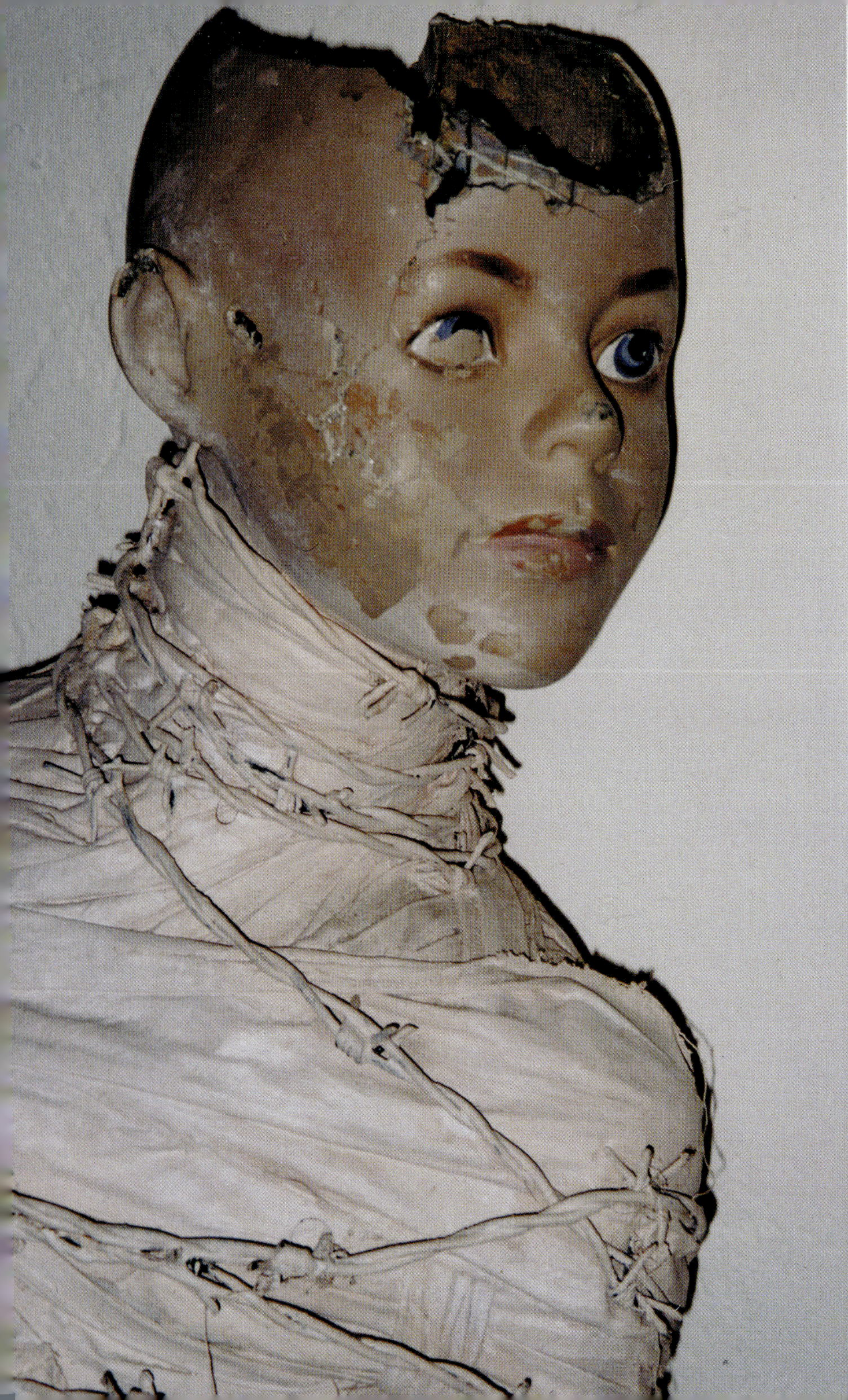

SUTTNER 1905
ADDAMS 1931
1936
1952
LUTHULI 1960
HAMMARSKJÖLD 1961
KING
1971
SATO 1974
SACHAROW
1975

dass immerhin ein Drittel unseres Großhirns nur für die Hände zuständig ist.
Unser „altmodischer" Handkuss hatte, bevor er gegen Ende des 16. Jahrhunderts über Österreich auch nach Deutschland kam, eine lange kulturhistorische Geschichte. Er war bereits im islamischen Orient ein Zeichen der Achtung und Verehrung. Die Araber brachten den Handkuss nach Spanien. Dort fand er Eingang in das sehr strenge Hofzeremoniell. Als der spanische König Karl auch deutscher König und als Karl V (1519-1556) Kaiser des Heiligen Römischen Reiches Deutscher Nation wurde, kam der Handkuss an den Kaiserhof nach Wien. Zunächst war er nur Kirchenfürsten vorbehalten. Noch heute wird der "säkulare Handkuss" gegeben, z.B. der Kuss des Kreuzes auf den Handschuh des Papstes. Sonst wird der Handkuss meist nur noch angedeutet, als besondere Ehrerbietung des Mannes gegenüber der Frau, und dies auch nur in besser gestellter Gesellschaft.
Unter guten Bekannten hat sich in den letzten Jahren bei uns in Österreich eine Sitte eingebürgert, die aus Frankreich und Russland kommt. Die Begrüßenden umarmen einander – "Bussi-Bussi" – und küssen sich auf beide Wangen.

Die freundschaftliche Umarmung

Während es in Europa und Nordamerika im Allgemeinen üblich ist, sich bei der Begrüßung in einem Abstand auf Armeslänge gegenüberzustehen, suchen Araber und Lateinamerikaner größere Nähe. Charakterisiert z.B. in Großbritannien eine nur leichte Kopfbewegung eine lockere, informelle Begrüßung, wird diese im arabischen und lateinamerikanischen Raum unter Personen gleichen Geschlechts mit einer freundschaftlichen Umarmung vollzogen. Diese ist streng ritualisiert: Zunächst wird dem Partner der Kopf über die rechte Schulter gelegt und dreimal auf den Rücken geklopft. Dann erfolgt ein Wechsel der Stellung, die Zuwendung wird linksseitig wiederholt. Diese körpernahe Prozedur hat einen historischen Hintergrund: Unter den wallenden Gewändern konnten leicht am Leib getragene Waffen verborgen werden. Mit Hilfe des gegenseitigen "Abklopfens" konnte man sein Gegenüber daraufhin unauffällig untersuchen. Auch die Römer führten ihre Begrüßungszeremonie nicht ohne Hintergedanken aus. Sie fassten sich gegenseitig am Unterarm und konnten so die Kraft des Begrüßten einschätzen.
Bei aller Verschiedenartigkeit gibt es doch einige Gemeinsamkeiten der friedlichen Begrüßung. Dazu gehören direkte Zuwendung und Körpernähe, Blickwechsel, Augengruß, Lächeln, Körperkontakt, Anbieten der Handfläche als symbolisches Zeichen oder zum Händeschütteln sowie Kopfnicken oder Verbeugen. Einige wenige, weltweit gültige, körpersprachliche Signale wie z.B. ein freundliches Lächeln oder ein zustimmendes Augenzwinkern, erleichtern es uns, mit anderen in Kontakt zu treten und unberechenbare Fremdheit zu überbrücken. Erst Körpersprache macht uns Menschen einander menschlich, nahbar und natürlich. Sie vermag es, die Kommunikationsbarrieren der nahezu sechs Milliarden Menschen, die etwa 6.000 Sprachen und Dialekte sprechen, zu überwinden.
Die "Sprachlosigkeit" der nonverbalen Kommunikation ist in ihrer Bedeutung als gleichwertig gegenüber der verbalen Kommunikation anzusehen und somit ein essenzielles Element für verstehendes Grüßen. Die Achtung der Andersartig-

Kulturelle Unterschiede bringen oft "andere" Blicke hervor.

keit des Kommunikationspartners in Sprach-, Lebens-, Brauch- und Denkkultur ist folglich ebenso notwendig wie das Zuhören- und Zusehenwollen.

Religiöse Symbole

Im Prinzip folgen die großen und kleinen Religionen der Welt in ihren symbolischen Aussagen einander ähnlichen Gesichtspunkten. Nehmen wir als Beispiel das im Buddhismus zentrale Symbol, das Mandala. In den verschiedenen Glaubenswegen des Buddhismus symbolisiert es eine Ordnung und Harmonie der Welt, welche dem Suchenden oder Gläubigen ohne viele Worte den Weg zu innerem und äußerem Frieden weist. Ein Mandala ist eine Idee, die meist in Form eines Bildes, also einer Zeichnung oder eines religiösen Wandgemäldes (Thanka) dargestellt wird. Diese Idee verknüpft die vier Himmelsrichtungen mit der Größe und Harmonie des Kosmos und den Prinzipien des Religionsstifters Buddha, um den Menschen an seine untergeordnete Rolle in der Welt zu erinnern. Nur wenn der Mensch sich in diese Ordnung einfügt und bereit ist, Natur und andere Menschen zu achten und zu lieben, kann er auch inneren Frieden finden. Wie die meisten anderen Religionen bietet der Buddhismus damit Orientierungshilfen für friedliche Umgangsformen zwischen den Menschen an. Doch besteht in fast jeder Religion auch die Tendenz, Anders- oder Nichtgläubige auszugrenzen. Das ist oft der Anlass für massive Konflikte, wie viele tragische Beispiele der Gegenwart zeigen, ob in Nordirland oder am Balkan, ob in Nahost oder Sri Lanka.

Erst Körpersprache macht uns Menschen einander menschlich und nahbar.

An dieser Stelle möchten wir aus der Sicht der Ethnologie und Kulturanthropologie eine Kritik an der Hauptthese des berühmten österreichischen Nobelpreisträgers Konrad Lorenz einfügen. In seinen Hauptwerken hat er bekanntlich die grundlegende Ansicht vertreten, dass der Mensch von Natur aus ein zutiefst aggressives und gewalttätiges Wesen sei. Die weltweiten Grußrituale versinnbildlichen jedoch, dass die Menschheit quer durch alle Kulturen nicht nur die Tendenz zur Aggressivität hat. Vielmehr steht dieser eine zweite universelle Tendenz zur Friedensbereitschaft entgegen, die im Grüßen eine ihrer elementarsten Ausdrucksformen findet.

Welche dieser beiden Tendenzen sich mit welchen Mitteln durchsetzen kann, das hängt wiederum von den jeweiligen kulturellen und historischen Umständen ab. Im Folgenden wollen wir einige Beispielen dafür anführen.

Indigene Kulturen zwischen Konflikt und Harmonie

Indigene Menschen und Völker werden bei uns vielfach "Ureinwohner" (von Amerika, Sibirien, Australien usw.) genannt. Sie bieten in ihren Kulturen gerade deshalb gute Beispiele zum Verständnis für menschliche Umgangsformen mit Gewalt und Friedfertigkeit, weil sie dem durchschnittlichen europäischen Verständnis oft "fremd" erscheinen – so fremd wie der eingangs diskutierte Zungengruß, der doch auch als eine kulturelle Variation des Altwiener Handkusses gesehen werden kann: Die Geschichte und das Schicksal der indigenen Kulturen dieser Welt führen uns nicht nur die Vielfalt menschlicher Umgangsformen mit Gewalt, Rebellion, Friedfer-

o: Brenne-Wegener

tigkeit oder Harmonie vor Augen. Sie können uns auch sehr viel über unsere eigenen westlichen Wertvorstellungen und Selbstverständlichkeiten zum selben Thema vermitteln.

Symbole wie das Mandala weisen den Weg zum inneren und äußeren Frieden.

Warum ist der Umgang mit Gewalt bei indigenen Völkern besonders faszinierend für die westliche Welt? Da beobachtet man auf individueller Ebene das rituelle Aufeinanderschlagen mit Knüppeln bei den Yanomani im Amazonasgebiet oder die Stammeskriege mit Kopfjagd bei den Nagas im Nordosten Indiens. Von der Kopfjagd bis zum Kannibalismus hebt man immer die besondere Grausamkeit der so genannten "Primitiven" hervor, um sowohl die "Überlegenheit" der vertrauteren eigenen Gesellschaft zu betonen, wie auch um sich an den verzerrt dargestellten Sitten der "Exoten" mit Schaudern zu ergötzen. Derartige Berichte wurden meist von den Kolonialmächten gezielt eingesetzt, um diese Völker als "Un-Menschen" abzuwerten, um damit zu rechtfertigen, dass auch sie unmenschlich behandelt, vertrieben, versklavt oder ausgerottet wurden. Auffällig ist, dass die Bemühungen der indigenen Völker um Frieden kaum irgendwo erwähnt werden. Wenn das doch einmal der Fall ist – wie etwa rund um das Ritual der Friedenspfeife nordamerikanischer Indianer –, dann gerät das schnell zum Klischee. Dabei gibt es eine ganze Palette von Beispielen dafür, dass sich auch die indigenen Völker immer um ein friedliches Miteinanderleben bemüht haben. Erwähnt seien hier nur der Tauschhandel oder "Kreuzheiraten" zwischen verschiedenen Verwandtschaftsgruppen, die friedliche Beziehungen förderten. Ein anderer Brauch ist der Potlach der Indianer der Nordwestküste Amerikas, wo im Rahmen eines großen Festes Reichtümer neu verteilt und damit soziale Spannungen abgebaut wurden.

Ein Beispiel für ein indigenes Friedensabkommen ist der Friedensstab, der von einer indianischen Gruppe des Amazonasgebietes einer anderen übergeben wird, um so die Aufnahme in einen größeren Stamm zu signalisieren.

Gefährliche Fremdherrschaft

In der Vergangenheit verliefen die Kontakte zwischen den Kolonialmächten und den indigenen Völkern sehr unterschiedlich. Das Spektrum reichte von direkter lokaler Kontrolle bis hin zur indirekten Bedrohung durch überlegenes Militär, von der willfährigen Unterstützung einzelner lokaler Potentaten bis zur Versklavung oder gar Vernichtung eines ganzen Volkes. Nicht selten brauchten die Kolonialmächte die Ressourcen sowie das Wissen der indigenen Völker, um sich in diesen fremden Gebieten durchzusetzen. Sie versuchten, sich durch den Tausch mit begehrten Waren, wie Waffen, Schmuck oder Alkohol, Zugang zu Gütern zu verschaffen, an denen sie selbst interessiert waren.

> *Indige Völker haben sich immer um ein friedliches Miteinander bemüht.*

Die Kolonialisierung brachte viele Faktoren mit sich, die das Leben der Ureinwohner für immer verändert haben, darunter neue und für diese Völker oftmals tödliche Krankheiten. Besonders getroffen werden die Ureinwohner durch ökologische Veränderungen, wie z.B. durch die Zerstörung der Regenwälder, wodurch nicht nur ihr Lebensraum, sondern auch ihre Nahrungsquellen bedenklich zurückgingen. Kämpfe um das pure Überleben waren die Folge, die sich oft nicht gegen die Zerstörer richteten, sondern auch in einen Kampf mit Nachbarvölkern und schlimmstenfalls innerhalb des eigenen Volkes ausarteten. Technologische Einwirkungen bewirkten auch Veränderungen innerhalb ihrer eigenen Gesellschaften. Der Besitz und Handel rund um diese neuen und nun begehrten Waren (wie etwa um Metallgeräte) führte oftmals zu neuer Gewalt. Durch den Tausch entstanden neue Allianzen, die wiederum zu Kriegen mit anderen Völkern führen konnten. In diesem Zusammenhang spielten die Kolonialmächte gerne einen Stamm gegen einen anderen aus. In Afrika z.B. wurden Sklaven einer Stammesgruppe mit Hilfe eines anderen Stammes eingefangen, wobei im Endeffekt beide Stämme für diesen Zweck benutzt wurden.

Indigene politische Strukturen sind sehr komplex. Sie können in informelle Netzwerke, Clans oder Stämme gegliedert sein. In manchen Fällen, wie bei den Azteken, war dies auch mit einheimischen Formen der Staatsorganisation verbunden. Die Kolonialmächte haben diese politischen Verhältnisse in den seltensten Fällen respektiert und anerkannt, was zu einer weiteren Destabilisierung dieser Völker führte. Für sie wiederum waren die Handlungsweisen der Kolonialbeamten meist ungerecht und unberechenbar. Das wurde z.B. durch den häufigen Wechsel der jeweiligen Beamten als Ansprechpartner gefördert, die sich an die Versprechen ihrer Vorgänger nicht hielten.

In solchen heiklen Situationen mussten die indigenen Völker oftmals pragmatische Entscheidungen treffen. Für sie war es wichtig, sowohl tolerierbare Lebensmöglichkeiten zu sichern wie ihre militärischen Verluste gering zu halten. Der koloniale Einfluss auf den sozialen Status innerhalb der indigenen Gesellschaften wird nun oft durch den Besitz besonderer Güter sichtbar, was auch Machtunterschiede anzeigt. Dadurch wurden die Bemühungen, ein Gleichgewicht im Stamm zu erhalten, wie z.B. durch den Potlach oder durch Heiratsallianzen, weitgehend untergraben.

Widerstand und neue Wege zum Frieden

Der Kolonialismus brachte für die indigenen Völker auch neue Konstellationen ihrer Kriegsführung mit sich. Sie wurden durch Druck oder durch Versprechungen von Warenlieferungen in die Kriege der Kolonialmächte einbezogen, denen es vor allem um ihre eigene Expansion in diesen Gebieten ging. Trotz ihres Widerstandes wurden die indigenen Völker früher oder später durch die militärische Überlegenheit der Eindringenden unterworfen. Die Gegenwehr nordamerikanischer Indianer in den Kriegen der USA zu ihrer Expansion ist besonders gut bekannt, wie etwa die effektiven Überraschungsangriffe der Plains-Indianer. Diese wurden sogleich als "hinterhältig" gebrandmarkt und in ihrer "indianischen Art des Angriffs" entwertet.

Die Kolonialisierung brachte Kämpfe um das pure Überleben mit sich.

Die Kolonialmächte waren ferner durch schnellen Transport und Kommunikation im Vorteil. Auch heute sind moderne Staaten weit überlegen, wenn sie gezielt und schnell in Gebiete eindringen wollen, in denen indigene Völker leben. Diese Völker haben kaum eine Chance, sich zu wehren. Außerdem sind Soldaten einer regulären Armee ersetzbar, während die Männer der Indigenen auch während der Kriege für Ernährung und Unterhalt ihrer Familien mitverantwortlich bleiben.

Trotz der ständigen Unterdrückungsversuche der Kolonialmächte und ihrer Nachfolgestaaten wächst heute eine junge indigene Generation heran, die sich verstärkt um ihre eigenen Rechte sowie um den Frieden in ihren eigenen Gebieten bemüht. Es bestehen nun nicht nur lokale, regionale und nationale Foren, in denen sich Vertreter der indigenen Völker treffen, sondern es gibt auch als Teil des Globalisierungsprozesses ein internationales Netzwerk indigener Völker.

Ein wichtiger Teil dieser Entwicklung ist die UNO-Arbeitsgruppe zum Thema Indigene Völker, die jedes Jahr in Genf zusammentrifft. Dieses Forum ist das meistbesuchte Menschenrechtsforum der UNO, wie seine 1.000 Teilnehmer im Jahr 1999 zeigen. Dort entsteht auch der Entwurf der "Deklaration über die Rechte der indigenen Völker". Diese Deklaration soll endlich ein friedliches Zusammenleben zwischen den "Ureinwohnern" und den Staaten, in denen sie leben, gewährleisten. Die friedliche Koexistenz ist in jedem Fall eine bessere Alternative.

Indigene Völker spielen damit eine wichtige Rolle zur Erhaltung des Friedens in den modernen Staaten, in denen sie leben. Sie sind sich bewusst, dass nur ein friedliches Zusammenleben und der Respekt vor den grundlegenden Menschenrechten ein harmonisches Miteinander gewährleisten. Ein eindrucksvolles Beispiel für diese Bemühungen ist die Vereinbarung über die Identität und die Rechte indigener Völker, die am 31. März 1999 nach langer Anstrengung von Seiten der indigenen Völker in Guatemala unterschrieben wurde. Dieses Dokument ist besonders wichtig, weil es sich für die Integration einsetzt und nicht Separatismus propagiert. Deshalb unterstützt es auch die neuen Bemühungen um eine demokratische Lebensform in Guatemala.

"Die größte Errungenschaft (des Friedensprozesses) besteht darin, dass wir im Stande sind, uns über Konzepte und Definitionen zu einigen sowie echte Vorschläge für die Bevölkerung eines multikulturellen und mehrsprachigen Staates zu machen." (Juan Leon, Defensoria Maya).

Nach dem Ende des Kolonialismus

Die indigenen Gruppen sind freilich nur ein kleiner Teil all jener Kulturen und Gesellschaften Afrikas, Lateinamerikas, Ozeaniens und Asiens, die teilweise bis in die 60er Jahre des 20. Jahrhunderts unter kolonialer Fremdherrschaft zu leben hatten. Ähnlich dem Fall der indigenen Völker haben auch die Gesellschaften in den ehemaligen Kolonien eine lange und schwierige Geschichte von Fremdherrschaft, Zerstörung und Widerstand durchlebt, bis sie schließlich fast überall die formelle und politische Unabhängigkeit erlangt haben. Diesbezüglich ist also eine positive Grundtendenz festzustellen.
Allerdings hat dies noch nicht dazu geführt, dass auch wirtschaftliche und soziale Selbstständigkeit erreicht werden. In vielen Fällen konnte die völlig einseitige wirtschaftliche Ausrichtung der Kolonialzeit auf den Export von Rohstoffen und Arbeitskräften nach der Unabhängigkeit nicht effizient geändert werden. Dadurch ist für eine Mehrzahl der Länder Afrikas, Asiens und Lateinamerikas nach der Unabhängigkeit die "Schere der Unterentwicklung" noch weiter aufgeklafft. Die Hauptverantwortung hierfür liegt zweifellos bei den ehemaligen Kolonialmächten und bei den wirtschaftlich-militärischen Großmächten der Zeit nach dem Zweiten Weltkrieg, die weitaus mehr Mittel in ihr Wettrüsten investierten als in die Beseitigung von Armut und Elend in den ehemaligen Kolonien. Dennoch darf nicht verschwiegen werden, dass auch etliche Regierungen und Machthaber in den unabhängig gewordenen Staaten ihre eigene Verantwortung entweder missbraucht oder nicht wahrgenommen haben, um ihren Beitrag zur schrittweisen Beseitigung von Unterentwicklung zu leisten.
Es gibt hier aber auch positive Gegenbeispiele des schrittweisen Abbaus der Unterentwicklung, so z.B. in Tansania, Tunesien, Nepal, Jemen, Costa Rica. Engagierte Entwicklungszusammenarbeit durch internationale Organisationen und private Bürgerinitiativen aus den Industrieländern haben in vielen Fällen dazu beigetragen, diese Ansätze zu "anhaltender Entwicklung" zu stärken. Diese positiven Ansätze sind die entscheidende Grundlage dafür, dass aus Bedingungen von Armut und Hunger heraus nicht neue Spiralen der Gewalt entstehen.

Nach dem Ende des Kalten Krieges

Im letzten Viertel des 20. Jahrhunderts schließlich folgte eine weitere große Welle der Auflösung von anderen Formen der Kolonialherrschaft. Als Folge des Zusammenbruchs des Sowjetsystems haben etliche Gesellschaften Ostmitteleuropas, des Kaukasus und Zentralasiens ihre formelle Unabhängigkeit erlangt. Zeitgleich ist der alte Ost-West-Gegensatz überwunden, der bis dahin eine Lösung von chronischen Konflikten wie in Nahost oder im südlichen Afrika unmöglich gemacht hatte. In Namibia und Südafrika, aber auch im israelisch besetzten Palästina, sind dadurch letzte Reste von quasi-kolonialer Herrschaft im Schwinden.
In anderen Fällen, wie etwa auf den Philippinen, in Indonesien und Osttimor, in Chile und in anderen Teilen Südamerikas, hat das Ende des Kalten Krieges es erleichtert, brutale Diktaturen abzulösen und friedlichere und demokratischere Verhältnisse zu installieren. Damit kann auf der einen Seite durchaus eine vorsichtig-positive "Zwischenbilanz des Friedens" für manche Teile Asiens, Afrikas oder Lateinamerikas und Ozeaniens nach dem Ende des Kalten Krieges gezogen werden.

Andererseits sind mit dem Ende des Kalten Krieges eine ganze Reihe neuer Konflikte aufgebrochen, und dies nicht nur in Europa (Balkan) und seiner unmittelbaren Nachbarschaft (Irak, Kaukasus). Zum Teil zumindest hängen manche dieser Konflikte mit Versuchen zusammen, die geänderten internationalen Machtverhältnisse auf die eine oder andere Weise zum Anlass zu nehmen, um lang unterdrückte Gegensätze auszunutzen und die Karten der Macht neu zu mischen.

Die friedliche Koexistenz ist in jedem Fall die bessere Alternative.

Neben den drei einschlägigen Konfliktherden ist zudem in vielen anderen Teilen der Welt feststellbar, dass nach dem "einen, großen, kalten" Krieg nun "viele, kleine, heiße" Kriege und Konflikte aufgebrochen sind. Die bekanntesten Beispiele dafür liegen in Südasien (Sri Lanka), in Ostafrika (Somalia, Ruanda, Burundi, Kongo/Zaire), aber auch in manchen Ländern Westafrikas (Liberia und andere).

Diese "neuen Kriege" in Afrika und Asien sind sowohl in menschlicher wie in symbolischer Hinsicht besonders schrecklich. Um den Schrecken der menschlichen Dimension aufzuzeigen, mag der folgende Hinweis genügen: Allein während des Bürgerkrieges in Ruanda 1994 sind in drei Monaten mehr Menschen mit Macheten buchstäblich hingeschlachtet worden, als unmittelbare Todesopfer der Atombomben auf Hiroshima und Nagasaki 1945 zu beklagen waren (etwa 110.000 direkte Todesopfer).

In symbolischer Hinsicht schrecklich sind diese neuen Kriege aber auch, weil damit in der medialen westlichen Öffentlichkeit der Eindruck verstärkt und zementiert werden könnte, dass sich "die Asiaten und Afrikaner eben doch die Köpfe einschlagen, sobald sie nur die Gelegenheit dazu haben." Deshalb ist es uns wichtig, auch in dieser Hinsicht einen Versuch zur Klärung beizusteuern.

Als EthnologInnen halten wir es für sinnvoll, auch in dieser Frage lokale Verhältnisse stärker zu berücksichtigen, als dies bisher üblich war. Daher befürworten wir hier eine Betrachtungsweise, die vom Lokalen ausgeht, also von "unten nach oben" oder "bottom up" verläuft. Gerade die angesprochenen neuen Konflikte (wie jene im Kaukasus, in Bosnien oder in Somalia) zeigen nämlich, dass nach dem Ende des Kalten Krieges in dieser postkolonialen Weltsituation Lokalfaktoren eine größere Rolle spielen als jemals zuvor. Daher greift eine alleinige Beachtung der großen internationalen Beziehungen zu kurz (das wäre dann eine Perspektive "von oben nach unten" oder "top down"). Exklusives Beharren auf solchen "top down"-Perspektiven ist ein Überbleibsel der globalen Nachkriegsordnung, wie sie vom West-Ost-Konflikt und dem spätkolonial-neokolonialen Nord-Süd-Konflikt geprägt war.

Die "bottom up"-Perspektive, die uns für ein besseres Verständnis der neuen Kriege wichtig und sinnvoll erscheint, geht von folgendem aus: Nach dem Ende der spätkolonial-neokolonialen Phase drängte der anfängliche "euphorische" Nationalismus der Unabhängigkeitsbewegungen die internen ethnischen und religiösen Differenzen dieser Länder in den Hintergrund. In einer späteren Phase aber, im Zuge des Verschwindens des Ost-West-Gegensatzes und der Verarmung dieser Nationalstaaten, haben sich diese Lokaldifferenzen dann oft zu neuen Lobbys ausgebaut, welche um die knapper werdenden Ressourcen miteinander konkurrieren. Dabei ist entscheidend, ob diese Konkurrenzsituation von zivilen Verbänden, wie demokratischen Parteien und anderen Interessenvertretungen, abgefangen werden kann oder nicht. Wo dies nicht der Fall ist, wird die religiöse, sprachliche und ethnische Zusammensetzung der jeweiligen Lokalgesellschaft bedeutsam. Zum Beispiel ist es wichtig, ob eine Gesellschaft in zwei große Religions- oder Sprachgruppen gegliedert ist, wie etwa im belgischen Fall (Flamen und Vallonen). Solche "belgischen" oder "binären Konstellationen" sind etwa in Ruanda, Burundi und Sri Lanka gegeben (Hutu und Tutsi, Tamilen und Singhalesen). Postkoloniale Länder mit solchen binären Konstellationen gehen anderen Gefahren entgegen als "Regenbogen-Konstellationen mit Mehrheit". Derartige "Regenbogen-Konstellationen" sind zum Beispiel in der Schweiz oder in Indonesien gegeben. Eine (deutschschweizerische oder javanesische) Mehrheit koexistiert in solch einem Fall mit vielen zahlenmäßig starken Minderheiten. Dies wiederum unterscheidet sich von Gegebenheiten, in denen eine religiöse oder sprachliche Mehrheit, die stärker als 75% der Gesamtbevölkerung ist, mit einer oder mehreren schwächeren Minderheiten zusammenlebt, wie dies in Somalia, Japan oder Österreich der Fall ist. Dies allerdings sind erst die Rahmenbedingungen, unter denen die Mechanismen der Lokalkulturen zu wirken beginnen.

Nach dem einen, großen, kalten Krieg gibt es nun viele, kleine, heiße Kriege.

Wie erwähnt, hat die Anfangseuphorie über die erlangte Unabhängigkeit in vielen Teilen Afrikas und Asiens diese internen Differenzen zunächst nachrangig werden lassen. Mit der neuen Phase der Globalisierung, die mit den 80er Jahren eintrat, ist diese Euphorie aber verflogen. Der Druck der internationalen Finanzmärkte hat in vielen dieser Länder außerdem die Mittel, die vor Ort verteilt werden können, äußerst verknappt und die lokale Konkurrenz darum verschärft. In manchen Gebieten sahen benachbarte Großstaaten mit relativ größeren Einflussmöglichkeiten (Indien in Südasien, Saudi-Arabien am Roten Meer) ihre Chance gekommen, sich selbst zu vermehrtem regionalen Einfluss aufzuschwingen. Unter solchen Umständen haben sich dann in Ländern wie Sri Lanka, Somalia, Ruanda oder Burundi die Versuchungen des internationalen Waffen- und Medienmarktes mit lokalen Machtansprüchen verknüpft. Kurzum, eine neue Art von Einmischung (durch regionale Mächte in der Nachbarschaft) verband sich vor Ort mit verstärkter Konkurrenz um knapper werdende Ressourcen in schwachen und zerfallenden Staaten, die immer wieder die Dimension von Bürgerkriegen angenommen hat, in denen kaum mehr ernsthaft zwischen einer "gerechteren" und einer "ungerechteren" Sache unterschieden werden kann.

Diese Bürgerkriege verlaufen zumeist entlang der religiösen und ethnischen internen Differenzen. Derartige ethnische, religiöse oder statusmäßige Differenzen sind zwar durch den Kolonialismus fast immer maßlos aufgebauscht und vertieft worden. Aber sie sind als Bestandteil der örtlichen Kultur meist älter als der Kolonialismus und nicht einfach wegzudiskutieren.

Entlang dieser inneren Gliederung der jeweiligen Lokalkulturen, die sich auch selbst fortlaufend verändern, werden die neuen Formen der Bürgerkriege in Asien und Afrika nach dem Ende des Kalten Krieges ausgetragen. Ob diese neuen Bürgerkriege dann nach Prinzipien und Begriffen wie "Ehre und Schande" (am Balkan), von "Sippensolidarität und -haftung" (in Somalia) oder von "Reinheit und Unreinheit" (in Sri Lanka) ausgetragen werden, hat entscheidende Auswirkungen auf die Verlaufsformen und Beilegungspotenziale für diese Konflikte. In dieser neuen Weltsituation nimmt folglich die Rolle von Lokalkulturen zu. Wenn "Globales und Lokales" diese neue internationale Situation bestimmt und demgegenüber "Nationales" sich als Gegenreaktion aufbäumt, dann steigt auch das Gewicht dieser lokalen Faktoren in den praktischen Bemühungen und analytischen Forschungen für Frieden und Konfliktbeilegung. Diese können dann eben nicht mehr allein mit Kategorien aus den Konferenzzimmern von Brüssel und Washington auskommen.

Globale, transnationale und lokale Kulturen für den Frieden

Da Lokalkulturen in internationalen Konflikt- und Friedenskonstellationen eindeutig an Gewicht gewinnen, ist es nötig, ein vertieftes Verständnis für diese zu gewinnen. Dabei geht es aber keineswegs nur um "traditionelle Lokalautoritäten" – wie etwa Führerpersonen in Clans (Somalia oder Kaukasus) oder in "Kasten"-ähnlichen hierarchischen Sozialgebilden wie in Sri Lanka. Auch die "neue" Lokalkultur und die Rolle der einheimischen Künstler und Intellektuellen in ihr ist wesentlich für die Suche nach Beilegungsstrategien. So ist die Rolle von KünstlerInnen in allen neuen Lokalkonflikten der postkolonialen und Post-Cold-War-Zeit weltweit auffällig im Steigen. Die lokalen künstlerischen Ausdrucksweisen sind selbstverständlich Teil der jeweiligen Kultur und befinden sich gleichzeitig in einer besonderen Form der reflektierten Auseinandersetzung mit Wissenschaft und Politik. Der Künstler repräsentiert damit potenziell nicht bloß die Rolle eines kreativen Erneuerers oder Erschaffers, sondern auch die eines Vermittlers zwischen Konfliktkräften.

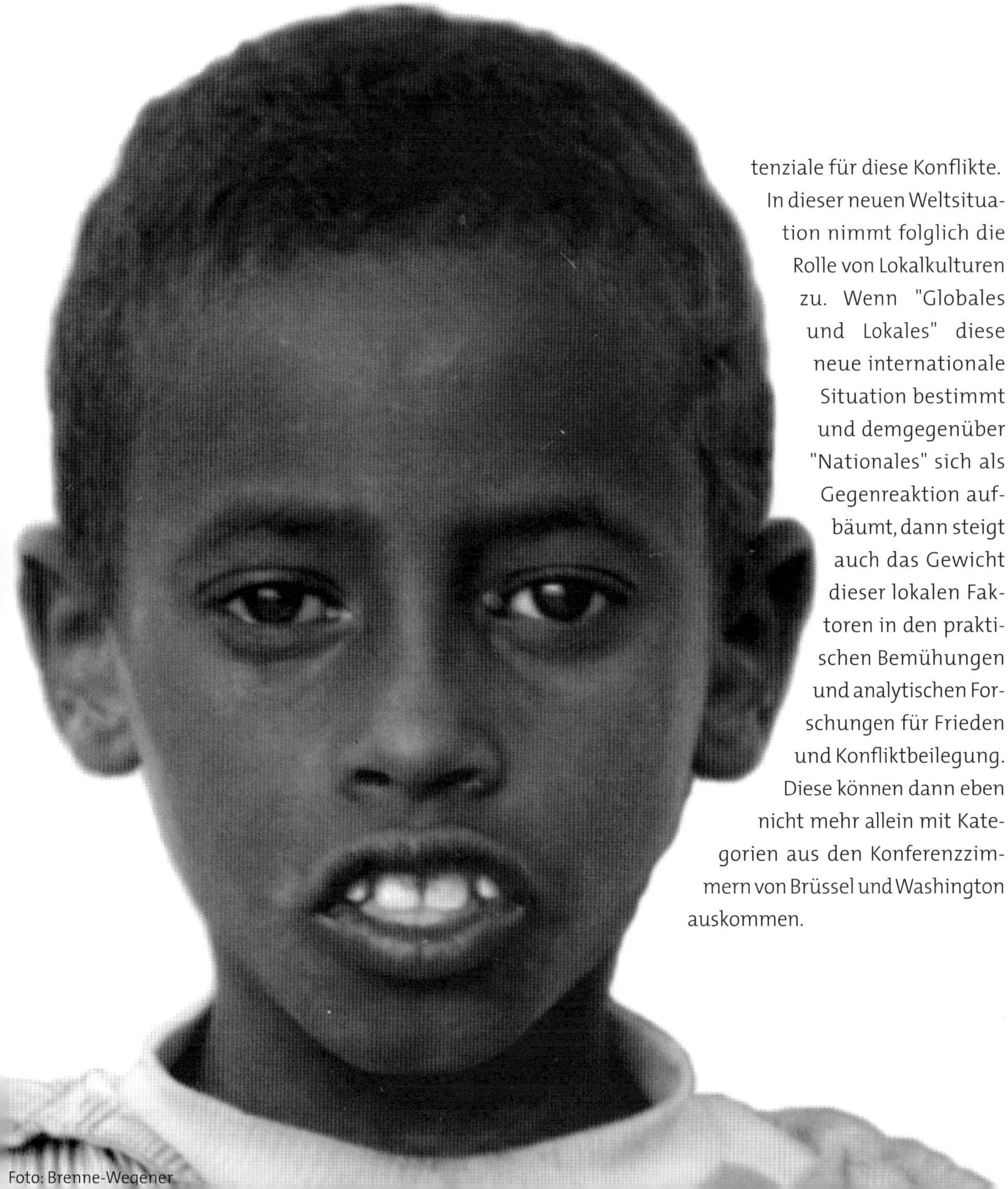
Foto: Brenne-Wegener

Kultur hat daher eine enorme Bedeutung für die Schaffung von anhaltenden Friedensbedingungen. Dies gilt erstens im aufgezeigten Sinn der steigenden Rolle von Lokalkulturen in Konflikten. Zweitens gilt dies auch in dem Sinn, dass keine Lokalkultur der Welt heutzutage isoliert vor sich hin existiert. So sehr gerade nationalistische Tendenzen nach Abschottung trachten mögen, ist jede noch so konservative Lokalkultur der Welt heute über vielfältige Bindungen und Vernetzungen mit transnationalen und globalen Kräften verbunden und interagiert mit diesen. Nahezu jede Lokalkultur der Welt hat Angehörige, die irgendwo anders leben, sie kommuniziert mit diesen Verwandten und Freunden am anderen Ende der Welt und wird schon alleine dadurch äußeren Einflüssen und Veränderungen ausgesetzt.

In der neuen Weltsituation nimmt die friedensfördernde Bedeutung von Lokalkulturen zu.

Einige transnationale und globale Faktoren haben kulturelle Dimensionen, die im Zusammenwirken mit den jeweiligen Lokalkulturen durchaus auch friedensfördernde Wirkungen zeigen können. Die Minderheitenpolitik der EU etwa sieht in der Regel einen besseren Minderheitenschutz vor, als ihn manche Beitrittsbewerber zunächst noch selbst praktizieren. Dies kann ein weiterer transnationaler Faktor werden, der Spannungen abbaut, unter denen Minderheiten wie etwa die Roma oftmals noch zu leiden haben.

Zum Schluss möchten wir ein Szenario entwerfen:

Wenn eine weltweite Fastfood-Kette, wie etwa McDonald's, in einem strikt islamischen Land in einer konservativen Kleinstadt am arabisch-persischen Golf eine Filiale eröffnet, kann das für die jungen Menschen dort einen der ganz wenigen öffentlichen und tolerierten Treffpunkte darstellen, wo sie einander kennen lernen und debattieren können.
Einige dieser jungen Menschen haben zu Hause vielleicht Anschluss an internationale TV- Satellitenprogramme und an das Internet. Dann ist es ihnen aber auch möglich, ihren ungleich verbesserten Informationsstand über die Politik ihrer Regierung in diesem oder jenem Konflikt auszutauschen und sich darüber zu verständigen – eben mit den anderen jungen Leuten, die sie im McDonald's treffen. Auf diese Weise können strikte Zensur und monopolistische Meinungspolitik der einheimischen Regierung und ihrer religiösen Würdenträger unter Umständen mehr und mehr ins Leere laufen. Vielleicht spricht sich unter den jungen Leuten in diesem McDonald's am Golf allmählich auch herum, dass in einem ähnlich orientierten Nachbarland einige Frauen bereits eine Internetzeitung für andere Frauen in arabischer Sprache betreiben, während die einheimische Rechtsprechung dies Frauen in den örtlichen Printmedien noch immer nicht erlaubt hat.
Letztlich sind die transnationalen und globalen Faktoren der Gegenwart daher in manchen ihrer Dimensionen nicht nur Faktoren der Bedrohung. Es kommt auf die Menschen vor Ort an, ob und auf welche Weise manche dieser Faktoren nicht auch für Demokratie und Frieden nutzbar gemacht werden können. In diesem Sinn kann man sagen, dass erst die heutige Phase der Globalisierung aller örtlichen Lebenswelten die Voraussetzungen für eine heterogene, vielgestaltige, internationale Kultur des Friedens geschaffen hat.

Miriam Anne Frank
André Gingrich
Sabine Maierhofer

...Symbole des Friedens

Eine Sprache ohne Grenzen?

Zum sozialen und wirtschaftlichen Leben im antiken Griechenland gehörte der äußerst pragmatische Brauch, die Parteien eines Vertrages ein Stück Holz oder Stein durchbrechen und jeden der beiden Vertragspartner eine Hälfte davon verwahren zu lassen. Einen solchen Beweis ihres Gelöbnisses nannten die Griechen sumbolon, kurz ein "Symbol". Dieses konnte mit dem Gegenstück jederzeit zusammengefügt werden und fungierte somit als Verifikations- und Identifikationsobjekt des Vertrages. Diese Idee lebt bis heute fort, jedoch lehrt uns die Geschichte, dass sich das dahinter stehende Konzept in durchaus unterschiedlichen Formen vollzieht. So etablierte beispielsweise das Wachssiegel, d.h. der Abdruck eines Ringes, der das Wappen seines Besitzers trägt, prägnant viele Jahrhunderte lang die Authentizität von Dokumenten.

In der heutigen Zeit – im so genannten "global village" des "cyberspace age" – sind Symbole allgegenwärtig. Sie erleichtern uns die Kommunikation und Orientierung. Von Asien bis Alaska leiten uns Pictogramme zu Flughäfen und Bahnhöfen und von dort zur Gepäckverwahrung , sie zeigen an, wann wir uns im Flugzeug anschnallen müssen und wann das Rauchen eingestellt werden muss. Solange die Zeichen grundsätzlich verständlich sind, sind ihre Anzahl und die Palette der Anwendungsmöglichkeiten nahezu unendlich. Wenn heutzutage Symbole dazu dienen, unsere Unfähigkeit zu kompensieren, uns in allen Sprachen dieser Welt zu verständigen, dann waren Pictogramme in früheren Gesellschaften ein höchst effektives Mittel gegen weit verbreitetes Analphabetentum.

Ursprung und Bedeutung von Symbolen

Diese einleitenden Beobachtungen haben nur auf den ersten Blick keine Beziehung zu dem eigentlichen Thema "Friedenssymbole", doch sie helfen uns weiter bei der Suche nach denselben. Frieden, das ist eindeutig, spiegelt weltweit ein altehrwürdiges Ideal wider, das sich in den verschiedenen Kulturen und Epochen unterschiedlich darstellt. Für den modernen Menschen beinhaltet es zuallererst den Wunsch nach stabilen, freundschaftlichen Beziehungen auf internationaler Ebene. Gleichzeitig bedeutete Frieden zu allen Zeiten immer auch Abwesenheit von sozialen Unruhen oder Bürgerkrieg, also eine Zeit der Ruhe im Inneren. Doch in vielen Kulturen war Frieden ursprünglich in erster Linie ein Idealzustand für den persönlichen Bereich: vor allem ein Bewusstseinszustand und, ganz wesentlich, der innere Friede ("Herzensfriede"). Das heißt, des Menschen eigene, innere Harmonie ist letzten Endes die Voraussetzung für Frieden, auf privater wie öffentlicher Ebene, zwischen Verwandten und Nachbarn so sehr wie zwischen Staaten. Diese Vorstellung ist der Ausgangspunkt etwa des chinesischen T'ai-p'ing (Großer Friede), des Shanti der Hindus oder des arabischen Sakinah. Wie auch immer es genannt wurde – ob pax profunda von den Rosenkreuzlern oder Große Zuflucht von den mittelalterlichen Bruderschaften und Mystikern –, die Bezeichnungen laufen alle im selben Punkt zusammen: dem lakonisch-besinnlichen, nennen wir es dem stoischen, dem philosophischen Annäherungsversuch an die Unbeständigkeit des Lebens. Ein solcher Bewusstseinszustand, unbehelligt von Gefühlen und Leidenschaften, bringt die perfekte innere Ruhe und Balance hervor, wie sie vom Buddha erreicht wurde, oder kurz: der Friede Christi.

Das Ideal des Friedens reflektiert ein weltweites, zeitloses Verlangen. Dem Studierenden europäischer Traditionen erklärt sich die Symbolik des

Friedens, so scheint es jedenfalls, wenn auch nicht strikt und ausschließlich, so doch hinreichend aus der Sphäre jüdischer, griechischer und römischer Wurzeln der westlichen Zivilisation. Auf diese drei Säulen der Tradition werden wir uns deshalb bei der Suche nach Friedenssymbolen beschränken.

Die griechische Tradition der Eirene

Interessanterweise waren in der männlich dominierten frühen griechischen Gesellschaft Tugenden wie Gerechtigkeit und Frieden – im Gegensatz zu denen des Krieges – weiblichen Gottheiten zugeschrieben. In Hesiods Theogonie wird Eirene in die drei Horen eingereiht, eine Gruppe von Maiden, die, später um eine erweitert, oft mit den vier Jahreszeiten verglichen wurden. Die Horen waren Töchter des Zeus und seiner zweiten Gemahlin, Themis, der Göttin der Gerechtigkeit, oft auch Jungfrau oder Astraea genannt. Aus Protest gegen die weit verbreitete Ungerechtigkeit unter den Menschen verließ sie in den Tagen der großen Flut die Erde, um sich in das Sternbild Jungfrau zu verwandeln.

Symbole sind eine Sprache, die jeder versteht.

Die drei Töchter der Themis, die Horen, sind klar festgelegt: Sie heißen Eunomia (Gesetzliche Ordnung), Dike (das Recht) und Eirene (der Frieden). Diese Namen sind äußerst vielsagend: Sie stehen für die soziale Ordnung, die sie repräsentieren. In der Kuppel des Hauptsaales im Den Haager Friedenspalast sind, einer langen Tradition entsprechend, Themis und die drei Töchter mit ihren jeweiligen Emblemen dargestellt. Eirene, so Hesiod, gebar ein einziges Kind mit dem Namen Plutos (Reichtum, Wohlstand). Eirene ist also zugleich Tochter der Gerechtigkeit und gesetzlichen Ordnung, des Rechts, sowie Mutter des Wohlstands – hiermit wird das Spektrum ihres Wirkungskreises aufgezeigt. Laut früherer griechischer Ideale basiert Frieden auf Gerechtigkeit und fördert Wohlstand. Die Verbindung von Frieden und Recht ist in der Tat in der westlichen Tradition weit verbreitet: "Pax et Justitia osculantur" ist auf zahllosen Leinwänden und Münzen des letzten Jahrtausends zu lesen. Und bekanntermaßen wurde es zum Credo der modernen Friedensbewegung des 19. Jahrhunderts: "Vrede door Recht" (Frieden durch Recht).

Einer anderen griechischen Genealogie zufolge, wird Eirene eng mit Gaea in Verbindung gebracht, der Erd-Göttin und Schutzheiligen der Ernte, das heißt derjenigen, die für Hülle und Fülle auf Erden sorgt. Vermutlich leitet sich von dieser Abstammung her, dass Eirene den Horen in ihrer späteren Funktion als Jahreszeiten zugeordnet wurde. Dies ist umso wahrscheinlicher, als die Horen offensichtlich dafür bestimmt waren, als Phasen der Natur – Wachstum, Reife, Rückgang und Tod – eine höhere kosmische Ordnung darzustellen.

Die Eigenschaften und Symbole der Eirene sind mannigfaltig. In der klassischen griechischen Kunst ist der Archetyp der Göttin zweifelsohne die von Kephisodotos, dem Vater des berühmten Praxiteles, gefertigte riesige Bronzestatue, die um 375 vor Chr. auf der Athener Agora aufgestellt wurde. Berühmt wurde sie durch die römische Marmor-Kopie, die heute in der Münchner Glyptothek verwahrt wird. In den anschließenden Jahrhunderten ist sie unzählige Male reproduziert worden und zwar mit vielen Variationen und Veränderungen, vor allem in der Kaiserzeit auf griechischen und römischen Münzen. Es ist

Eirene

eine majestätische Statue von strenger Schönheit, die an zeitgenössische Statuen der Göttin Athena erinnert, ein Abbild ihrer Würde und ihres Reichtums, gleichzeitig aber anrührend in ihrem allzu menschlichen Gestus. Richtigerweise wurde diese Statue auch als erste "Madonna" westlicher Kunst beschrieben. Mit zärtlicher mütterlicher Fürsorge blickt Eirene, in ein langes Chiton und Peplos gekleidet sowie ein großes Zepter in ihrem rechten Arm haltend, auf den jungen Knaben Plutos in ihrem linken Arm nieder. Das Kleinkind selbst streckt seine rechte Hand nach der Mutter aus, während seine Linke eine kleine cantharos (Vase) umklammert. Kurz gesagt ist sie diejenige, die der Menschheit Reichtum und Segen zuteil werden lässt, und in Aristophanes Komödie Eirene ist sie die Göttin der Ernte und der Früchte des Herbstes. Nach Ende des 30 jährigen Krieges mit Sparta wurde Eirene zu Ehren in Athen ein jährliches Fest veranstaltet, bei dem man ihr einen Altar errichtete, auf dem ausschließlich Früchte geopfert wurden und kein Blut fließen durfte. All dies diente dazu, die Atmosphäre ihres Kultes eng einzugrenzen. In der plastischen Kunst, insbesondere auf Münzen, spiegeln sich die mit Eirene fest assoziierten Attribute und Symbole wider: der Knabe Plutos, der häufig copucornia (das Füllhorn), eine Kornähre oder einen Teller mit Früchten hält, die ihn manchmal sogar vollständig ersetzen. Wiederum kann man Eirene auch mit einem Lorbeer- oder Blumenkranz geschmückt antreffen, oder gar einem Ölzweig. Gerade diese letzte Variante ist bemerkenswert, weil sie den ersten Hinweis auf das wohl bekannte, jedoch irgendwie kryptische Emblem liefert, den "Ölzweig des Friedens".

Die Friedensgöttin Eirene ist zugleich Tochter der Gerechtigkeit und Mutter des Wohlstands.

In der Tradition westlicher Kunst und Literatur sind drei Zweige eng miteinander verbunden: das Palmenblatt, der Lorbeerkranz und der Olivenzweig. Eine Erklärung dafür bietet die allen dreien gemeinsame Charakteristik, auch im Winter zu grünen. Dementsprechend sind alle drei zu Symbolen der Unsterblichkeit und Ewigkeit geworden, was beispielsweise durch die Eleusinischen Mysterien, Äneas goldenen Bogen oder den Zweig der Druiden bezeugt wird. Gleichzeitig verkörperten die drei Zweige schon früh auch sehr spezifische Tugenden und Qualitäten. So wurde die Palme, da sich ihre Zweige immer mehr in die Höhe heben, je größer die Last der reifenden Früchte wird, schnell zum Symbol für Auferstehung und Martyrium.

Im Gegensatz dazu galt der Lorbeer im Allgemeinen als Zeichen ewigen Ruhmes, sowohl in der Sphäre physischer wie geistiger Leistungen. Für die Griechen war der Lorbeer ein heiliger Baum, dem Apollo geweiht und in der Lage, Weisheit zu erzeugen. Lorbeerzweige wurden auf den Altaren Delphis verbrannt, um prophetische Geschenke heraufzubeschwören; und wer von Pythia belohnt wurde, war auserwählt, einen Lorbeerkranz zu tragen. Auch bei der Auszeichnung eines siegreichen Generals mit einem Lorbeerkranz wird nicht nur dessen militärischer Genius, sondern vor allem seine menschliche Weisheit gewürdigt. Und auch der poeta laureatus verdiente seine Krönung auf dem Kapitolinischen Hügel in Rom, weil er es verstand, seine literarische Begabung mit weisen Gedanken über des Menschen Sein zu kombinieren.

Die Olive wiederum spielte eine sehr spezielle Rolle im mediterranen Raum. Dank ihres Öls wurde sie in der arabischen Welt zum Symbol des Lichtes; es wurde gesagt, dass heilige Worte ihre Blätter schmückten und dass ihr Öl die Fruchtbarkeit steigere. Die Olive wurde mit dem Paradies der Auserwählten verbunden, wurde der Baum des Abraham genannt; und einer uralten Legende zufolge wurde das heilige Kreuz Christi aus Holz von Oliven und Zedern gefertigt. Innerhalb des griechischen Gemeinwesens deckte der Olivenbaum die Sphären des Friedens, der Reinheit und der Fruchtbarkeit ab. Er war ein heiliger Baum, der durch das Gesetz geschützt war.

Die griechischen Symbole des Friedens stehen für sozialen Segen: reiche Ernte und Wohlstand.

In der Mythologie wird die Olive auch mit der Göttin Athena in Verbindung gebracht: Um sich gegen Poseidon, der mit ihr um die Schirmherrschaft über Athen wetteiferte, durchzusetzen, bot sie als Geschenk die Olive an, oder sie schleuderte den Speer in den Boden, der sich alsbald in einen Olivenbaum verwandelte; mit diesem Geschenk, das als Zeichen des Friedens galt, gewann sie die Stadt. Warum die Olive aber ganz speziell mit Frieden in Verbindung gebracht wird, bleibt ein Rätsel. Ein akzeptabler Erklärungsansatz ist, dass ein Baum, der nur langsam wächst, sorgfältig kultiviert werden muss und deshalb lange Phasen ungestörten Friedens braucht, mit Frieden identifiziert und so selbst zum Zeichen für Frieden wurde. Mit anderen Worten: Wo immer man Olivenbäume im Überfluss antraf, konnte man davon ausgehen, dass die sozialen Bedingungen stabil waren. Wie auch immer, zweifelsohne ist der Olivenzweig in der westlichen Tradition fest mit der Vorstellung von Frieden verbunden.

Zusammenfassend ist festzuhalten, dass die griechischen Symbole des Friedens ausschließlich den Bereich sozialen Segens abdecken; denn Frieden diente dazu, mehr als alles andere, eine reichliche Ernte, Reichtum und Wohlstand zu fördern.

Die römische Tradition der Pax

Seit Varro verbindet die römische Etymologie sehr strikt den Begriff pax mit pactum, also Pakt oder

Vertrag. Für den Römer bezog sich pax auf die Festlegung oder die Bedingungen eines Vertrages, der von Parteien geschlossen wurde, die privat oder öffentlich, in inneren oder äußeren Angelegenheiten uneins waren. Pax bedeutete Ruhe und Frieden, die Abwesenheit von Krieg oder auch Versöhnung bei Konflikten. Die römische Göttin des Friedens taucht allerdings erst auf, nachdem Octavian (der spätere Augustus) den in die Länge gezogenen Bürgerkrieg in Rom beendete. Von diesem Zeitpunkt an wird die Göttin literarisch von Ovid, Tibull und Horaz gefeiert. Das Konzept der Friedensgöttin ist schon von früh an mindestens ebenso stark mit der nationalen Ebene, mit Bürgerkriegen, verbunden wie mit der internationalen. Des Weiteren ist zu beachten, dass die Figur der Pax in engem Zusammenhang mit der Pax Augusta steht, der von Kaiser Augustus proklamierten und ganz auf ihn bezogenen Friedensordnung.

Für die Römer war Pax, Frieden eng verbunden mit Sieg.

Dieser Aspekt wird deutlich in zwei historischen Ereignissen hervorgehoben, die die Entwicklung des Pax-Kultes signalisieren: in dem von Augustus persönlich eingeweihten Prachtaltar Ara Pacis, mit dem die Befriedung der Provinzen in Spanien und Gallien gefeiert wurde; und im Templum Pacis, der etwa drei Generationen später von Vespasian inauguriert wurde (75 n.Chr.). Dieses Ereignis am Ende des judäischen Feldzuges diente auch dazu, das definitive Ende der Periode von Bürgerrevolten nach dem Fall Neros (68 n.Chr.) zu feiern. Nebenbei gesagt, war es sogar Nero persönlich, der die Tore des Janus-Tempels als Zeichen des Friedens schloss. Auch dieses Symbol des Friedens überdauerte die Zeitläufte und fand Ausdruck in einer langen künstlerischen und literarischen Tradition. Es kann vermutet werden, dass die Pax Augusta auf der politischen Ebene als heidnischer Gegenpol zur Pax Christi auf der spirituellen Ebene fungierte.

Inzwischen begann sich die römische Vorstellung von Frieden in Verbindung zu inneren Zwistigkeiten und Bürgerkrieg auch in den Symbolen der Zeit widerzuspiegeln. Die Göttin Pax wurde oft zusammen mit Concordia, manchmal auch mit Iustitia dargestellt. Berühmt ist auch das Emblem des Händedrucks (wie beim Vertragsabschluss). Diese Vorstellungen sollten niemals von der europäischen Szene verschwinden, wie für den Westfälischen Frieden hergestellte Münzen oder auch Publikationen von Friedensvereinen des 19. Jahrhunderts anschaulich belegen.

Generell können all diese Symbole in die griechische Tradition eingereiht werden. Und wenn Ovid Pax mit Ceres verbindet, so entspricht das bester "agrarischer" Tradition der Eirene. Auch gibt es eine von Horaz bis Claudian anhaltende Tradition, Frieden mit Moral und persönlichen Tugenden wie Gerechtigkeit, Frömmigkeit und Nachsicht zu assoziieren. Während der ganzen römischen Aera werden der Friedensgöttin folgende Attribute zugeordnet: zunächst der Ölzweig, dann das Füllhorn, copucornia, oft in Verbindung mit dem Ölzweig; schließlich der caduceus, der Heroldsstab, der für den Römer der frühen Tage der Republik ein wahres signum pacis bedeutete und häufig noch mit dem Zeichen des Händedrucks kombiniert war. Vereinzelt wird der caduceus durch ein Zepter ersetzt, wie in Kephisodotos Eirene-Statue.

Doch muss das römische Konzept von Pax deutlich von der griechischen Eirene unterschieden werden. Denn Frieden war für den Römer, der Ver-

PAX
NFIRMATA · GENTIVM · PACE · STVDIORVM · BELLICORVM · IMMANITATEM · PROHIBE
LABORIS · PATIENTIA · POPVLORVM · CVLTVRA · TRANQVILLITAS · ORDINIS

träge zu seinen Bedingungen einseitig zu diktieren gewohnt war (so genannter foedus leoninum oder Vertrag des Löwen), ausnahmslos und unauflöslich mit nichts anderem enger verbunden als mit Sieg. Dafür sind folgende Symbole und Zuordnungen typisch: als Wichtigstes der Lorbeerkranz; als Nächstes kommt die Verbindung von Frieden mit dem Janus-Tempel. Berühmt ist auch das Bild der Göttin des Friedens mit einer Darstellung der Victoria in ihrer Hand oder auch mit Speer, Schild und Kriegsbeute oder -trophäe. Auf Münzen aus der Zeit Trajans wird Frieden sogar martialisch dargestellt: Die besiegten Feinde werden zu Boden getrampelt. Schließlich begegnen wir Pax mit einer Fackel, mit der die haufenweise erbeuteten Waffen in Brand gesteckt werden, was stark an die griechische Nemesis oder Rache erinnert. Eindeutig sind wir hier Meilen entfernt von dem Symbol mentalen Friedens und innerer Harmonie.

Die Jüdisch-Christliche Tradition von Friedenssymbolen

Seit den ersten Tagen des Christentums wurden hebräische und biblische Traditionen tief in die europäische Kultur integriert. Und hier müssen wir nach dem Ursprung eines weiteren wichtigen dauerhaften Symbols für Frieden suchen, der Taube. Denn diese taucht in der klassischen Symbolik des Friedens überhaupt nicht auf. In der griechischen und römischen Welt war die Taube einer deutlich anderen Sphäre zugeordnet, nämlich der der Aphrodite und des Eros. Mehr als alles andere repräsentierte sie die Verwirklichung körperlicher Liebe, welche mit Sicherheit in der heidnischen Welt nicht annähernd so deutlich von der sublimen spirituellen Liebe unterschieden wurde wie in späterer christlicher Doktrin. Wie das christliche Pendant des Heiligen Geistes war auch die Taube Ausdruck für die Reinheit und Schlichtheit der Seele. Dies soll uns lediglich daran erinnern, dass es die natürliche Anmut, das liebenswerte Verhalten, die sozialen Qualitäten (das turtelnde Paar) und vor allem das makellose Weiß waren, die diesen Vogel bei der Menschheit seit undenklichen Zeiten beliebt gemacht haben. Sogar im alten China werden nach dem Prinzip von Yin und Yang die Jahreszeiten durch die Symbole Taube und Spatz dargestellt: Die Taube symbolisiert den Frühling und die wieder geborene Hoffnung.

In der griechischen und römischen Welt gehörte die Taube zu Eros und Aphrodite.

Wie gelangte nun aber die Taube als Symbol des Friedens in die Gesellschaft des Westens? Die Quelle ist sicherlich Noahs Taube aus Genesis 8.11. Nachdem Noah einen Raben und eine Taube von der Arche ausgesandt hatte, um das Wetter zu erforschen und das zurückgehende Wasser zu testen, kehrte die Taube mit einem frisch gepflückten Olivenzweig in ihrem Schnabel zurück. Hieraus schloss Noah richtig, dass die Flut gesunken und die Erde wieder fruchtbar geworden war. Die Rückkehr der Taube war auch – implizit – ein Zeichen dafür, dass Jahweh alle Sünden vergeben hatte und das Abkommen zwischen Gott und den Israeliten wieder hergestellt war. Noch erstaunlicher ist, dass der Menschheit in Genesis 9.13 ein explizites und äußerst ausdrucksvolles Zeichen der Vergebung durch den Herrn angeboten wird: der Regenbogen, Iris, der höchst eindeutig die Verbindung der beiden Welten und den Bund zwischen den Menschen und ihrem Gott symbolisiert.

Wenn das Symbol des Ölzweiges und/oder der

Taube heutzutage so aktuell ist, dass es bereits als Emblem verschiedener Organe der Vereinten Nationen dient, so kann dies auch ein weiteres Bibelzitat für sich in Anspruch nehmen:"Da werden sie ihre Schwerter zu Pflugscharen machen". Dieser Spruch ist eingemeißelt in die Fassade des Hauptquartiers der UNO in New York. Auch dieser Bibelspruch hatte großen Einfluss auf spätere Traditionen und ist in allen Jahrhunderten in der bildenden Kunst und Literatur thematisiert worden.

Die Symbiose der drei Traditionen in späteren Jahrhunderten

Man könnte vermuten, dass heidnischer Idiomatik in der Kunst des Mittelalters nicht viel Spielraum zugebilligt wurde. Doch wurde der Darstellung abstrakter und philosophischer Vorstellungen der größte Freiraum gelassen. Wie auch immer sich dies genau verhält, sicher ist, dass die Göttin des Friedens während der vergangenen 500 Jahre vorwiegend als weibliche Figur mit einem Ölzweig, Palmenzweig und/oder einer weißen Taube dargestellt wurde. Hier einige Beispiele:

Ein bemerkenswertes Gemälde des 16. Jahrhunderts aus der Fontainebleau-Schule, möglicherweise der künstlerische Höhepunkt der Zeit, stellt eine zum Teil nackte Frau mit genau diesen Emblemen vor. Die Göttin ist sitzend abgebildet, um ihren Zustand absoluter Entspannung und Ruhe zu betonen; und sie ist umgeben von einem Helm, Schwert, Schild und Köcher.

Eine weitere interessante Figur der Pax findet sich auf einem Stich von Philippe Galle, auf dem die Göttin einen Ölzweig in der einen, einen Palmenzweig in der anderen Hand hält und ihr Kopf mit einem Lorbeerkranz geschmückt ist. Hier wird gleichzeitig noch das Zertrampeln von Waffen auf dem Boden dargestellt. Der Stich stellt eine Legende in lateinischem Distichon dar:

Taube, Palmen- und Ölzweig überdauerten die Jahrhunderte.

Frango arma: et festos palmae atque virentis olivae / Paciferis ramos alma gero manibus. ("Ich vernichte alles Kriegsgerät und in meinen Frieden bringenden Armen trage ich reichlich festliche Zweige der Palme und immergrünen Olive"). Auf einem anderen Stich eines italienischen Künstlers streckt sich die Figur des Friedens einem jungen Knaben oder putto entgegen, der ihr wiederum einen Ölzweig zurückreicht.

In Cesare Ripas berühmter Iconologia sind gleich eine ganze Reihe von Symbolen und Emblemen in höchst anschaulicher Weise beschrieben und erklärt. Neben vielen anderen Referenzen verweist Ripa hier auf eine Medaille aus der augustinischen Zeit, die die Göttin mit dem copucornia zeigt (prall gefüllt mit Früchten und Blumen) sowie dem Ölzweig und einer Fackel, die dazu dient, Waffenberge in Brand zu stecken. Den Ölzweig erklärt Ripa als Symbol zur Besänftigung von Ärger, die Fackel als Symbol, die Reste des Hasses zu vernichten und Liebe zwischen den Nationen zu entfachen. Ein weiteres wichtiges Exemplar, das man bei Ripa mit Verweis auf Pausanias findet, ist die Göttin mit einem Ölkranz um ihre Schläfen, in ihrer Hand das Abbild des Plutos beziehungsweise eine Garbe Korn. Nach Ripas Ansicht symbolisieren sowohl der Ölzweig als auch das Korn Frieden, genauso wie sie Vielfalt und Wohlstand, die Früchte der Landwirtschaft darstellen, deren Feind der Krieg ist.

Ripa führt in seiner Ikonologie noch zahlreiche

Peace Palace. Den Haag

andere, jedoch weniger bedeutende Traditionen auf, die mit Frieden verbunden sind, wie beispielsweise den Vogel Alcion, den Biber, die Schlange als Symbol des Krieges, Lamm und Wolf sowie Ölzweig und Speer (wobei Frieden hier als Unabhängigkeit symbolisiert wird, die mutig verteidigt wird). Diese Aufzählung reicht aus nachzuweisen, dass alle klassischen hebräischen und christlichen Friedenssymbole um 1600, die in den vorangegangenen Abschnitten diskutiert worden sind, übermäßig, willkürlich und in endlosen Abweichungen benutzt wurden. Gerade das ist aber ein weitläufiger Beweis dafür, dass diese Symbole – wo auch immer ihre ursprüngliche Quelle liegt – ihren Platz in der europäischen Tradition behauptet haben.

Die Friedensbewegung des 19. Jahrhunderts

Es steht fest, dass die seit langem bestehende Tradition der Friedenssymbole sowohl auf dem europäischen Festland wie auch in der angelsächsischen Welt mit dem Aufkommen der Friedensbewegung an Schwung gewonnen hat.

Die Friedensbewegung griff auf tradierte Symbole zurück.

Diese kam über uns als wohl am weitesten verbreitete und sicherlich am längsten anhaltende Reaktion auf die heftigen Attacken der napoleonischen Kriege. Von Anfang an finden sich Friedenssymbole der klassischen und jüdisch-christlichen Tradition in Hülle und Fülle. Besonders in der angelsächsischen Tradition waren Friedensführer, von ein paar Ausnahmen abgesehen, streng christlicher Herkunft und in der Regel von den Idealen der Quäker inspiriert. So ist es natürlich, dass die Taube und der Ölzweig häufig in ihren Idiomen auftauchen. Im letzten Viertel des Jahrhunderts breitete sich die Friedensbewegung auch in den akademischen Kreisen des Rechts und der Diplomatie aus. Von da an fand die Vorstellung, dass Friede, soll er von Dauer sein, auf einer Rechtsgrundlage beruhen müsse, breite Anerkennung – vor allem in den Organen des Institut de droit international sowie der Interparliamentary Union. Das hatte zur Folge, dass die andere Hauptrichtung, nämlich Friedens-

symbole mit Symbolen des Rechts zu verbinden, wieder auflebte. Bemerkenswert ist dabei, dass die Idealisten keine neue Symbolsprache des Friedens, keine neuen Embleme erfanden, sondern auf die traditionellen Muster der Symbole zurückgegriffen. Ein bedenkenswerte Symbolgestalt ist schließlich die berühmte Figur des "Friedensengels", der geflügelten Frau. In die klassische Ikonologie versetzt, findet diese Figur ihre Entsprechung in der Statue des Sieges, welche zumindest in der römischen Tradition oft eng mit Frieden verbunden war. Der Friedensengel wurde so populär, dass er zur Zeit der Ersten Haager Friedenskonferenz, der Blütezeit von Bertha von Suttner, Alfred Fried und William Stead, von Cartoonisten leicht für zynische Zwecke benutzt werden konnte. So wird beispielsweise der russische Zar mit Flügeln dargestellt, während er die finnische Jungfrau mit einem Palmenzweig auspeitscht. In die gleiche Richtung zielt die Darstellung des deutschen Kaisers, der Waffen aus dem Füllhorn ausschüttet. Die akute soziale Krise, die durch das laufende Wettrüsten der 1890er Jahre angeheizt wurde und – unausweichlich, aber vorhersehbar – ein Vierteljahrhundert später ihren Höhepunkt in den fatalen Schüssen von Sarajewo, also dem Ausbruch des I. Weltkrieges, erreichte, veranlasste weit verbreitete und äußerst zynische Kritik von vielen talentierten Künstlern meist sozialistischer Herkunft. Trotzdem sollte es noch weitere fünfzig Jahre dauern, bis in den 1960er Jahren neue Symbole für die altehrwürdigen Ideale des Friedens entwickelt wurden.

Arthur Eyffinger

Übersetzung: Christian Friese, Hamburg

...Frieden literarisch

Vom ewigen zum augenblicklichen Frieden?

Die Sehnsucht nach Frieden ist ein grundsätzliches Bedürfnis des Menschen. Sie gilt für das Leben des Einzelnen, sie gilt ebenso für das Leben der Völker. Jede Hockkultur und daher auch jede hoch entwickelte Religion, sowohl das christliche Abendland als auch die Welt des Islam oder die Religionen des fernen Ostens, sprechen vom zeitlich begrenzten wie vom ewigen Frieden.

Im jüdischen Glauben ist der Begriff des Friedens geradezu ein Angelpunkt der Religionspraxis. "Der Frieden macht in Seinen Höhn, der mach' auch Frieden über uns und seinem ganzen Volke" – mit diesem Segenswunsch endet das Nachgebet zum dreimal täglich gesprochenen Hauptgebet und das Kaddisch. Wie eingewurzelt der Begriff des Friedens ist, zeigt, dass das Wort "islam" einerseits die Hingabe an das göttliche Ideal, aber anderseits auch Frieden mit Gott, mit den Menschen und mit sich selbst heißt. Das religiöse Friedensdenken umfasst alle öffentlichen Friedensstrategien, alle individuellen Wünsche nach seelischer und geistiger Ruhe, und geht noch bedeutend darüber hinaus. Die Friedensstiftung erfolgt von außen und von innen: "Ehre sei Gott in der Höhe und Frieden den Menschen auf Erden, die guten Willens sind." Dieser christliche Satz des Neuen Testaments, der auf die Geburt Jesu weist, des Erlösers und Friedensstifters, bezeichnet sowohl die menschliche Energie, sich Frieden zu erarbeiten, als auch die Hilfe von oben, Frieden zu erlangen. Ähnlich der christlichen Auffassung, dass die Erlangung des Friedens eine Aufgabe ethischen Strebens und eine Gabe Gottes sei, finden sieh verwandte Gedankengänge in den Religionen des Orients und des fernen Ostens. Vom Pfingstwunder des Neuen Testaments ausgehend, erhielt sich durch die Jahrtausende hindurch die Überzeugung lebendig, dass die Gnade des Heiligen Geistes Frieden über die Menschen bringe. So erfleht der mittelalterliche Pfingsthymnus "Veni creator spiritus" Frieden für die Lebenden, während ebenso aus dem Geist mittellateinischer Hymnen- und Sequenzdichtung der Totensegen "requiescat in pace" stammt. Vom Lateinischen ging dieses Friedensdenken in die Nationalsprachen über. Als Goethe, wohl in Erinnerung an Martin Luthers Übertragung und einer Anregung Johann Gottfried Herders folgend, den Pfingsthymnus, den man dem Papst Gregor VII. zuschreibt, nachdichtete, hatte er selbst schon längst jene Verse gefunden, die den Frieden als Himmelsgabe der Seele, als erlebtes Daseinsprinzip des einzelnen Menschen zuspricht: "Der du von dem Himmel bist, [...] süßer Friede, komm', ach komm' in meine Brust."

> *So ist der Friede...*
> *keine leere Idee.*
> *(Kant)*

"Zum ewigen Frieden" – Kant

Als Immanuel Kant (1724-1804) seinen berühmten Text "Zum ewigen Frieden" (1795) niederschreibt, überblickt er die utopischen und die realhistorischen Friedensbemühungen so gut wie aller Völker der Erde. Aber besonders eindringlich stellt sich ihm die Problematik von Krieg und Frieden aus der abendländischen Geschichte dar. Kant erkennt: Wenn jemals, dann ist der Mensch seiner Zeit, des aufgeklärten Jahrhunderts, aufgerufen, für den Frieden zu arbeiten. Jetzt ist die Zeit des Philosophen gekommen, im Dienst des Friedens zu streiten. Auf diese Weise will Kant Abraham Gotthelf Kästners (1719-1800) epigrammatische Verse

Auf ewig ist der Krieg vermieden,
Befolgt man, was der Weise spricht;
Dann halten alle Menschen Frieden,
Allein die Philosophen nicht.

verstehen – als Aufforderung zu rastlosem Eifer im Geist des Friedens. Kant zitiert Kästners Verse in der *Verkündigung des nahen Abschlusses eines Traktats zum ewigen Frieden in der Philosophie* (1795, 1796). Der Traktat selbst kommt dann noch fast zu derselben Zeit heraus. Kant wusste um die Aktualität seiner Schrift. Sie erscheint am Vorabend der großen Kriegszeit, die – im Gefolge der Französischen Revolution – Elend und Not über ganz Europa bringt. Greifbar nahe tun sich die Todesabgründe auf, aber greifbar nahe ist dem Weltweisen auch die Möglichkeit der Friedensstiftung. Und so kommt Kant zu dem Schluss: "Wenn es Pflicht, wenn zugleich gegründete Hoffnung da ist, den Zustand eines öffentlichen Rechts, obgleich nur in einer ins Unendliche fortschreitenden Annäherung wirklich zu machen, so ist der ewige Friede [...] keine leere Idee." Nach Kant kann der Krieg nur dann vermieden werden, wenn auf der Basis eines allgemeinen Völkerrechts die Konfliktbewältigung durch Verträge erfolgt. Das ist erstaunlich pragmatisch und erstaunlich modern gedacht. Kant jedoch weiß darüber hinaus, dass man zu allen Zeiten dem Krieg einen den menschlichen Charakter reinigenden, gleichsam kathartischen, zum Guten führenden Effekt zuschrieb. Er selbst ist davon ebenfalls überzeugt. "Selbst der Krieg, wenn er mit Ordnung und Heiligachtung der bürgerlichen Rechte geführt wird, hat etwas Erhabenes an sich und macht zugleich die Denkungsart des Volks, welches ihn auf diese Art führt, nur um desto erhabener, je mehreren Gefahren es ausgesetzt war, und sich mutig darunter hat behaupten können: da hingegen ein langer Friede den bloßen *Handlungsgeist*, mit ihm aber den niedrigen Eigennutz, Freiheit und Weichlichkeit herrschend zu machen und die Denkungsart des Volks zu erniedrigen pflegt." Kants eigene Lebenszeit hatte am Siebenjährigen Krieg ein großes Beispiel gehabt, an welchem man solche positive Wirkungen zu erkennen glaubte. Das Pro und Contra dieser Art bringt Lessings *Minna von Barnhelm* mit großer Realistik und menschlicher Einsicht auf die Bühne. Mehr noch: Goethe weist in seiner Autobiografie *Dichtung und Wahrheit* darauf hin, dass gerade diese binnendeutsche Auseinandersetzung des Siebenjährigen Kriegs zu einem neuen "nationellen" Bewusstsein führte, das hüben wie drüben die Künste und Wissenschaften, d.h. die Kultur beflügelte. Das war gedacht, ehe die Parteilichkeit und das Lagerdenken und ehe die furchtbaren Waffen des 20. Jahrhunderts existierten. Das 20. Jahrhundert kennt jenes Wertedenken nicht mehr, der Dichter selbst wird zum Parteigänger, er verliert den Zusammenhang des Ganzen und vermag auch selbst nur aus seiner spezifischen Perspektive von der Narretei der Politik und den Perversionen der Friedensidee zu sprechen. Der Kommunist und spätere Kulturpolitiker der DDR Erich Weinert (1890-1953) etwa schrieb in den Jahren der Stresemann-Regierung mit bitterem Spott, die den Stil Heinrich Lerschs (1889-1936), der damals zum Nationalsozialismus tendierte, parodierenden Verse des Gedichts "Das Reichsbanner voran!":

Nach 1945 kam es zu dichterischen Lobpreisungen des Friedens.

[...] Vater Reichspräsident, dir legt dein Land
Millionen Hände in deine eiserne Hand!

Auch der harte Werkmann harrt
deiner Befehle
Zum Marsch gegen die Entgötter der Seele!
Paneuropa bricht auf gegen
Stalins Barbaren!
Tragt die Demokratie bis Sibirien vor
Und zieht auf der Zwingburg der roten Zaren
Stresemanns Friedensstandarte empor!

Hoffte Weinert dichterisch auf den Frieden durch die extreme Linke, so reimte Horst Wessel die Utopie des Friedens im Lied "Die Fahne hoch" aus extremer rechter Perspektive:

Im Namen des Friedens

[...] es schaun aufs Hakenkreuz voll
Hoffnung schon Millionen,
der Tag der Freiheit und für Brot bricht an
[...] Bald flattern Hitlerfahnen über allen
Straßen, die Knechtschaft dauert nur
noch kurze Zeit.

So kam es nach dem Zweiten Weltkrieg erneut zu dichterischen Lobpreisungen des Friedens. Nun waren die faschistischen und nationalsozia-

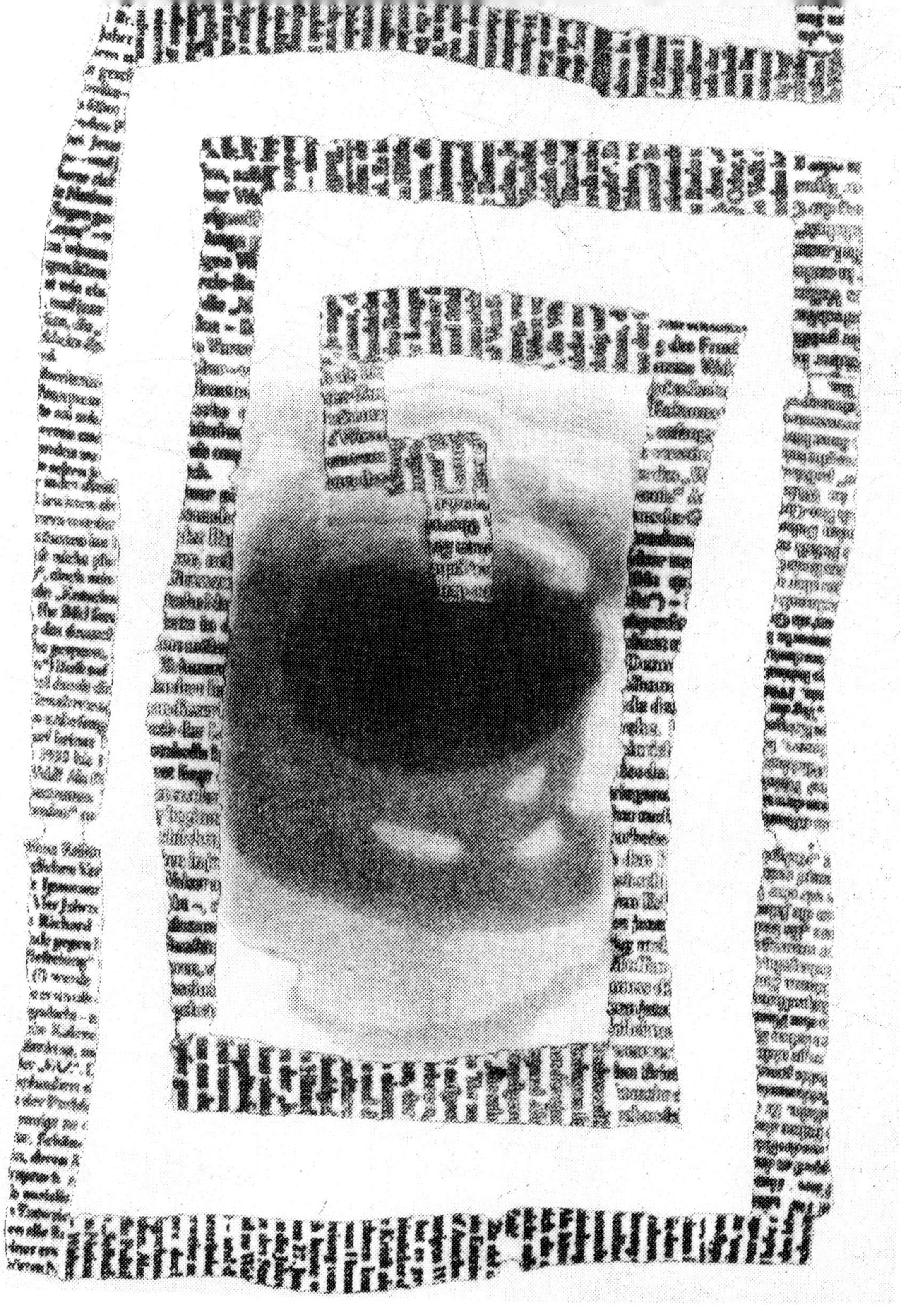
Manfred Blieffert

listischen Stimmen verstummt, aber Kommunismus, Sozialismus, Pazifismus, liberale Strömungen und bürgerlich-kirchliche Kreise griffen im Namen des Friedens – wie sie ihn meinten – zur Feder: Arnold Zweig (1887-1968) feierte Stalin als Friedensstifter (Hymne der Stalin-Preisträger, 1948), Max Zimmering (1909-1973) schrieb seine "Friedens- und Kampflieder für die FDJ" (Dresden 1951), und Jean Paul Sartre (1905-1980) brachte 1952 unter dem Titel "Die Kommunisten und der Frieden" seine Sichtweise zum Thema ein. Aus lateinamerikanischen Fernen meldete sich Pablo Neruda (1904-1973) mit Lobpreis der Friedensleistung Stalins in dem monumentalen Gedicht "Die Trauben und der Wind" (1952/53) zu Wort:

> Während der letzten Jahre hieß die Taube,
> der Friede, die unstet irrende Rose,
> die verfolgte, auf seinen Schultern
> sich nieder, und Stalin, der Mächtige,
> hob sie empor zur Höhe seiner Stirn.

Aus ganz ähnlichen Überzeugungen handelte der Tscheche Vítezslav Nezval (1900-1958) vom Frieden (Zpev míru – Ich singe den Frieden, 1950). Einzig Bert Brecht (1898-1956) vermochte etwa im "Friedenslied" aus "Mutter Courage" (1951) über den engeren politischen Horizont des Tages hinauszuführen. Während Gesinnungsgenossen Stalin und den Kommunismus als Friedensbringer feierten, wollte die "westliche" Welt davon nichts wissen. Der Stalinismus galt als blutige Tyrannei und Unterdrückung. Die Friedensgedanken einer Marie Luise Kaschnitz (1901-1974), eines Erich Kästner (1899-1974), eines Hermann Hesse (1871-1962), eines Ernst Jünger (1895-1963), eines Aldous Huxley (1892-1963) oder eines Sir Noël Coward (1899-1973), die im Anschluss an den Zweiten Weltkrieg geäußert wurden, legen sich tagespolitisch nicht fest und suchen zumeist aus den Rudimenten der abendländischen weltanschaulichen Traditionen Position zu beziehen.
Denkt man zurück an die Kantsche, letztlich auf antikes Gedankengut zurückgehende Einsicht, dass Kriege eine reinigende Funktion haben können, so scheint – von außen besehen – der Zweite Weltkrieg diese Funktion gehabt zu haben; zumindest wird sie am Friedenswillen der internationalen Nachkriegsdichtung deutlich. Die Dichtung um das Jahr 1968 zeigt dann das Ende jenes Willens zum Frieden und das Ende der damit verbunden gewesenen Aufbau- und Restaurationsphase an. Von Friede in solcher Lebensregelung wollte man damals nichts wissen. Volker von Törne (1934-1980) schrieb damals "Wolfspelz – Gedichte, Lieder, Montagen" (Berlin 1968), und im Gedicht Gegen "Verführung" heißt es:

> Ihr könnt nicht unterliegen:
> Macht nur die Augen auf!
> Es wird die Ohnmacht siegen,
> die Berge werden fliegen,
> es bricht ein Friede aus.

Es beruft sich niemand mehr auf die souveräne Weisheit der Antike, die den ganzen Menschen und das Ganze der Welt betraf, die daher nicht nur nach Veränderung fragte, sondern immer auch die Neuordnung im Sinne hatte. Hier ist das partikuläre Dagegensein und der diesbezügliche Aufruf zur gesellschaftlichen Revolution das Zentrum des Gedichts. In weiterreichende Hoffnungen zu friedvollem Leben unter neuen Vorzeichen arbeitet sich der dichterische Entwurf nicht vor. Die Zeiten des abendländischen Kulturzusammenhangs von der jeweiligen Gegenwart zurück bis zur Antike existiert auch auf diesem Gebiet nicht mehr.

Gleichsam aus dem Geist antiker Zeitkritik konnten Kant, Lessing und Goethe sprechen. Der berühmte Spruch Juvenals: "Wir unterliegen den Übeln eines langen Friedens; schrecklicher als die Waffen setzt uns der Luxus zu." (Satiren 6, 291), den wohl beide deutschen Dichter und der Königsberger Philosoph von Rang kannten, deutet auf denselben Sinn. Denkt man an die früheste Krieges- und Friedensdichtung Europas, an Homers "Ilias" und "Odyssee", so scheint schon der große griechische Dichter ähnliche Einsichten geteilt zu haben. Im Krieg wächst ein Volk über sich hinaus, im Frieden droht die Gefahr der Degeneration menschlicher Werte, menschlichen Zusammenlebens. So sehr den Griechen diese Überzeugung vertraut war, so sehr warnten sie doch vor übereilter Kriegsbegeisterung. Was damals galt, war auch für spätere Zeiten verbindlich. Kein Dichter von Rang stimmte dem Krieg bedenkenlos zu. Man wusste: Der Krieg, selbst wenn er als ein Heilmittel von außen gesehen wird, geht in seinen Wurzeln immer auf unrechtmäßige menschliche Ansprüche Einzelner oder ganzer Völker zurück. Hierin stimmen alle dichterischen Kriegsdarstellungen überein. Es ist faszinierend zu sehen, dass die gesamte große Kriegs- und Friedensdichtung der Welt letztlich nur darauf hinweist. Denn alle tragischen Konflikte, wie sie Dichter seit den Uranfängen der griechischen Dichtung schürzen, weisen auf die menschlichen Gebrechen hin, die der späteren Katastrophe zugrunde liegen. So darf man seit Homer diese großen Dichtungen nicht nur als breite Gemälde des Kampfes und des Untergangs sowie der Errichtung neuer Herrschaften sehen, sondern immer auch als den Kampf, vom Frieden zum Frieden zu finden. Die erste anakreontische Ode verabschiedet in diesem Sinn die großen Helden zugunsten liebevoller Friedfertigkeit, die zu besingen die vornehmste Aufgabe der Dichtung sei:

In großen Dichtungen geht es um den Kampf, vom Frieden zum Frieden zu finden.

"So lebt denn wohl, ihr Helden;
denn meine Leyer tönet
Von Liebe, nur von Liebe."

Wider den Krieg

Die Weisheit der Dichtung verherrlicht nicht den Krieg, sondern sucht ihn als verzweifeltes Mittel auf, das überwunden werden muss, um die Seligkeit des Friedens wieder zu gewinnen. Sie sucht daher das Gute im Menschen auf und appelliert an dieses Gute um des Friedens willen. Wenn das Böse aus der Welt verbannt werden kann, dann hält der Friede seinen Einzug. In solcher Idee gipfelt letztlich die Botschaft jeder der großen Religionen. Die Erlösung oder Befreiung vom Bösen ist zugleich auch der Beginn des dauernden Friedens. Vom biblischen Wort "Ehre sei Gott in der Höhe und Friede den Menschen auf Erden" bis hin zur Friedensbotschaft Buddhas ist der Friede immer die Folge der Ausschaltung des Bösen. Auch in Joseph Haydns (1732-1809) und Gottfried van Swietens (1734-1803) deistisch geprägten Oratorien "Die Schöpfung" und "Die Jahreszeiten" wird aus aufgeklärtem Verständnis nach der Verbannung des Bösen die Welt als irdisches Paradies den mündigen, einsichtsvollen Menschen überantwortet.
Die Dichtung aller Völker und Länder ist letztlich ein Zeugnis der Sehnsucht des Menschen nach

Manfred Blieffert

persönlichem und nach öffentlichem Frieden. Selbst der Historiker Titus Livius lässt in seinem großen Geschichtswerk "Ab urbe condita" daran keinen Zweifel: "Besser und sicherer ist ein gewisser Friede als ein erhoffter Sieg."
Freilich, die uralten Sprichwörter der Menschheit warnen vor den Übergriffen des Bösen, vor unrechtmäßigen Ansprüchen. Wie ein Sprichwort klingt bei Herodot das Wort des dem Perserkönig Kyros unterlegenen Königs Kroisos: "Wer ist wohl so unverständig, dass er den Krieg wählt statt des Friedens. Im Frieden begraben die Kinder ihre Väter, im Krieg aber die Väter ihre Kinder."
In der deutschen Literatur taucht ein solches Sprichwort, das wohl immer schon Geltung hatte, im frühen 16. Jahrhundert auf: "Es kann keiner länger Frieden haben, als sein Nachbar will." Wer hat, dem kann genommen werden. Dieser Grund persönlichen Unfriedens, ja kriegerischer Auseinandersetzungen wurde zu den verschiedenen Zeiten bei verschiedenen Völkern Anlass dichterischer Gestaltungen. Dass um des Goldes willen selbst nahe Verwandte zu Feinden wurden und Habgier die besten Freunde entzweite, war schon den griechischen Dichtern bewusst. In allen Gattungen gestalteten sie es, und von da ab durch-

zog es die ganze abendländische Dichtung, um im Bescheidenheitstopos der humanistischen Dichtung um 1600 und der gemeineuropäischen Aufklärungsliteratur des 18. Jahrhunderts festgeschrieben zu werden: Die Hütte und nicht der Palast ist der Ort des inneren und des äußeren Friedens. Und wieder war es die Antike, der man folgte: den Epigrammen der "Anthologia Graeca", Anakreon und Theokrit, Horaz, Ovid und Vergil. Davon hatte die neulateinische Dichtung des Humanismus und der Renaissance zunächst profitiert. Die Freiheit des Geistes an der Wende vom 15. zum 16. Jahrhundert bahnte sich solche utopischen Wege des Friedens jenseits des politischen und gesellschaftlichen Haders der Zeit.

Joachim Camerarius d.Ä. (1500-1574), ein Mann der klassischen Bildung und souveräner Beurteiler seiner Zeit, weist im Anschluss an Vergil und Horaz den Weg zu einem friedlichen Dasein:

> Glücklich, wer lebt auf eigenem Land;
> am Tisch, den der Vater oder der Ahne
> gewerkt, speist der, was nicht er gekauft.
> Unter dem eigenen Dach, so klein auch
> die Hütte, lebt er friedlich, dieser; bescheidet
> sich auch sparsam mit wenigem gern.

Im Vorgriff auf verwandte, ja identische Vorstellungen an der Wende vom 18. zum 19. Jahrhundert ist dieser Lobpreis des bescheidenen Landlebens – eines von vielen Beispielen – gestaltet. Das "Hodoiporiké et encomium rusticae vitae" des Joachim Camerarius steht an der Zeitenwende des neueren Europa: Ganz der antiken Geistigkeit hingegeben, sieht der Dichter die Problematik der aufkommenden gesellschaftlich-politischen und konfessionellen Zwietracht. Von da über die Normierungen und Gewalttätigkeiten des Dreißigjährigen Krieges und der Türkenkämpfe tritt die freie Geisteshaltung in den Hintergrund: Den Verlust des Friedens beklagt die Dichtung des 17. Jahrhunderts mit bewegenden Worten, die jeweiligen Friedensschlüsse begrüßt sie mit Jubel. Beide Haltungen erwachsen aus der Beständigkeit des christlichen Glaubens – bei den Katholiken wie den Protestanten. Hierin gleichen sich die Gedichte von Friedrich von Logau (1604-1655), Paul Fleming (1609-1640), Andreas Gryphius (1616-1664) oder Angelus Silesius (1624-1677).

Im Frieden begraben die Kinder ihre Väter, im Krieg die Väter ihre Kinder. (Herodot)

Ehe in Mitteleuropa die Misere der Glaubenskriege einsetzte, konnte man in England aus der Perspektive einer großen, letztlich nach Siegen im Frieden gefestigten Zeit, der Zeit Elizabeths I., auf ein fast unendliches Auf und Ab von Krieg und Frieden zurückblicken. In Geschichte und Legende standen den Menschen Englands an der Wende vom 15. zum 16. Jahrhundert die großen heimischen Kriege und Friedensschlüsse und eine Weltgeschichte seit der Antike vor Augen. William Shakespeares (1564-1616) Dramen deuteten sie mit den unvergänglichen Bildern seiner Tragödien und Komödien; sein ganzes großes Werk widmete der Dichter dem Existenzkampf des Menschen und dem Glauben an die Überwindung des Kriegs zum menschenwürdigen und gottgefälligen Frieden. Darauf weisen die Schlussworte des Historiendramas Richard III., die Heinrich, Graf von Richmond, dem künftigen König Henrich VII., in den Mund gelegt werden:

> Nun mögen Richmond und Elisabeth,
> Die echten Erben jedes Königshauses,
> Durch Gottes schöne Fügung sich vereinen!
> Mög ihr Geschlecht
> (wenn es Dein Will' ist, Gott!)

Die Folgezeit mit mildem Frieden segnen,
Mit lachendem Gedeih'n und heitern Tagen!
Zerbrich der Bösen Waffe, gnäd'ger Gott,
Die diese Tage möchten wiederbringen,
Dass England weinen müsst' in
Strömen Bluts!
Der lebe nicht und schmeck' des
Landes Frucht,
Der heim des schönen Landes Frieden sucht!
Getilgt ist Zwist, gestreut des
Friedens Samen:
Dass er hier lange blühe, Gott, sprich amen!

Entwürfe zum Frieden

Erst der neuerliche Durchbruch des Bürgertums unter dem Zeichen der gemeineuropäischen Aufklärung bringt auch den dichterischen Bemühungen um den Frieden neue Möglichkeiten und erlaubt zugleich den Anschluss an das freiere Geistesleben von Renaissance und Humanismus – nun allerdings bedient man sich nicht mehr des Lateinischen, sondern schreibt ebenso gewandt bereits in den Nationalsprachen. Was Niccolo Macchiavelli (1469-1527) in seinen "Discorsi sull'arte della guerra" um 1500 bereits festgestellt hatte, hielt sich auch jeder aufgeklärte Monarch – je auf seine Weise – vor Augen: "Der Fürst, der Adlige, der Mann aus dem Volke, jeder möge freudig in den Kampf ziehen, um Frieden zu haben, aber niemals den Frieden stören, um Krieg zu haben." Und doch hielt dieser Satz nicht – trotz aller Mündigkeitserklärungen des Menschen im damaligen Europa und Amerika. Selbst dieses so bewusst mit Toleranz, Herzens- und Geistesbildung dem Frieden zustrebende 18. Jahrhundert endete im Blut der Kriege auf dem eigenen Kontinent und in Übersee. Der deutsche Erzähler Wilhelm Raabe (1831-1910), der im späten 19. Jahrhundert auf diese ganze Misere zurückblicken konnte und Zukünftiges ahnte, zog ein weises, skeptisch-humorvolles Resümee: "Wir tragen eben den Frieden wie ein Gewand, an dem wir vorn flicken, während es hinten reißt – Der Stoff hält eben nicht." Die Dichtung jenes Teils von Europa, der den Gegensatz von Krieg und Frieden wohl am kontrastreichsten miterlebt hatte, der süddeutsch-österreichische, variierte nun die aufgeklärte Überzeugung vom Hüttchen-Bild, vom Arkadien seliger Gleichheit des Menschen zum biedermeierlichen Bescheidenheits- und Demutsideal:

Eines nur ist Glück hienieden,
Eins, des Innern stiller Frieden
Und die schuldbefreite Brust.
Und die Größe ist gefährlich [...]

heißt es in Franz Grillparzers Drama "Der Traum ein Leben" (1834), und bis hin zu den letzten Werken bewahrte sich der Dichter die Überzeugung, dass der Friede nur aus der Einsicht in die Grenzen menschlichen Handelns und dem Vertrauen auf eine gottgewollte Ordnung erstehen kann, so in "Ein Bruderzwist in Habsburg" und "Libussa".
War – nach den großen philosophischen und dichterischen Entwürfen um 1800 – die biedermeierliche Friedensutopie den Revolutionen von 1789 und 1848, aber auch der Restaurationsreglementierungen und dem napoleonischen Kriegestaumel entgegengestellt gewesen, so entstand mit Georg Büchners (1813-1837) Kampfschrift "Friede den Hütten, Kampf den Palästen" eine gesellschaftlich betonte friedensideologische Literatur, die das spätere 19. und dann vor allem das 20. Jahrhundert beherrschte. Der Blick auf das Ganze des Daseins, auf alle erfahrbaren und denkbaren Bereiche der Welt ging damit verloren. Der Parteilichkeit des öffentlichen Lebens ent-

spricht nun ein sonderbarer Partikularismus des Friedens. So darf jeder Weltteil und jede Partei in Anspruch nehmen, für den von ihm und von ihr angestrebten Frieden die Waffen zu ergreifen. Davon wurde schon gesprochen. So berührend dann die in diesem Sinn geäußerten literarischen Entwürfe von Thomas Mann (1875-1955) bis Johannes R. Becher (1891-1958), von Jean Paul Sartre (1905-1980) bis Pablo Neruda (1904-1973) sind, sie treffen jeweils nur Punkte ihres Gesichtskreises, und – nebeneinander gestellt – ergeben sie ein absurdes, widersprüchliches Durcheinander des Wünschens, Verherrlichens und Aburteilens. Seltsam hoffnungslos hebt sich davon die pazifistische Literatur einer Bertha von Suttner (1843-1914), eines Stefan Zweig (1881-1942) und eines Romain Rolland (1866-1944) ab, so dass dieses literarische Für und Wider an jenen schon erwähnten Spruch denken lässt, der in Friedrich Schillers letztem Drama "Wilhelm Tell" (1804) nachklingt: "Es kann der Frömmste nicht in Frieden bleiben, wenn es dem bösen Nachbarn nicht gefällt."

Als Schiller diese Verse schrieb, waren die Kriege im Gefolge der Französischen Revolution voll im Gange. Für ihn und für Goethe stellte sich die

Manfred Blieffert

Frage, wie denn nun der Mensch aus dieser Art Weltkrieg zumindest geistig-seelisch seinen Ausweg finden könne. Beide – Goethe und Schiller – arbeiteten aus der vollen Einsicht in den Jammer der Menschheit an ihrer Dichtung, die in besonderem Maße seit den 90er Jahren zu einer Dichtung des Friedens wurde. Der schmale Pfad der Verwirklichung des Friedens könne nur dann von den Menschen einigermaßen erfolgreich begangen werden, wenn ihnen die Pflicht des rechtmäßigen Handelns sich selbst und den anderen, dem Göttlich-Ewigen und der Schöpfung, der Natur gegenüber bewusst sei. Goethe und Schiller und vielen ihrer Zeitgenossen stand eine große weltanschauliche Auseinandersetzung zur Seite, die von den Reformierungsbemühungen der christlichen Kirchen bis zum Kantschen Idealismus reichte. Und es war klar: Je weiter sich die Kultur und Zivilisation der Menschheit entwickle, desto schwieriger würde sich Humanität im Sinn der Friedensstiftung erreichen lassen. Den praktischen Beweis dafür lieferte dann die geschichtliche Wirklichkeit des 19. und 20. Jahrhunderts. Schlimmer noch: Die Verkümmerung der Werte, der Bemühungen um neue weltanschauliche und religiöse Positionen verstärken noch die Gefahr des völligen Abgleitens in die Barbarei. In diesem Sinn ist Shakespeares Wort aus King Henry VI heute gültig wie eh und je: "Blessed are the peacemakers on earth."

Die großen Friedensstifter dieser Welt sind nicht jene Menschen, die die politischen Verträge unterzeichnen und immer nur für kurze Zeit Frieden zu garantieren im Stande sind; es sind vielmehr die Dichter, die die Abgründe des menschlichen Geistes und der Seele, die Verführungen, Begierden und Affekte durchschauen und überwinden; die in beseligenden und bestürzenden Bildern von der Welt das Verderben und die Freuden des Menschen gestalten und damit vom Chaos und der Zerstörung weg- und zum Aufbau einer fruchtbar gedeihenden friedlichen Welt weisen wollen. Wenn das 20. Jahrhundert die Glaubenslosigkeit, die Lieblosigkeit und damit die Hoffnungslosigkeit in dieser Welt so berührend bis hin zu Wolfgang Borchert ("Draußen vor der Tür"), Heinrich Böll ("Ansichten eines Clowns"), Alexander Solschenitzin (*1918; "Archipel Gulag"), wenn sie zugleich jene als Friedensbringer feiert, die den anderen als absolute Unterdrücker erscheinen (Neruda etc.), dann spiegelt sich in der Dichtung eine zerschlagene, verworrene Welt, vor deren verwirrtem Handeln die Dichter warnen. Aus dem zunehmenden Grauen vor den Kriegsgräueln des 19. Jahrhunderts erwächst das verzweifelte Bemühen der Friedensrettung eines Alfred Nobel, eines Henri Dunant und einer Bertha von Suttner (1843-1914). Bertha von Suttner weiß um die zunehmende Grausamkeit dieser Welt und um die latente Barbarei ihres an ein kulturelles Ende gelangenden Kontinents. Der Titel ihres Romans "Die Waffen nieder!" (1889) ist ein verzweifelter Notschrei angesichts des heraufdämmernden Jahrhunderts der beiden großen Weltkriege. Die Dichtung des 20. Jahrhunderts zeigt denn auch die ganze Misere in vollem Umfang: Es ist den Dichtern schwerer denn je geworden, Friedensarbeit zu leisten, aber noch immer gilt ihnen der Satz Shakespeares: "Gesegnet seien die Friedensstifter auf Erden."

Herbert Zeman

...Klänge des Friedens

Wie den Frieden intonieren?

Kriegswirklichkeit und Friedenshoffnung haben zu allen Zeiten Komponisten zu Werken inspiriert, die – wie Beethoven über seine Missa solemnis als Motto schrieb – "von Herzen kommen" und "wieder zu Herzen gehen" sollen. Beethovens Leitspruch geht, wie von einem Komponisten nicht anders erwartbar, von der Musik "als einer tönend bewegten Form" (E. Hanslick) aus, die über die Vermittlung der jeweiligen Interpretation den Hörer in ihren Bann ziehen will: Darüber kann eine Gleichgestimmtheit bzw. Seelenverwandtschaft, also Kongenialität, zwischen Komponist und Hörer entstehen.
Kompositionen sind in solchem Verständnis ein Angebot; der Hörer figuriert dann als Nachfragender bzw. Empfänger, als Resonanzboden. Die Vermittlung kommt über ein "Musikereignis" zustande.
Das ist die gängige, später ausführlicher zu betrachtende Zugangsweise zur Friedensproblematik, wie sie sich in klassischer Musik darstellt. Ein anderer Zugang, der ebenfalls nahe liegt, aber wenig systematisch reflektiert wird, geht vom Hörer aus. Ihm liegt die Beobachtung zugrunde, dass jedermann mit Krieg und Frieden, aber insbesondere mit der Idee des Friedens besondere Gedanken und Gefühle, also Assoziationen, verbindet und dass das jeweilige Friedensverständnis von solchem "Alltagsbewusstsein" tiefgründig geprägt wird. Es ließe sich in diesem Zusammenhang von "Friedensfantasien" sprechen, die dann in die Musik hineinprojiziert werden – ungeachtet der Tatsache, ob es in der Absicht des Komponisten lag, solche inhaltlich spezifischen Fantasien hervorzurufen.

Beispiele subjektiven Erlebens

Wohlgefügte Ordnung

Nennen wir einige Beispiele: Viele Menschen verbinden mit Frieden die Idee einer wohlgefügten Ordnung, also deutlich mehr als die Abwesenheit von Gewalt und Krieg, auch mehr als nur Sicherheit, viel eher schon Rechtsfrieden, der bekanntlich in heutigen Gesellschaften ohne ständige Bemühungen um soziale Gerechtigkeit nicht vorstellbar ist. Begriffe, die sich in diesem Zusammenhang einstellen, wären also: Erwartungsverlässlichkeit, erkennbare Struktur und Formgestalt, eine durchschaubare Architektur, die vertrauenswürdig ist. Friede als Abbild von "Ordnung". Wer beispielsweise ein Concerto grosso von Corelli, Muffat, Bach, Händel oder anderen Barockkomponisten hört, mag in dieser von durchhörbarer Ordnung geprägten Musik den kongenialen kompositorischen Ausdruck solcher Friedensfantasie empfinden oder wieder erkennen.

Kosmische Harmonie

Betrachten wir demgegenüber eine völlig andersartige Perspektive: Frieden als strukturierte, in ihrer Architektur durchsichtige, letztlich auch planbare Ordnung zu erfassen, ist sehr eurozentrisch gedacht. Als Kontrast lassen sich "asiatische", vor allem daoistische Assoziationen anführen. In solcher Vorstellungswelt existiert zwischen Kosmos, Natur, Gesellschaft und den Menschen (aber auch der herrschaftlichen Ordnung hier und heute) eine symbiotische Einheit. Vor allem bestehen gleitende Übergänge: ein Fließen zwischen Oben und Unten, zwischen Davor und Danach, so dass solche Kategorien ohne Zäsur, nicht polarisierend oder dichotomisierend empfunden werden. "Frieden" bedeutet dann: sich der kosmischen Ordnung anzuschmiegen, d.h., die an und für sich friedliche ("kosmische") Ordnung nicht zu stören. Welche Musik könnte einer solchen Vorstellung entsprechen? Es müsste eine Musik sein mit gleitenden Übergängen, mit großen Klangflächen, mit einem kontinuierlich fließenden und strömenden Klang. Es sollte eine Musik sein ohne durchhörbare Zeichnung, eine irisierende, in Regenbogenfarben schillernde oder flimmernde Musik, von feinfasrigem Gewebe, von farbig-oszillierender und changierender Harmonik, ohne Thema oder Motive, ohne Melodie und Metrik, also eine Musik, die glitzert und dahinströmt. Sie findet sich in Ostasien, aber auch bei modernen westlichen Komponisten wie beispielsweise in dem klassischen Werk von György Ligeti Atmosphères, das viele Komponisten zu vergleichbaren, auf breite Klanggemälde ausgelegte Kompositionen anregte.

Mit der Darstellung von Frieden tun sich Komponisten schwer.

Schönheit und Glückseligkeit

Eine ganz andere Assoziation mit "Frieden" ist diejenige, in der Frieden in eins gesetzt wird mit Friedlichkeit, Beschwingtheit, Glück und Glückseligkeit, ja mit Harmonie. Denn Frieden kann nicht als "hässlich" vorgestellt werden. Solche Friedensvorstellung findet ihren Bezugspunkt in "himmlisch-schöner Musik", in den "schönen Stellen" der Kompositionen. Viele assoziieren mit solcher Friedensfantasie die Musik Mozarts, und manche haben diesem Gefühl beredt Ausdruck verliehen. Von Mozart sagte beispielsweise George Bernard Shaw: "Mozarts Musik ist die einzige, die im Munde Gottes nicht deplaziert wirken würde." Von dem berühmten protestantischen Theologen Karl Barth gibt es den Ausspruch: "Wenn die Engel zum Lobe Gottes spielen, dann spielen sie Bach. Wenn sie aber unter sich spielen, dann Mozart. Aber auch dann würde der liebe Gott gerne zuhören." Der katholische Theologe Hans Küng will in Mozarts Musik "Spuren der Transzendenz" erkennen. Und Georg Lukacs sagte einmal in einem Gespräch mit George Steiner: "Es gibt nicht eine einzige Viertelnote bei Mozart, die für unmenschliche oder reaktionäre politische Ziele genutzt werden kann." Schönheit und Glückseligkeit: Das ist offensichtlich die Friedensfantasie, die sich mit Mozarts Musik verbindet – ungeachtet der Tatsache, dass Mozarts Musik in Wirklichkeit "glücklich und traurig zugleich ist, tragisch in den komischsten Momenten, Moll im Dur, leidenschaftlich und objektiv, eine Mischung gegensätzlicher Empfindungen", wie der amerikanische Komponist Elliott Carter einmal schrieb.

Dialektik von Friedlichkeit und Friedlosigkeit

Eine weitere Friedensfantasie und die ihr kongeniale Musik bringen uns auf den Boden der Wirklichkeit zurück. In ihr kommt die Dialektik vom Traumschönen und der Brutalität des Daseins, von heiterer Friedlichkeit und stampfender, hämmernder, unerträglich werdender Friedlosigkeit, ja von angsteinflößenden Abgründen, aber auch der erneuten Befreiung davon zum Ausdruck. Entsprechende Kompositionen lassen hörbar werden, dass der Schönheit, der Friedlichkeit, der gefälligen Ordnung, wie sie sich durch das Spiel der Töne vermitteln, nicht zu trauen ist; dass die Welt in der Spannung zwischen Wirklichkeitswelt und der Emphase einer utopischen Gegenwelt sich bewegt, möglicherweise in unentrinnbarer Tragik, weil das Sehnen nach einem unbeschwerten, befriedeten Zusammenleben immer wieder durch die harte Realität durchkreuzt wird. Viele große Sinfonien der vergangenen zweihundert Jahre bieten sich als Bezugspunkt für eine solche durch extreme Spannung, Brüchigkeit und Zerrissenheit gekennzeichnete Friedensfantasie

an, beispielhaft Bruckners letzte (unvollendet gebliebene) *Sinfonie Nr. 9*.
Frieden erschließt sich also dem Hörer gemäß solcher (und anderer) Friedensfantasien, mit denen er Kompositionen begegnet. Dabei müssen die Kompositionen selbst keinen programmatischen Bezug zur Friedensproblematik haben. In aller Regel sind sie einfach der Inbegriff, um noch einmal Hanslick zu zitieren, "tönend bewegter Form".

Kompositionen zur Krieg und Friedensproplematik

Aber dies ist nur einer der Zugänge zur Sinneswelt Musik und ihrer Relevanz für die Friedensproblematik. Ein ganz anderer Zugang ergibt sich über das Angebot der Komponisten, die mit einzelnen Kompositionen *ausdrücklich* zur Friedensproblematik Stellung beziehen und, wenn man so will, Händels, vom Alten Testament im *Messias* inspirierte Frage "Why do the nations so furiously rage together, and why do the people imagine a vain thing?" zu beantworten versuchen: "Warum rasen und toben die Völker im Zorne? Warum halten sie stolzen Rat? Und warum planen sie wahnwitziges Tun?" Die Frage entstammt nicht einem akademischen Kontext. Der Psalmist stellt nicht die Kernfrage der Kriegsursachenforschung, und dennoch lässt sich, mit gewissem Recht, die Händelsche Vertonung der psalmistischen Frage wie ein musikalisches Logo der Friedensdiskussion verstehen.
Eine Sichtung einschlägiger, *explizit* auf die Friedensproblematik ausgelegter Kompositionen zeigt, dass das Angebot breit gefächert ist: Es gibt nur wenige Kompositionen, in denen sich Vorahnungen über einen drohenden Krieg anzeigen. Der Krieg selbst ist vielfach Gegenstand von Kompositionen geworden: in unbeschwertem Sinne, früher oft in militaristischer Absicht, aber heute vor allem in Werken, die Nachdenklichkeit provozieren. Die Fürbitte um den Frieden ist häufig

Gegenstand von Kompositionen gewesen, auch der Dank für den wieder gewonnenen Frieden, in früheren Kompositionen vor allem der Dank für gewonnene Siege. In diesem Jahrhundert stehen Kompositionen im Vordergrund, die sich durch einen Trauergestus auszeichnen: Der Krieg erscheint darin als menschenverachtend und inhuman. Martialische Musik gibt es nur noch im engeren militärischen Sinne (Militärkapellen-Musik). Solange der Realsozialismus existierte, mussten sich Komponisten, politisch instrumentalisiert, oft genug entsprechender parteiprogrammatischer Absicht fügen. Dabei entstand oft friedenspolitisch-plakative Musik. Eindrucksvoll in diesem Jahrhundert sind die Anti-Kompositionen, also antimilitaristische Musik, die sich auch schon vor allem im 17. Jahrhundert, im zeitlichen Umkreis des Dreißigjährigen Krieges auffinden lässt. Mit der positiven, konstruktiven oder affirmativen Darstellung des Friedens tun sich Komponisten schwer, früher nicht anders als heute. Aber solche Versuche gibt es – mit und ohne Textunterlegungen.
Die Annäherung an den Frieden in klassischer Musik findet also in einem relativ breiten Spektrum von Angeboten statt. Hier wiederum nur einige wenige Beispiele zur Illustration:

Krieg und Liebeskriege

Krieg: Martialisch ist der Krieg, und so ist er auch darzustellen. Während des Ersten Weltkrieges komponierte Gustav Holst *The Planets*. Die siebenteilige Komposition setzt ein mit "Mars, the Bringer of War". Die Atmosphäre ist dumpf, der Rhythmus maschinenhaft-eintönig und trommelnd. Die Tonhöhe, völlig eintönig bleibend, steigt an: Man hört regelrecht Eskalation; die Martialität intensiviert sich. Im 5/4-Takt treibt sie sich atemlos voran. Da gibt es zwar Einschnitte, die luftig, leicht und fröhlich erscheinen, aber sie sind ohne Beständigkeit. Ein noch mehr hämmernder Rhythmus kehrt zurück; Harmonien prallen aufeinander. Mit diesem schließlich sich aufdrängenden Klangbild wird hörbar, wie eine Welt explodiert und zugrunde geht.

In Schlachten und "Liebeskriegen" lebten Komponisten ihre Virtuosität aus.

Das ist eine ganz andere Welt als jene, die sich in der Schlachten-Musik der frühen Neuzeit dokumentiert. Wie einem pedantisch eingehaltenen Wiederholungszwang folgend, entfaltet sich in den so genannten Instrumentalbattaglien das Schlachtengetümmel in Etappen: Morgendämmerung, Weckrufe, Aufmarsch der feindlichen Truppen (jeweils erkennbar über entsprechende musikalische Zitate), Vorrücken der Streitkräfte, die eigentliche Schlacht, Jammern der Verwundeten, dazwischen Durchhalteparolen vermittels Trompeten und Posaunen, Sieg/Niederlage, Rückzug, Trauer um die gefallenen Soldaten und deren Bestattung, Tanz und Siegesfeier usf. Es bedurfte eines Beethoven, um diesen Typ von Komposition, wie er im 16., 17. und 18. Jahrhundert gängig war, Anfang des 19. Jahrhunderts auf einen Höhepunkt zu bringen: Bemerkenswert ist, dass *Wellingtons Sieg oder Die Schlacht bei Vittoria* zu seinen Lebzeiten die populärste Komposition Beethovens wurde. Das Stück feiert den Sieg der britischen, portugiesischen und spanischen Truppen bei Vittoria (Spanien) über die französische Armee im Juli 1813.
Dass historische Urteile und Vorurteile sich in solchen Kompositionen widerspiegeln, ist unausweichlich, so wenn beispielsweise später Franz Liszt in der *Hunnenschlacht* das Reich des Guten (das Christentum) und das Reich des Bösen (symbolisiert durch die Hunnen als Inbegriff der Barbarei) aufeinander prallen lässt. Am Sieg des Chri-

stentums ist nicht zu zweifeln: Alte gregorianische Choralmusik, zunächst überraschend von einer Orgel zögerlich eingeführt, signalisiert ihn. Nach lyrisch anmutenden Abschnitten, die das Schlachtengetümmel vergessen lassen, triumphiert am Ende in der Symbiose von Orchester und Orgel die gute Sache.

Komponisten der frühen Neuzeit waren allerdings nicht nur in die Darstellung von militärischen Schlachten verliebt, sondern auch in die kompositorische Inszenierung von "Liebeskriegen". Der Liebeskrieg, wie er beispielsweise in den Kompositionen von Claudio Monteverdi oder Biagio Marini seinen Ausdruck findet, das ist ein Krieg per Analogie, ein Rollenspiel: So erscheint bei Marini die Geliebte als die Festung eines Herzens von Stein, zunächst unbezwingbar, auch unnahbar; entsprechend ist der Liebhaber voll sehnsuchtsvoller Eroberungslust: "Guerra è il mio stato". Man könnte übersetzen: "Krieg ist meine Gemütslage" – da hört weder der Soldat auf, sich zu mühen, noch ruht der wahre Liebende jemals aus, ehe das Ziel erreicht ist.

Komponisten haben sich in solche Sujets – Schlachten und Liebeskriege – verliebt, weil sie darin ihre kompositorische Virtuosität ausleben konnten, auch weil offensichtlich in der Gesellschaft ein Resonanzboden für solche Darstellung bestand. Der Gefahr einer Ästhetisierung von Krieg, Kampfgetümmel und Konflikt konnte man dabei nicht entgehen.

"Da pacem" zieht sich als Leitmotiv quer durch die Musikgeschichte.

Fürbitte um Frieden, Lobpreisungen und Dank

Da pacem – Fürbitte um den Frieden: Der unerbittliche Rhythmus der Pauke – marschierende Truppen, aufeinander prallende Militärmaschinerien symbolisierend – kann auch ganz anderes versinnbildlichen: nämlich Angst vor dem nahenden Krieg, auch Abwehr und Protest, also eine Antikriegshaltung, aus der die Friedensfürbitte erwächst. Ein eindrucksvoller Beleg findet sich im "Agnus Dei" von Haydns *Paukenmesse*. Die Komposition entstand 1796 in bedrängter Zeit. Die französischen Truppen hatten in Italien Sieg um Sieg errungen. Die Geschichtswissenschaft spricht von einem glänzenden Feldzug Bonapartes. Französische Truppen standen in der Steiermark und drohten, weiter vorzurücken. Im "Agnus Dei" hört man, vermittels des Einsatzes der Solo-Pauke, den Feind aus der Ferne heranmarschieren. Solange die französische Armee im eigenen Lande stand, durfte von Frieden, amtlicherseits befohlen, nicht geredet werden. Doch Haydn konnte die Liturgie der Messe nutzen, um nicht nur vom Frieden zu reden, sondern ihn mit seinen kompositorischen Mitteln regelrecht zu fordern. Das flehende "miserere nobis" ist eingebunden in den unerbittlichen Rhythmus der Solo-Pauke; das "dona nobis pacem" hört sich an wie: "Wir wollen, wir fordern Frieden!", kraftvoll von Fanfaren unterstützt.

In Beethovens *Missa solemnis* hatte Haydns Anliegen dann eine nach Beethoven nicht wiederholte, wahrscheinlich auch nicht wiederholbare Zuspitzung erfahren: Im "Agnus Dei" dieser Messe werden, wie wohl an keiner anderen Stelle in der Musikgeschichte, Krieg und Frieden in ihrem antipodischen Charakter als dramatisches Ringen um Frieden und gegen den Krieg thematisiert. Auch in Beethovens "Agnus Dei" zieht sich letztendlich das Militärisch-Kriegerische zurück. Es entsteht der Eindruck, als ob der Wille zum Frieden und der Frieden selbst über den Krieg gesiegt haben. Dieser Friede stellt sich aber nicht gefällig, nicht leichthin und schon gar nicht deklamatorisch ein. Er ist in der Komposition das Ergebnis einer dramatischen Auseinandersetzung, von großer Anspannung: Das Ende – Frieden – ist nicht vorstellbar ohne die vorhergehenden Angstschreie und den Blick in die Abgründe. Auch zeitgenössische Komponisten haben diesem Widerstreit zwischen Krieg und Frieden, wie er sich in der Friedensfürbitte spannungsvoll dokumentiert, kompositorischen Ausdruck zu geben versucht, so beispielsweise Arthur Honegger in seiner *Sinfonie Nr. 3* oder Antal Doráti in seiner *Sinfonie Nr. 2*. Im Übrigen gehört die Friedensfürbitte ("da pacem") zu jenen kompositorischen Topoi, die seit dem Spätmittelalter quer durch die Musikgeschichte von Komponisten immer wieder aufgegriffen worden sind, allerjüngst u.a. von Katherine Hoover und Violeta Dinescu.

Erwartung des Friedens: In inhaltlichem Zusammenhang mit der Friedensfürbitte stehen auch Kompositionen, die mitten im Krieg der Friedenserwartung Ausdruck verliehen. Als 1940 die deutsche Wehrmacht in Frankreich einmarschierte, schrieb beispielsweise André Jolivet eine *Messe pour le Jour de la Paix*. Diese Messe beginnt mit einem depressiv eingestimmten "Alleluja" – ohne Hoffnungsschimmer, der natürlich angesichts der Ereignisse auch nicht aufscheinen kann. Im Laufe der Messe heitert sich diese trostlose Stimmungslage zögerlich auf. Doch am Ende wird noch einmal das "Alleluja" wiederholt, nunmehr von der Stimme geradewegs euphorisch vorgetragen: Trotz der aktuellen Erfahrung , Hoffnung ist möglich! – das war die Botschaft. Wiederum mitten im Krieg wurde die 1943 komponierte *Sinfonie Nr. 5* des Engländers Ralph Vaughan Williams als Inbegriff der Zuversicht empfunden, dass trotz aller Zerstörung und allen Chaos schließlich und endlich eine friedliche Ordnung obsiegen werde. Ähnliches wird auch von der Aufführung der Sinfonie Nr. 5 von Sergej Prokofjew (1944/45) berichtet. Diese Sinfonie begriff der Komponist als ein Dokument des Sieges über die Kräfte des Bösen. Nach Jahren des Krieges und noch im Kriege selbst sollte diese Komposition einen Durchblick auf Frieden vermitteln.

> ***Der Friedensschluss wurde früher, vor allem bei Sieg-Frieden, mit Musik gefeiert.***

Dank-Kompositionen: Kam es zum Friedensschluss, so wurde dieser früher, vor allem wenn es sich um einen Sieg-Frieden handelte, mit Musik gefeiert. Das war die Stunde der Dankgesänge, der Anlass für "Te Deum"-Kompositionen: für Gotteslob zur Feier kriegerischer Erfolge. Besonders mit solchen Kompositionen prägte sich Georg Friedrich Händel in das Gedächtnis seiner Zeitgenossen und auch der Nachwelt ein, so vor allem mit seiner viel gespielten *Feuerwerksmusik*, die im Anschluss an den Frieden von Aachen (1749) komponiert wurde. Marc-Antoine Charpentiers *Te Deum* (1692) war als jubilierende Reaktion auf einen französichen Sieg gedacht. Das orchestrale Vorspiel dieser Komposition ist heute der Auftakt zu jeder Eurovision-Sendung und hat darin seine Verewigung erfahren – ohne jegliche Erinnerung an kriegerische Siege, aber auch heute noch mit viel Pauken und Trompeten, den "kriegerischen" Instrumenten von einst, gespielt.

Trauer, Klage und Protest

Klagemusik: Das 20. Jahrhundert kennt im Großen und Ganzen keine triumphierenden musikalischen Reaktionen mehr auf gewonnene

Siege. Der Krieg erscheint jetzt vielmehr als eine zivilisatorische, gesellschaftliche und menschliche Katastrophe. In den Kompositionen werden Tod, Trauer und Klage thematisiert. Immer noch aktuell wirken hierbei Kompositionen aus dem 17. Jahrhundert, der Zeit des Dreißigjährigen Krieges, in denen einst den Leiden des furchtbaren, lang anhaltenden mörderischen Krieges Ausdruck verliehen wurde.

> *Frieden ohne Worte – das ist immer ein kompositorisches Wagnis.*

Protest, Trauer, Bewältigung von Schmerz, Verzweiflung, Wut: Das sind Stichworte, die sich vor allem auf Karl Amadeus Hartmanns Kompositionen, die in diesem Zusammenhang an erster Stelle zu nennen sind, beziehen lassen. Einzelne Kompositionen dieses Komponisten zu nennen wäre willkürlich, denn das gesamte Lebenswerk dieses Künstlers richtete sich gegen Diktatur, Gewalt und Krieg, besonders eindrucksvoll die *Musik der Trauer für Solo-Violine und Streichorchester*. Andere Komponisten haben Orte extremer Barbarei zum Ausgangspunkt ihrer Kompositionen gemacht: Guernica, Lidice, Auschwitz, Hiroshima, aber auch Nanking, eine Stadt, in der japanische Truppen in einem Massaker 300.000 Chinesen dahinmordeten – eine bis vor kurzem weithin vergessene Untat, die erst jetzt ihre Dokumentation und ihre kompositorische Bearbeitung (Bright Sheng) erfahren hat.

Anti-Kompositionen: Ein durch Gewalt, Unterdrückung, Not, Vorurteile, Feindbilder, Nationalismus und Rassismus geprägtes Jahrhundert muss zwangsläufig Abwehr und Protest provozieren, an erster Stelle antimilitaristische Kompositionen. Dabei könnte gelten: Je subtiler die Darstellung, umso wirkungsvoller das entsprechende Werk. Beispielsweise, wenn in Gustav Mahlers "Revelge", einem militärischen Weckruf (enthalten in *Lieder nach Gedichten aus "Des Knaben Wunderhorn"*) ein verwundeter, sterbender Soldat, von seinen Kameraden liegen gelassen, noch einmal die Trommel rührt und er mit anderen Gefallenen, einer Geisterarmee also, den Feind schlägt und, geisterhaft, das Nachtquartier wieder erreicht: "Des Morgens stehen da die Gebeine in Reih und Glied, sie steh'n wie Leichensteine, die Trommel steht voran, dass sie (das Schätzlein) ihn sehen kann". Kurt Weill und Hanns Eisler wären in diesem Zusammenhang zu nennen. In ihren Kompositionen der Abwehr und des Protestes kommen völlig legitimerweise agitatorische Impulse zum Tragen. Die entscheidende Frage dabei ist nicht: Agitation, ja oder nein, sondern ob es den Künstlern gelingt, den agitatorischen Impuls ästhetisch überzeugend zu bearbeiten und zu vermitteln.

Literarische und pastorale Inspirationen

Frieden: Die wirkliche, von Komponisten nur selten angenommene Herausforderung besteht jedoch darin, der eigenen Vorstellung über Frieden kompositorisch Ausdruck zu verleihen. Das geschieht oft unter Zuhilfenahme von literarischen Zeugnissen, insbesondere von Bibel-Texten und Gedichten, so wenn beispielsweise Arnold Schönberg sich von einem Gedicht Conrad Ferdinand Meyers zu seiner Komposition für gemischten Chor a cappella *Friede auf Erden* (1911) inspirieren ließ. Das Gedicht geht zunächst von der biblischen Friedensverheißung aus; es fährt fort mit der Klage über deren Vergeblichkeit, um in die Hoffnung, ja die Forderung zu münden, diese Verheißung endlich zu erfüllen.

Frieden ohne Worte – das ist immer ein kompositorisches Wagnis. In der eingangs zitierten

Friedensklänge

Walzer.

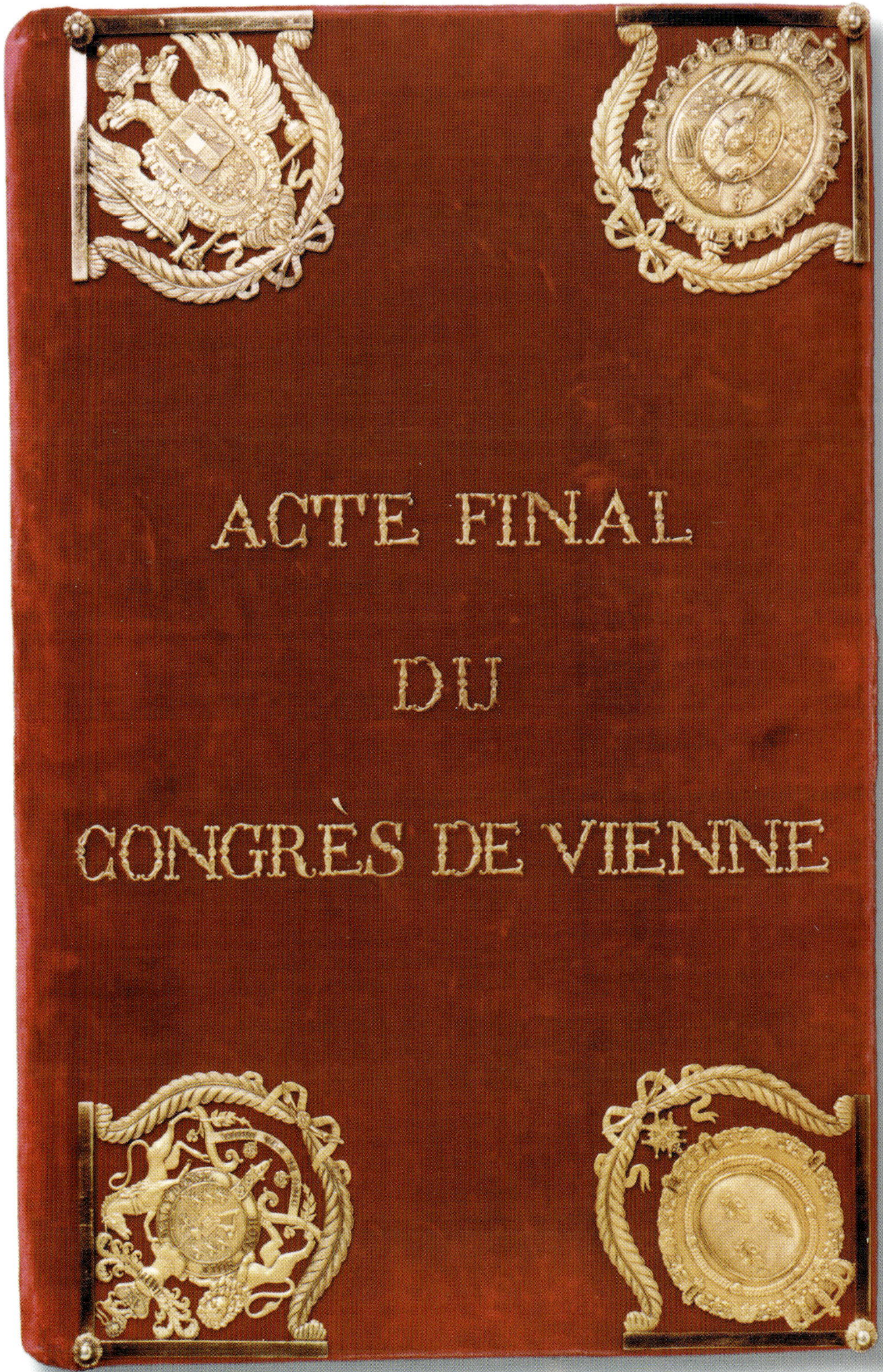
ACTE FINAL
DU
CONGRÈS DE VIENNE

Stell Dir vor,
es ist Krieg,
und Keiner geht hin.

TIME FOR PEACE

Komposition von Gustav Holst *The Planets* folgt auf "Mars, den Kriegsbringer" als zweiter Satz "Venus, die Friedensbringerin": weit ausladend, äußerst feingliedrig orchestriert, auch mit viel Schönklang, in deutlichem Kontrast zum ersten, hämmernd-martialischen Satz.

Hirten- und Schäfermusik vermittelten einst einen Inbegriff von Friedlichkeit, so auch pastorale Musik, die die friedvolle Atmosphäre eines Arkadien ausstrahlt. Neuerdings bewirkt minimalistische Musik den gleichen Effekt: Sie lässt Augenblicke der Beruhigung und Oasen der Stille entstehen. Solche Musik ist jedoch nur dann überzeugend, wenn sie sich der Widerborstigkeit der Realität stellt und erfahrbare Realität nicht einfach weltflüchtig verleugnet.

Interkultureller Dialog

Mit Musik Frieden zu stiften kann aber auch auf ganz andere Weise geschehen, beispielsweise wenn Komponisten bewusst unterschiedliche nationale Musikstile miteinander kombinieren, um darüber, wie Georg Muffat (1695) einst explizit beabsichtigte, Frieden zu stiften. Béla Bartók, der ungarische Komponist, hatte keinen sehnlicheren Wunsch, als die Verbrüderung der Völker trotz allem Krieg und Hader zu befördern: "Dieser Idee versuche ich – soweit es meine Kräfte gestatten – in meiner Musik zu dienen; deshalb entziehe ich mich keinem Einflusse, mag er auch slowakischer, rumänischer, arabischer oder sonst irgendeiner Quelle entstammen." In seiner *Tanzsuite* finden sich solche verschiedenartigen Einflüsse unterschiedlicher kultureller bzw. nationaler Stile, gerade auch der Volksmusik, aufgehoben. Zeitgenössische Komponisten (wie u.a. Klaus Huber) bemühen sich neuerdings um einen "interkulturellen Dialog" und eine diesem entsprechende Semantik.

Freude ist sehr viel schwieriger auszudrücken als Schmerz – und Frieden schwieriger als Krieg.

Im Hinblick auf die kompositorische Bearbeitung des "Friedens" ist der Beitrag geistlicher Musik von besonderer Bedeutung. Die römisch-katholische Messe, darin vor allem das "dona nobis pacem" im "Agnus Dei", wurde allermeist nicht nur im Hinblick auf ihren liturgischen Stellenwert, sondern auch als friedenspolitisches Zeugnis wahrgenommen. Exzeptionell ist die Thematisierung von "Frieden" in Johann Sebastian Bachs *Messe h-moll*, in deren "Gloria" der orchestrale und gesangliche Fluss der Lobpreisung Gottes durch eine nicht enden wollende Wiederholung des "et in terra pax" regelrecht unterbrochen, ja aufgehalten wird. So als ob Bach gegen den Widerspruch der Hörer darauf insistieren wollte: "Ja, es gibt auch eine Ordnung des Friedens auf *dieser* Welt..." – allerdings "hominibus bonae voluntatis": Friede den Menschen, die guten Willens sind. Und wirken solche Menschen als Friedensstifter, gilt ihnen, gerade auch in der geistlich motivierten Musik, die Seligpreisung: "Selig die Friedensstifter, denn sie werden Gottes Kinder heißen" (C. Frank, A. Pärt u.a.).

Friede: Er verlangt letztendlich eine positive Botschaft, auch eine entsprechende Ästhetik. In diesem Jahrhundert steht für ein solches Verständnis fast einzigartig Olivier Messiaens Werk. "Die Freude", so schrieb der französische Komponist einmal, "ist sehr viel schwieriger auszudrücken als der Schmerz. Wenn Sie die zeitgenössische Musik ansehen, kein Mensch drückt die Freude aus. Es sind schreckliche, traurige, leidensvolle, schwarze, graue, finstere Dinge, aber es gibt weder Freude noch Licht". Messiaen wollte die düsteren Seiten des Lebens, die er keineswegs leugnete, nicht einfach verdoppeln, also keine "Finsternis-Musik" schreiben. Sein Ideal war "Farben-Musik", denn diese ruft im Selbstverständnis des Komponisten (und, wie er hofft, auch des Hörers) hervor, was sonnenbeschienene Glasfenster und Rosetten mittelalterlicher Kathedralen bewirken: Farben-Musik führt uns über den Farbklang zu einem Begreifen jenseits des einfachen Erfassens; sie führt uns zum Geblendet-Sein (éblouissement). Gegen den Geist und den Lärm der Zeit wollte Messiaen in anti-lyrischer Umwelt mit Klangfarben, Rhythmen und Lyrismen – mit "Kirchenfenster-Musik" einschließlich vielfarbiger Vogelstimmen aus aller Welt – dokumentieren, dass sich die Schönheit der Schöpfung auch heute offenbart.

Festzuhalten ist also: In den Tönen klassischer Musik findet sich die Friedensproblematik vielfältig, hier nur ausschnitthaft darstellbar, bearbeitet. Der "Frieden" selbst bleibt aber darin oft unterbelichtet. Die Lage ist also keine andere als in den Wissenschaften, die ihrerseits in aller Regel nur zögerlich artikulieren, was mit guten, also argumentativ ausgewiesenen Gründen *konstruktiv* und *positiv* unter Frieden zu verstehen ist. Wenn jedoch richtig ist, dass das Maß des Friedens der Frieden selbst ist, dann besteht in solcher Einsicht auch für Komponisten die eigentliche Herausforderung.

Dieter Senghaas

...Frieden schließen

Wie stiften Verträge Frieden?

Es gibt verschiedene Möglichkeiten, Konflikte zu einem Abschluss zu bringen. Eine davon ist ihre einvernehmliche oder auch erzwungene Beendigung unter ganz bestimmten Bedingungen, für die wir den Begriff des Friedensschlusses kennen. Auch diese Bedingungen können ganz unterschiedlich sein. Sie bestimmen in der Regel ein Ende von Auseinandersetzungen, zumindest was deren äußeres Erscheinungsbild betrifft, im günstigsten Fall können sie in einer Beseitigung des Konfliktgrunds bestehen, Regelungen in seiner Lösung enthalten, aber auch Forderungen aufstellen oder Schuld zuweisen. Frieden wurde wohl immer und gerade in archaischen Gesellschaften unter Beobachtung eines gewissen Rituals oder gewisser formaler Kriterien geschlossen. Wenn man will, kann man schon hier von Vertrag sprechen, der auch nach der juristischen Vorstellung unserer Gegenwart nicht unbedingt der schriftlichen Form bedarf. Im landläufigen Sinn wird man aber unter Friedensverträgen die in schriftlicher Form und unter Beobachtung bestimmter formaler Kriterien getroffenen Vereinbarungen zur Beendigung von Auseinandersetzungen verstehen.

Friedensverträge

Wie alle Verträge sind auch Friedensverträge Rechtsgeschäfte zwischen Vertragspartnern, die deren Rechtsfähigkeit und Einverständnis voraussetzen. Selbst wo ein Friede unter Zwang abgeschlossen wird, bleibt die zumindest formale Gegenseitigkeit des Wollens seine unabdingbare Voraussetzung. Durch den Abschluss wird neues Recht gesetzt, werden Rechtsfolgen bestimmt, die neue Verpflichtungen und Rechte aufgrund einer akzeptierten Rechtsordnung definieren, die zumindest den Willen zur Einhaltung des geschlossenen Vertrags enthalten muss, da andernfalls jeder Vertragsabschluss in sich widersinnig wäre. Voraussetzung für einen Friedensvertrag ist daher der gemeinsame Wille der Vertragspartner, einen Zustand des Friedens wiederherzustellen oder zu bekräftigen. Die Erklärung darüber bildet in der Regel einen notwendigen Teil eines jeden Friedensvertrags. Ebenso liegt es in der Natur eines Friedensvertrags, dass er üblicherweise nicht befristet, sondern – zumindest als Willenserklärung – auf Dauer abgeschlossen wird. Allerdings kann bei Friedensverträgen zwischen Partnern unterschiedlicher Rechtsordnung die befristete Dauer auch ein wichtiges Element sein, um überhaupt Friedensschlüsse zu ermöglichen. Beispiele dafür liefern die befristeten Friedensschlüsse zwischen christlichen und islamischen Staaten in Mittelalter und Früher Neuzeit. Besonders stark betont wird die ewige Dauer der Verträge im Alten Orient, im Europa der frühen Neuzeit und bei den Indianern. Befristet waren neben den erwähnten christlich-islamischen Verträgen vor allem die griechischen Friedensverträge des 5. vorchristlichen Jahrhunderts, was mit dem einvernehmlichen Wunsch der Vertragspartner zusammenhing, den Krieg auch nach einem Friedensschluss nicht völlig aus den gegenseitigen Beziehungen auszuschließen.

Zur Natur des Friedensvertrages gehört sein Abschluss auf Dauer.

Weitere wichtige, in den meisten Friedensverträgen behandelte Themen stellen die Fragen von Schuld, Amnestie und Wiedergutmachung dar. Im Alten Orient und in Rom werden Schuldzuschreibungen, aber auch Amnestiebestimmungen zwischen gleichberechtigten Partnern generell vermieden. Dagegen enthalten griechische und hellenistische Friedensverträge oft umfassende Amnestiebestimmungen. In den europäischen Verträgen des Mittelalters und der Neuzeit wird die Alternative von Vergessen und Erinnern stark betont. Im 17. und 18. Jahrhundert wird die Amnestie zum selbstverständlichen Bestandteil eines Friedensvertrags, seit der Französischen Revolution spielen Schuldzuweisungen und Kriegsschuldfragen eine immer größere Rolle. Ihren Höhepunkt erreichen diese Schuldzuschreibungen in den Kolonialverträgen sowie in den Kriegsschuldartikeln der Friedensschlüsse nach dem Ersten und Zweiten Weltkrieg. Als rechtsbegründende Übereinkunft enthalten Friedensverträge schließlich neben den Bestimmungen im Einzelnen häufig auch Angaben zu ihrer Entstehung und Begründung wie zu ihrer Durchführung. Als Beispiele sei auf die Garantie- und Strafbestimmungen mancher Friedensverträge hingewiesen.

Die Vertragspartner müssen den Frieden wollen.

Als Instrument zur Regelung von Konflikten waren Friedensverträge stets von Bedeutung. Ihr Zustandekommen wie ihr Inhalt geben Auskunft über die Vorstellungen vom Zusammenleben zwischen Gesellschaften und Kulturen, deren Ordnungen und Wertsysteme. Hinweise auf Friedensschlüsse und auch auf Verträge sind uns aus allen alten Hochkulturen überliefert. Die überlieferten Texte von Friedensverträgen setzen aber mit einer Ausnahme aus Mesopotamien (Vertrag zwischen Akkad und Elam ca. 2260 v. Chr.) nicht vor dem 18. Jahrhundert vor unserer Zeitrechnung ein. Das erste vollständig erhaltene Beispiel stellt der Text des Vertrages dar, den Ramses II. im 21. Jahr seiner Regierung (1258 v. Chr.) nach langjährigen kriegerischen Auseinandersetzungen mit dem hethitischen König Hattuschili III. abschloss. Beide Vertragspartner gedachten dabei des Früheren Friedens und des vorangegangenen Krieges, erklärten die dauernde Gültigkeit des Vertrages und versprachen einander gegenseitige Hilfe sowie die Auslieferung politischer Flüchtlinge bei garantierter Straffreiheit.

In den frühen Staatsverträgen des Alten Orients ist eine Trennung zwischen Friedens- und anderen Verträgen meist nicht durchführbar, doch ist häufig ein Bezug zur Beendigung eines vorangegangenen Krieges vorhanden. Auch die Überlieferungslage gestattet nicht immer eine eindeutige Zuordnung. Aus den syrischen Kleinkönigreichen sind Teile von Vertragstexten aus dem 18. bis 8. Jahrhundert bekannt. Die meisten erhaltenen Verträge stammen von Hethitern und Assyrern; von den Hethitern sind allein zwischen dem 15. und 13. Jahrhundert mehr als zwanzig Verträge erhalten, doch haben dabei möglicherweise auch Zufälle der Überlieferung eine Rolle gespielt. Über zahlreiche Friedensverträge aus dem ersten vorchristlichen Jahrtausend berichtet uns auch die chinesische Historiografie. Die Zeit der feudalen Zersplitterung Chinas war erfüllt von Kriegen, Bündnissen und meist nicht sehr dauerhaften Friedensschlüssen. Nach der Schaffung des chinesischen Einheitsstaates seit dem dritten vorchristlichen Jahrhundert dominierten die Auseinandersetzungen mit den nordwestlichen Steppennomaden, mit denen Friedensverträge – meist verknüpft mit Tributzahlungen – abgeschlossen wurden.

Zu einer wichtigen Weiterentwicklung des Instruments der Friedensverträge kam es in der griechisch-römischen Welt. Im Verhältnis zum Alten Orient wurden die Formen vielfältiger, auch die Abgrenzung des Friedensvertrags gegen andere

I.
HIC·MAVSOLÆVM·MARTIS·PACIS·TROPHEUM
MONAST WESTPH.
II.
Pax esto
servate fidem
resipiscite gentes.
CEDANT ARMA TOGÆ TOTO TOGA FLOREAT ORBE
II.
WILHELM·D·G·DUX·SAXONIÆ·JULIÆ·CLIVIÆ·ET·MONT
TANDEM
TUNC NUNC
1547. 1648.
Sat est.
1650.
I.
GEDACHTNUS DES·ALLGEMEINEN FRIEDEN SCHLUSS IN MUNSTER
1648.
24·8bris.
III.
FELIX TERRA FIDES PIETATI UBI JUNCTA TRIUMPHAT.
III.
PAX CUM JUSTITIA FORA TEMPLA ET RURA CORONAT.
DEO
PROXIMO

Vertragsformen eindeutiger, obwohl auf der anderen Seite eine enge Verbindung zwischen Friedens- und Bündnisvertrag erhalten blieb. Anders als im Orient war auch die gleiche gegenseitige Verpflichtung die Regel. Eine Ausnahme stellte bloß die römische Dedition dar, die zwar, was das Faktum der Unterwerfung betrifft, auf gegenseitiger Übereinkunft beruhte, im Übrigen den Unterworfenen ganz der Willkür des Siegers auslieferte und daher eher eine bedingungslose Kapitulation als einen Friedensvertrag darstellt.

Aus der griechischen Welt sind seit dem sechsten vorchristlichen Jahrhundert zahlreiche Friedensverträge meist auf Inschriften, aber auch bei Schriftstellern wie Thukydides oder Polybios überliefert, die sowohl zwischen den griechischen Stadtstaaten wie mit auswärtigen Mächten abgeschlossen wurden. Der agonale Charakter der griechischen Kultur begünstigte die kriegerischen Auseinandersetzungen, die vor allem bis zum 5. Jahrhundert überwiegend durch befristete Friedensschlüsse beendet wurden. Erst im 4. Jahrhundert scheint sich ein Übergang zu unbefristeten Friedensschlüssen vollzogen zu haben. Bekanntestes Beispiel der klassischen Periode ist der so genannte Königsfriede oder Friede des Antialkidas, durch den 387/386 v. Chr. die Perserkriege beendet wurden. Der Friede, dessen Bestimmungen bei Xenophon (Hellenika V/I,31) überliefert sind, war von Antialkidas 387 mit dem persischen Großkönig in Susa ausgehandelt, dann von diesem in Sardes ultimativ verkündet und ein Jahr später von den Griechen bei einem Friedenskongress in Sparta angenommen worden. Er sicherte dem Großkönig den Besitz Zyperns und der Griechenstädte Kleinasiens und bestimmte die politische Autonomie aller übrigen griechischen Stadtstaaten. Ergänzt wurde dieser Friedensschluss mit dem äußeren Feind durch die Verkündung eines allgemeinen Friedens für ganz Griechenland.

Der Westfälische Frieden wurde zur Grundlage des modernen europäischen Völkerrechts.

Für die Zeit der römischen Republik sind nur einige wenig bedeutende Verträge mit griechischen Städten inschriftlich überliefert. Ausführliche Berichte oder auch Abschriften von wichtigen Friedensverträgen wie jenen mit Karthago oder Makedonien sind ausschließlich in historiografischen Quellen (Polybios, Livius, Appian) zu finden. Eine wichtige Rolle in römischen Friedensverträgen spielen Vereinbarungen über Kriegsentschädigungen und die Auslieferung von Deserteuren und Flüchtlingen. Als Begründung werden oft Schuldzuweisungen angeführt. Andererseits wurde gerade in Rom der Topos des großmütigen Siegers gepflegt, der den Unterlegenen Frieden gewährt (parcere subiectis). Aus der frühen Kaiserzeit sind infolge des Sieges über die meisten auswärtigen Feinde und der Aufrichtung der Pax Romana im gesamten Mittelmeerraum nur wenige Friedensverträge, etwa mit den Parthern, bekannt. Dementsprechend steigt ihre Zahl mit den zunehmenden Grenzkriegen in der Spätzeit des Reiches. Einen Sonderfall bilden die bis in die byzantinische Zeit abgeschlossenen Verträge mit dem Sassanidenreich, die in der Regel befristet (unter Umständen bis zu hundert Jahren) abgeschlossen wurden und mit Tributzahlungen verknüpft waren.

Aus den Anfingen der islamischen Welt wie aus dem europäischen Frühmittelalter sind nur wenige Friedensverträge bekannt, was einerseits durch Überlieferungsverluste, aber auch durch die vermutlich relativ geringe Zahl schriftlich geschlossener Abkommen bedingt ist. Der islamische Herrschaftsbereich wurde stets als politische Einheit betrachtet, so dass in ihm im Grunde völkerrechtliche Verträge nicht möglich waren. Das Gleiche gilt für die Beziehungen mit der nichtislamischen Staatenwelt, gegenüber der nach der Lehre des Koran, rechtlich gesehen, ein dauernder Kriegszustand herrschte, der bestenfalls durch befristete Waffenstillstände oder kurze, meist auf zehn Jahre begrenzte Friedensabkommen unterbrochen werden konnte. In der Praxis konnten manche Verträge durch Erneuerung allerdings eine beträchtliche Dauer erreichen. Neben der Befristung war die Verknüpfung mit Tributzahlungen ein häufiges Merkmal dieser Verträge, was nicht nur altorientalischer Tradition, sondern auch der islamischen Doktrin entsprach, dass Verträge nur mit Tribut zahlenden Gegnern geschlossen werden dürfen.

Im Gegensatz zu Antike und Neuzeit konnten im europäischen Mittelalter auch zwischen Herrschern und Untertanen Verträge völkerrechtlicher Qualität abgeschlossen werden. Der dem Mittelalter weitgehend fremde staatliche Souveränitätsbegriff sowie die durch das Lehnrecht bedingten vielfältig abgestuften Rechts- und Herrschaftsverhältnisse ließen es zu einer großen Ausweitung des Kreises der Vertragsberechtigten kommen, wobei die vollständige rechtliche Gleichstellung der Partner die Ausnahme bildete. Beispiele für solche Abschlüsse zwischen ungleichen Partnern sind vor allem die Verträge zwischen den Kaisern des Mittelalters und der frühen Neuzeit und den von ihnen lehensabhängigen Reichsfürsten wie zum Beispiel noch der Augsburger Religionsfriede von 1555, mit dem ein erster Abschluss der konfessionellen Auseinandersetzungen im Heiligen Römischen Reich erzielt wurde. Auch in Westeuropa wurden bis ins 15. Jahrhundert lehnrechtlich bestimmte Friedensverträge zwischen der Krone und den großen Territorialherren geschlossen, im Zuge der Religionskriege sogar bis ins 17. Jahrhundert. Umgekehrt wurden aber gelegentlich auch lang andauernde Auseinandersetzungen wie der Hundertjährige Krieg überhaupt nicht durch einen formellen Friedensschluss beendet.

Mit dem 17. Jahrhundert gelangte die Entwicklung, das Recht zu Friedensverträgen auf die souveräne Staatenwelt zu beschränken, in Europa zu einem gewissen Abschluss. Einen wichtigen Einschnitt in dieser Hinsicht bildeten die Westfälischen Friedensverträge von 1648. Indem sie die Traditionen der Land- und Religionsfrieden des Reiches mit jenen der englisch-französischen Friedensverträge des Mittelalters verknüpften, stellten sie einen für weite Teile Europas verbindlichen Friedenszustand her, der zum Ausgangspunkt des modernen europäischen Völkerrechts und des auf vertraglicher Grundlage beruhenden europäischen Staatensystems wurde. Die ersten eineinhalb Jahrhunderte nach dem Westfälischen Frieden sind die große Zeit der europäischen Kongresse und der Friedensverträge, die in engem Anschluss an die Formulierungen und Bestimmungen vorangehender Verträge die Beziehungen zwischen den europäischen Staaten regeln (z.B. Nijmegen, Rijswijk, Utrecht, Paris, Teschen). Gleichzeitig erreichte die Bedeutung der Amnestie für den Abschluss von Friedensverträgen ihren Höhepunkt; sie wurde zum unverzichtbaren Bestandteil aller Vertragstexte und führte damit im 18. Jahrhundert zu einem fast völligen Verschwinden von Schuldzuschreibungen. Nach einer durch die Französische Revolution und die napoleonischen Kriege bedingten Unterbrechung wurde diese Tradition durch die Beschlüsse des Wiener Kongresses erneuert, der Europa für mehr als drei Jahrzehnte eine Zeit relativer Ruhe schenkte. Mit dem Wiener Kongress wurde eine zweite, für das 19. Jahrhundert typische Blütezeit von Kongressdiplomatie und Friedensverhandlungen eingeleitet, die endgültig erst mit dem Ausbruch des Ersten Weltkriegs ein Ende fand. Er wurde aber auch zum Ausgangspunkt der friedlichen Regelung internationaler Streitfragen von der freien Schifffahrt bis zur Aufhebung des Sklavenhandels, die schließlich zu einer Einbeziehung aller souveränen Staaten in ein System weltumfassender völkerrechtlicher Beziehungen führte.

Der Wiener Kongress erneuerte die Tradition, auf Schuldzuweisungen zu verzichten.

Einen tiefen Einschnitt für die Vertragsgeschichte bedeuteten die Friedensschlüsse im Gefolge des Ersten und Zweiten Weltkriegs. Im Gegensatz zur Zeit des klassischen Völkerrechts dominieren in ihnen moralische Überlegenheitsansprüche der Sieger, die ihre Entsprechung in teilweise umfassenden und von keiner Amnestie relativierten Schuldzuschreibungen gegenüber den Besiegten finden. Damit verknüpft sind die Forderungen nach Restitution und Wiedergutmachung, die Reparationsleistungen und die Strafbestimmungen. Alle alten Verträge werden aufgehoben, die Wiederherstellung des Friedens tritt gegenüber seiner Neuschaffung aus diesen Ursachen stark in den Vordergrund. In der Gegenwart werden Elemente der Neuartigkeit wieder stärker betont, obwohl die Bedeutung umfassender Friedensverträge eher im Rückgang begriffen zu sein scheint.

Eine wichtige Vorreiterrolle für die zunehmende Betonung der Schuldfrage spielten die Kolonialverträge zwischen europäischen und außereuropäischen Vertragspartnern, die sich mitunter gegen beide Seiten richten, aber auch bis zur scharfen Verdammung eines Vertragspartners gehen konnten. Im Allgemeinen hat die Schuldzuweisung die Funktion, ein ungleiches Verhältnis zu schaffen oder zu legitimieren, wobei oft auf die Rechtsgrundlagen von Vasallitäts- und Protektoratsverhältnissen zurückgegriffen wurde, die europäischen Mächten eine rechtlich überlegene Stellung sicherten. Die Gegenseite sollte nicht nur als unterlegen, sondern auch als im Unrecht befindlich erscheinen. Trotz der Bedeutung der Schuldzuweisung in den Kolonialverträgen blieb hier aber auch die Rolle der Amnestie präsent, die bei den Indianern Nordamerikas schon vor der europäischen Expansion eine zentrale Rolle einnahm und von den Europäern teilweise in ihre eigenen Vertragsabschlüsse integriert wurde – vielleicht abweichend von der klassischen Tradition nicht zuletzt mit dem Hintergedanken einer Ausnützung der damit verknüpften Schuldzuweisung.

Seit dem Ersten Weltkrieg werden viele Kriege nicht durch Verträge beendet.

In der Gegenwart lässt sich ein ambivalentes Verhältnis der Staatengemeinschaft Friedensverträgen gegenüber beobachten. Einerseits wurde etwa nach dem Ende des Zweiten Weltkriegs der Kriegszustand zwischen vielen Kriegsgegnern überhaupt nicht durch einen formellen Friedensschluss beendet, andererseits wurde die Beendigung wichtiger Konflikte wie des Vietnamkrieges oder auch der Feindseligkeiten zwischen Israel und den Palästinensern durch förmliche Friedensabkommen abgesichert. Auch die Betonung der Schuldzuweisung erscheint rückläufig und macht manchmal sogar dem Rückgriff auf traditionelle Formeln des klassischen Völkerrechts Platz. Welcher der beiden Traditionsstränge sich in nächster Zeit durchsetzen wird, wird wohl auch – wie stets – von den Machtverhältnissen bei künftigen Friedensverträgen abhängen. Zusätzlich wurde zweifellos ein neues Element durch die friedenserhaltende Rolle der Vereinten Nationen ins Spiel gebracht.

Leopold Auer

Vertrag zum Westfälischen Frieden

...Frieden denken

Ist Frieden ein Thema für die Philosophen?

Frieden ist, so scheint es, kein Thema der Philosophie. Überblickt man deren Geschichte von den Anfängen in der griechischen Antike bis, sagen wir, zum Entstehen der Friedensbewegung und deren Großwerden in der zweiten Hälfte des 19. Jahrhunderts, so trifft man zwar auf eine ganze Reihe von Denkern, die offenbar mit Faszination vom Krieg reden, aber kaum jemanden, der sich vorrangig mit den Problemen von Friedensstiftung und Friedenswahrung auseinander setzt.

Philosophie und Frieden

Der meistzitierte Satz eines der frühesten Philosophen überhaupt, nämlich des Heraklit aus Ephesos (um 544-483 v. Chr.), lautet: "Der Krieg ist der Vater aller Dinge" , und zweieinhalb Jahrtausende später entwirft etwa Friedrich Nietzsche (1844-1900) eine Philosophie, die wie eine groß angelegte Erläuterung dieses Satzes wirkt und sich bestens dazu eignet, Material für die nationalsozialistische Hetze zu liefern.

Demgegenüber sind die ausdrücklichen Beiträge der Philosophie zum Thema Frieden bescheiden. Das zeigt sich schon, wenn man die beiden wichtigsten einschlägigen Schriften in ihrem Umfang betrachtet: Das neunzehnte Buch (heute würde man sagen: Kapitel) aus dem "Gottesstaat" des Augustinus (354-430) bildet nur etwa den zwanzigsten Teil einer umfangreichen, nicht dem Thema Frieden gewidmeten Schrift (und die ist ihrerseits nur ein vergleichsweise kleiner Teil des sehr umfangreichen Gesamtwerks dieses Philosophen). Dabei ist Immanuel Kants (1724-1804) "Zum ewigen Frieden" nicht viel mehr als eine Gelegenheitsschrift (sie entsteht anlässlich der Friedensverhandlungen zwischen Frankreich und Preußen 1795); Kants wichtigstes Werk, die "Kritik der reinen Vernunft" (in der das Wort "Frieden" kein einziges Mal auftaucht), ist dreizehn Mal so lang. Man könnte vermuten, der Grund für diese Vernachlässigung des Themas liege darin, dass Philosophie, anders als etwa Politik und Dichtung, sich nicht auf das Machbare oder Vorstellbare bezieht, sondern sich darum müht, die Welt zu erklären, wie sie ist – und die Welt ist nicht friedlich. Aber diese Vermutung lässt sich, jedenfalls so allgemein formuliert, nicht halten: Dem ähnlich "wirklichkeitsfremden" Begriff der Freiheit etwa haben die Philosophen unvergleichlich mehr Aufmerksamkeit geschenkt als jenem des Friedens. Selbst ein Denker wie Karl Marx (1818-1883), der nachdrücklich fordert, die Philosophie solle endlich aufhören, die Welt zu erklären, und sich der Aufgabe stellen, sie zu verändern, kann (nämlich wenn man sich ansieht, wie er sich diese Veränderung vorstellt) beim besten Willen nicht als Friedensdenker bezeichnet werden.

> **Das Philosophieren erfordert eine radikale Form des Friedens: einen Frieden von der Welt.**

Sind die Philosophen also, allgemein gesehen, Kriegstreiber? Oder meinen sie, so weit "über den Dingen" zu stehen, dass sie die Sorge um Leib und Leben (mit den Worten Papst Pius XII.: "das gewöhnliche Gefühl der Menschlichkeit, das zu oft nur reine Sentimentalität ist und den Krieg lediglich verabscheut wegen seiner Schrecken und Grausamkeiten") dem "gemeinen Volk" überlassen können? Man wird eher sagen müssen, dass Frieden eine Art blinder Fleck der Philosophie ist, d.h. ein zentraler Punkt philosophischen Denkens, der seinerseits jedoch philosophisch nur sehr schwer in den Blick zu nehmen ist. So kämpferisch Marx etwa in allen seinen Schriften auftritt, so lässt sich doch, worum er kämpft, am besten mit dem Begriff des Friedens bezeichnen, nämlich "dass, im Gegensatz zur alten Gesellschaft mit ihrem ökonomischen Elend und ihrem politischen Wahnwitz, eine neue Gesellschaft entsteht, deren internationales Prinzip der Friede sein wird". Von Friedrich Nietzsche stammt die – so gut wie nirgends zitierte – Vision eines "wirklichen Friedens" ohne Waffen, der – anders als der "so genannte bewaffnete Friede, wie er jetzt in allen Ländern einhergeht, (...) der sich und dem Nachbarn nicht traut und halb aus Hass, halb aus Furcht die Waffen nicht ablegt" – "auf einem Frieden der Gesinnung ruhen muss". Und wenn Heraklit auch schreibt, alle Dinge verdankten sich *in ihrer Entstehung* dem Krieg, so fasst er doch das Leben als Ablauf nach der Metapher eines Musikinstruments, das nur dann als solches bezeichnet werden kann, wenn sich über es "eine immer wiederkehrende Harmonie" herstellt.

Woher diese eigenartige Zwiespältigkeit? Einerseits hat Philosophie tatsächlich nichts mit Wunschdenken zu tun: Mitten in einer Welt, in der gemetzelt wird, bietet das Reden vom Frieden nur sehr karge Anhaltspunkte für ein Verständnis der Dinge und Vorgänge. Und andererseits erfordert die *Tätigkeit* des Philosophierens, wie sie in der europäischen Geschichte gefasst wird (und insofern ist der Verdacht der Überheblichkeit nicht ganz von der Hand zu weisen), eine radikale Form des Friedens, die tatsächlich mit dem "Frieden der Welt" nicht viel zu tun hat, nämlich einen Frieden *von* der Welt: Heraklit lebt zurückgezogen von seiner Polis Ephesos; die nach ihm kommenden antiken Philosophen gehen ihrer Tätigkeit im Rahmen sog. Schulen nach, die wesentlich örtlich definiert sind, nämlich als vom Trubel der Welt abgeschirmter Bereich (gleichgültig, ob es sich dabei um eine Säulenhalle oder um einen Garten handelt); die Philosophen des Mittelalters sind fast ausschließlich Mönche; und die Neuzeit hat ihre universitären Elfenbeintürme.

> ***Der Frieden der Philosophen besteht darin, dass sie ihren Streit durch Worte austragen.***

Der Frieden der Philosophen ist nicht Thema ihrer Schriften, wohl aber tragendes Moment ihrer Tätigkeit: Damit ist nicht nur und auch nicht vorrangig der Typ des Denkers gemeint, dessen Denken man lediglich daran erkennt, dass er nicht ansprechbar ist, sondern vor allem der streitende Philosoph. Die Philosophenschulen der Antike sind Orte der Auseinandersetzung, das Mönchsgezänk ist sprichwörtlich, und allgemein ist die Geschichte der Philosophie dadurch gekennzeichnet, dass es so gut wie keinen Denker gibt, der einem anderen einfach beipflichtet (im Vergleich dazu ist etwa die Geschichte der Naturwissenschaften ein "träges", nämlich widerspruchsarmes Unternehmen). Der Frieden der Philosophen besteht darin, dass sie ihren Streit ausschließlich durch Worte austragen, gesprochene wie ge-schriebene, d. h. im Diskurs, und dass jede gewaltsame Vereinnahmung dieses Diskurses oder Fortsetzung dieses Diskurses "mit anderen Mitteln" in ihr ausgeschlossen bleiben muss. Auch wenn, was Philosophen sagen, auf die Zustimmung der anderen abzielt: Der Widerspruch ist als *Widerspruch* wesentlich, und führt nicht zum Versuch, den anderen daran zu hindern, ihn zu äußern, sondern zur Revision der vorgebrachten Theorie oder zur "Schärfung" der verwendeten Argumente. In diesem Sinn kann man sich die Geschichte der Philosophie durchaus zum Vorbild nehmen.

Zum philosophischen Thema wird Frieden nur

Immanuel Kant

dann, wenn und in dem Maße, wie der Vollzug des philosophischen Diskurses selbst gefährdet ist, der Unfrieden der Welt auf eine Weise überhand nimmt, dass der diskursive Frieden der Philosophen sich nicht mehr vor ihm retten lässt. Als Erster erhebt Platon (428/27-348/47 v. Chr.) Frieden zum philosophischen Thema; er erlebt während der ersten zweieinhalb Jahrzehnte seines Lebens den Peloponnesischen Krieg, in dessen Verlauf seine Polis Athen mehrfach verwüstet wird und schließlich zusammenbricht; Augustinus, der historisch einflussreichste Denker zur Theorie des Friedens, verfasst seinen "Gottesstaat" als Antwort auf die Einnahme und Plünderung Roms durch die Westgoten (410), die das symbolische Ende eines Reiches markieren, das seit Jahrhunderten ein geradezu modellhaftes Programm der Befriedung verfolgt hatte (nämlich der sog. *pax romana*); der Dreißig-jährige Krieg mit seinen beispiellosen Grausamkeiten und Verheerungen ist zugleich jene Zeit, während der sich ein neuer, im Wesentlichen mit dem heutigen übereinstimmender, Friedensbegriff herausbildet, und zwar in einer ganzen Reihe teilweise umfangreicher Wortmeldungen von Philosophen zum Thema – etwa von Thomas Hobbes (1599-1679), der erstmals dem Staat die Wahrung der Friedens als *einzige* Aufgabe zuweist, oder von Hugo Grotius (1583-1645) mit seinem Versuch, ein Frieden wie Krieg umfassendes Recht zu formulieren, das ein entfesseltes Morden, wie er es erlebt, nicht mehr zulässt; Kant, dessen Überlegungen zum Thema heute als der wichtigste historische Beitrag zur Theorie des Friedens gelten, erhebt seine Stimme, als allgemein in Frage steht, ob die Revolutionskriege (nämlich gegen Frankreich) sich überhaupt noch durch einen Friedensschluss beenden lassen (genauer: ob es möglich ist, dass eine konstitutionelle Monarchie wie Preußen mit einem Land, dessen Bevölkerung gerade den König hingerichtet hat, einen derartigen Vertrag schließt); und dass sich Philosophen des 20. Jahrhunderts immer wieder zum Thema Frieden äußern, hat seine Ursache in den beiden Weltkriegen und der ständig steigenden Bedrohung der Menschheit durch Waffenarsenale, die in ihrer Anwendung jede Frage nach einem gewaltfreien Diskurs hinfällig machen.

In der Philosophie ist vom Frieden nie als von einem existierenden Zustand, sondern immer nur als von einem Defizit die Rede. Die Philosophen beschreiben Frieden aber auch nicht als eine Utopie, so wie sie etwa Utopien der Gerechtigkeit oder der Freiheit entwerfen, oder Utopien, in denen nicht mehr die Mächtigen, sondern die Wissenschaften über das kollektive Handeln entscheiden; allenfalls erwähnen sie, wenn sie solche Utopien entwerfen, dass es sich dabei auch um friedliche Staatsgebilde handelt. Philosophen beschreiben Frieden weder als Wirklichkeit noch als (wünschenswerte) Möglichkeit, sondern immer als unumgängliche Notwendigkeit, die aus irgendwelchen Gründen nicht oder noch nicht oder noch nicht ausreichend als solche erkannt wurde. In der Philosophie geht es immer um die *Begründung* des Friedens: warum Frieden sein muss.

Die heute relevante Begrifflichkeit, mittels derer versucht wird, das Problem Frieden theoretisch zu fassen, geht in ihren Ursprüngen zurück auf die Zeit des Dreißigjährigen Krieges. Mit dem Dreißigjährigen Krieg zerbricht der Friedensbegriff des Mittelalters, der sich von Augustinus herleitet. Augustinus hatte Frieden als "Ruhe der Ordnung" definiert, nach der alles in der Schöpfung strebt, Menschen ebenso wie andere Lebewesen und auch Unbelebtes. Beim Menschen äußert sich dieses Friedensstreben auf zweierlei Weise: als ein Streben nach Frieden aus Eigennutz (in diesem Sinne herrscht etwa in einer Räuberbande Frieden) und als ein Streben nach Frieden um des Friedens willen. Diejenigen, die auf diese zweite Weise nach Frieden streben, bilden den Gottesstaat, die anderen den Teufels- oder Erdenstaat. Zu welchem der beiden Staaten jemand gehört, lässt sich, da Friedens*streben* (anders als eine konkrete Handlung) nicht durch andere beurteilt werden kann, nicht feststellen (entschieden wird darüber beim Jüngsten Gericht). Dennoch ist dieser Ansatz von eminent politischer Bedeutung. Denn insofern sich der Gottesstaat mit der Christenheit identifizieren lässt, gibt er als diesseitiges Ziel rechten Friedensstrebens eine in sich befriedete Christenheit vor. Bester Beleg dafür ist die Gottesfriedensbewegung des Hochmittelalters, die das Fehderecht zurückdrängt und damit die Grundlage für das Entstehen der neuzeitlichen Staaten als in sich befriedeter politischer Räume schafft. Die Kirchenspaltung der Reformation nun und der daraus resultierende Dreißigjährige Krieg machen genau diese Zielvorgabe obsolet: Wenn das Selbstverständnis der Christen, den Gottesstaat zu bilden, nicht nur nicht mehr Anlass für Friedensbemühungen, sondern Ursache für einen Krieg unter Christen ist (der noch dazu zunehmend nicht auf Sieg, d. h. auf Unterwerfung des Gegners, sondern auf dessen Vernichtung abzielt), dann ist die diesem Selbstverständnis zugrunde liegende Begrifflichkeit unbrauchbar.

In der Philosophie ist vom Frieden immer nur als von einem Defizit die Rede.

Es gibt drei *zentrale Denkfiguren*, mittels derer versucht wird, das damit aufbrechende theoretische "Vakuum" in den Griff zu bekommen. Die erste dieser Denkfiguren geht von der Annahme einer universellen friedlichen Vernunft aus: Die Menschen sind als vernünftige Wesen notwendig auch friedliche Wesen, ihre Friedfertigkeit ist aber aufgrund, sagen wir, unglücklicher historischer Entwicklungen verschüttet. Man muss sie freilegen, aber nicht durch irgendwelche Zwangsmaßnahmen, sondern indem jeder Einzelne sich auf sein eigenes Wesen (nicht: auf seine Konfession) besinnt, d.h. friedfertig wird. Das ist die Denkfigur der Toleranz; der Erste, der sie eindringlich formuliert, ist Erasmus von Rotterdam (1466/69-1536), die Aufklärung macht sie zur Grundlage ihrer Geschichtsphilosophie.

Das Ziel ist ein Frieden, in dem das Wort das letzte Wort hat - und nicht die lärmenden Waffen.

Die zweite Denkfigur ist jene des Völkerbundes. Diese steht insofern in der Tradition des Mittelalters, als das Ziel der Befriedung der Christenheit, verknüpft mit dem Universalitätsanspruch des Christentums, auf die Idee eines in sich befriedeten christlichen Weltreichs hinausläuft; sie unterscheidet sich von dieser Idee jedoch dadurch, dass der Völkerbund gerade nicht als "Begleiterscheinung" der restlosen Ausbreitung einer einzigen Herrschaft gedacht wird, sondern als Staatenkollektiv, in dem kein einzelner Staat die Dominanz an sich reißen kann. Diese Denkfigur wird entwickelt in der Tradition des neuzeitlichen Völkerrechts, deren wichtigste Gründerfigur Grotius ist. Die dritte Denkfigur geht zurück auf Hobbes: Der Mensch ist, für sich genommen, zwar keineswegs ein friedliches Wesen, aber er kann seine egoistischen Interessen nur wahren, wenn er einen Weg findet, um sicherzustellen, dass die anderen ihn im Verfolg ihrer eigenen Interessen nicht einfach aus dem Weg räume.: Frieden wäre so gesehen (und auf lange Sicht) das "automatische" kollektive Ergebnis eines allgemein sich selbst überlassenen individuellen Egoismus. Diese Denkfigur wird später durch Denker des Liberalismus weiterentwickelt.

Es ist schwer zu sagen, ob diese Denkfiguren sich auf einen gemeinsamen Nenner bringen lassen. Aber ein negatives Moment ist ihnen jedenfalls gemeinsam: Keine von ihnen setzt auf Befriedung von irgendwelcher Herrscher Gnaden. Sogar bei Hobbes, der wahrlich nicht als aufgeklärter Denker gelten kann, steht der Souverän unter dem *Zwang*, in seinem Gebiet Frieden zu wahren – sobald ihm das nicht mehr gelingt, ist er nicht mehr Souverän. Es geht um die vernünftige Bändigung von Macht. Das Ziel ist in jedem Fall ein Frieden, in dem gleichsam das Wort das letzte Wort hat – und nicht die lärmenden, d.h. stummen Waffen. Es geht um die Herstellung eines Zustandes, in dem Gewalt nicht mehr in den Diskurs eingreifen, sich einfach nicht mehr als "Argument" mit den Argumenten des Diskurses messen kann.

Mit den Worten eines antiken Philosophen: "Man muss so lange philosophieren, bis die Feldherren als Eseltreiber erscheinen."

Leonhard Schmeiser

++ ABER DIE GOTTLOSEN, SPRICHT DER HERR, HABEN KEINEN FRIEDEN
ES. 52,7) +++ BESORGE DU DEINE GESCHÄFTE, SPINDEL UND WEBSTUHL ...
ER KRIEG GEBÜHRT DEN MÄNNERN ALLEN (HOMER: ILIAS VI, 490-493, CA
50 V. CHR.) +++ EIN VOLK OHNE ERZIEHUNG IN DEN KRIEG FÜHREN, DA
EISST, ES DEM UNTERGANG WEIHEN (KONFUZIUS, CA. 500 V. CHR.) ++
RIEG IST ALLER DINGE VATER, ALLER DINGE KÖNIG (HERAKLIT, UM 500 V
HR.) +++ NICHT MIT ZU HASSEN, MIT ZU LIEBEN BIN ICH DA (SOPHOKLE
NTIGONE, 442 V. CHR.) +++ NIEMAND IST SO TÖRICHT, DASS ER DEN KRIE
EM FRIEDEN VORZIEHT. IM FRIEDEN NÄMLICH BEGRABEN DIE SÖHNE IHR
ÄTER, IM KRIEG ABER DIE VÄTER IHRE SÖHNE (HERODOT, UM 440 V. CHR.
++ WENN DU FRIEDEN WILLST, BEREITE DEN KRIEG (VEGETIUS, 4. JH. V
HR.) +++ FRIEDEN IST ETWAS GANZ ANDERES ALS EIN BLOSSER VERTRAG
CHLIESST MAN VON GLEICH ZU GLEICH. (ANDOKIDES, 390 V. CHR.) ++
TETS HERRSCHT EIN FORTWÄHRENDER KRIEG ALLER STAATEN GEGEN ALL
LATON, UM 360 V. CHR.) +++ EIN BESSERER ... GESETZGEBER WÜRD
.WOHL GESETZE AUFSTELLEN, IN DENEN ER AUF DAS DEM KRIE
NTGEGENGESETZTE BLICKT (PLATON, UM 360 V. CHR.) +++ DER GUTE AUS

...den Frieden bewegen

WELCHE ZIELE VERFOLGT DIE FRIEDENSBEWEGUNG IN ÖSTERREICH?

"Wir fordern das absolute Verbot der Atomwaffe als einer Waffe des Schreckens und der Massenvernichtung der Bevölkerung. Wir fordern die Errichtung einer strengen internationalen Kontrolle, um die Durchführung des Verbots zu sichern. Wir sind der Ansicht, dass die Regierung, die als Erste die Atomwaffe gegen irgendein Land benutzt, ein Verbrechen gegen die Menschheit begeht und als Kriegsverbrecher zu behandeln ist. Wir rufen alle Menschen der Welt, die guten Willens sind, auf, diesen Appell zu unterzeichnen."

(Text des "Stockholmer Appells"; beschlossen am 19. März 1950, unterzeichnet von mehr als 500 Millionen Menschen)

Die Explosion in der Wüste und die Folgen

Bereits die erste Testexplosion einer Atombombe, in der Wüste von Nevada/USA am 16. Juli 1945, zeigte deutlich die verheerenden Wirkungen dieser Waffe. Der erste – und bislang einzige – Einsatz von Kernwaffen gegen Menschen, am 6. und 9. August 1945 im Angriff der Luftwaffe der USA auf die japanischen Städte Hiroshima und Nagasaki, war eine markante Wende in der Geschichte: Zum einen wurde der größte Rüstungswettlauf mit einer aberwitzigen Steigerung der Vernichtungskraft an gelagerten Atomsprengköpfen in Ost und West (ca. 70.000 in den 70er Jahren) und einer enormen Vergeudung an Ressourcen für dieses Wettrennen entfacht. Zum anderen rief die immer weiter gehende Entwicklung von Atomwaffen einen zügig aufwachsenden Widerstand in allen Schichten der Bevölkerung hervor. Er dauert bis heute an. Der Widerstand gegen die Aufrüstung mit Kernwaffen formierte sich vornehmlich auf zwei Wegen: in der Herausbildung breiter, weltweit wirksamer Basisbewegungen (der oben angeführte Text des "Stockholmer Appells" ist einer der Ausgangspunkte der Weltfriedensbewegung nach dem Zweiten Weltkrieg) und in internationalen Initiativen anerkannter WissenschaftlerInnen, wie z.B. die "Pugwash-Bewegung" (Pugwash Conferences on Science and World Affairs; Friedensnobelpreis 1995), die auf der Grundlage des berühmten Einstein-Russel-Manifests (Juli 1955) entstanden.

Gegen den Rüstungswahnsinn und für aktive Friedenspolitik!

"Was jeden treffen kann, betrifft jeden"

So begann, 1963, der Aufruf für den ersten Ostermarsch in Österreich. Diese Bewegung, getragen von einem prominent besetzten Komitee, war eine wegweisende Etappe für die österreichische Friedensbewegung. Öffentliche Aufklärung und Diskussion über die immer höher drehende Rüstungsspirale, über Konzepte zur Führbarkeit eines Atomkrieges und über seine Folgewirkungen nahmen von dort ihren Ausgang. Auch Österreichs immerwährende Neutralität spielt in den Aufrufen seit jeher eine bedeutende Rolle: Denn Österreich ist dank des Staatsvertrags vom Mai 1955 de iure eine kernwaffenfreie Zone. So hat der hiesige Widerstand sozusagen "zu Recht" immer wieder eine eindeutige Haltung der österreichischen Regierung eingefordert: gegen den Rüstungswahnsinn und für eine aktive Neutralitäts- und Friedenspolitik.

Rüstungswettlauf im Kalten Krieg und der Widerstand

1979/1980 entstand in Österreich die sogenannte "Neue Friedensbewegung". Den Anlass gab der Beschluss der NATO vom Dezember 1979, 600 neue Mittelstreckenraketen der Typen Cruise-

Missile (Marschflugkörper) und Pershing II in Europa zu stationieren. Zugleich bildete sich Widerstand gegen anrüchige Rüstungsgeschäfte (v.a. Steyr-Panzer vom Typ Kürassier) mit Militärdiktaturen in Lateinamerika heran. Österreichweite Demonstrationen und Protestaktionen um die Jahresmitte 1980 verhinderten die meisten dieser Geschäfte. Eine breite Koalition verschiedenster gesellschaftspolitischer Kräfte hatte sich bei den Protesten zusamengefunden und bildete das künftige Fundament der neuen österreichischen Friedensbewegung. Großen Einfluss hatte der in der BRD verbreitete "Krefelder Appell: Der Atomtod bedroht uns alle". Hierin wurden der "NATO-Nachrüstungsbeschluss" verurteilt und die deutsche Regierung aufgefordert, die Zustimmung zur Aufstellung von Pershing II-Raketen und Marschflugkörpern zurückzuziehen; Mitteleuropa dürfe keine Atomwaffenplattform werden und sich so der Gefahr eines nuklearen Schlagabtausches aussetzen. Über fünf Millionen Unterstützungserklärungen wurden erreicht.

Atomkrieg verhindern! Abrüsten!

... war eine der Losungen der Proteste gegen den Rüstungswettlauf. In den 80er Jahren erlebte Österreich die größten Manifestationen gegen die militärische Logik der "Gegenseitigen gesicherten Vernichtung" (MAD, Mutual Assured Destruction), gegen den Aufbau von Feindbildern, gegen die enorme Mittelverschwendung für die Rüstung und infolgedessen fehlender Budgetgelder, etwa für Entwicklung, Soziales und Bildung. Die Friedensaktiven forderten statt dessen ein umfassendes Atomtestverbot, nachhaltige Abrüstungsverhandlungen, die Verhinderung der Militarisierung des Weltraums, die Vereinbarung und Anerkennung von atomwaffenfreien Zonen (vor allem in Europa) und vieles mehr. Großdemonstrationen – z.B. am 22. Oktober 1981 der "Marsch der 70.000", am 15. Mai 1982 und im November desselben Jahres eine Matinee der Initiative "Künstler für den Frieden" in der Wiener Stadthalle, am 22. Oktober 1983 die mit rund 100.000 Menschen auf dem Rathausplatz in Wien größte Demonstration – machten die breite Unterstützung der Forderungen nach Abschaffung von Kernwaffen offensichtlich. Der "Linzer Appell" gegen die Stationierung der neuen Waffen sei hier als Beispiel für eine der größten Unterschriftenkampagnen in Österreich zu Beginn der 80er Jahre erinnert.

SDI – die Militarisierung des Weltraums

Die in den Denkkategorien von Abschreckung und nuklearem Erstschlag/Ersteinsatz verhafteten Politiker und Militärs propagierten wenig später die Entwicklung der unter dem populären Titel "Star Wars" bekannt gewordenen Konzepte einer Raketenabwehr (Strategic Defense Initiative, SDI) aus dem erdnahen Weltraum. Der damalige US-Präsident Reagan (September 1983) träumte in aller Offenheit davon, die eigenen Waffenbestände gleichsam "unverwundbar" zu machen. Diese so gedachte "Krönung" der Aufrüstung war jedoch weder technisch umsetzbar, noch finanziell tragbar. Dennoch gehen Forschung und Entwicklung mancher Elemente einer derartig "traumatischen" Technologie und Rüstung weiter, wenn auch nicht unter dem alten Titel SDI.

"Nuklearwaffenfreie Zonen" als Schritte zur Abrüstung?

Die Forderung, mit der Errichtung von "Kernwaffenfreien Zonen" einen Schritt voranzukommen auf dem Weg zu einer atomwaffenfreien Welt, entfaltete eine starke Anziehungskraft. Im Dezember 1982 wandte sich die Regierung Schwedens an die Staaten der NATO und des

Warschauer Vertrags sowie an Finnland, Irland, Jugoslawien, Österreich und die Schweiz mit dem Vorschlag für die Schaffung einer von "nuklearen Gefechtsfeldwaffen freien Zone in Europa". Seit der polnische Außenminister Rapacki nach dem Zweiten Weltkrieg (1957) mit der Idee einer kernwaffenfreien Zone vor den Vereinten Nationen an die Öffentlichkeit getreten war, wurden diese Pläne in vielfältiger Weise verfolgt. Der 1986 ermordete schwedische Ministerpräsident Olof Palme war einer der prononciertesten Verfechter; eine der größten Aktionen der internationalen Friedensbewegung, der "Olof-Palme-Friedensmarsch für eine atomwaffenfreie Zone in Europa" (1987) trug seinen Namen. Heute ist de facto die Südhalbkugel der Erde eine Atomwaffenfreie Zone. Nuklearwaffenfreie Zonen (NWFZ) sind eine vertrauens- und sicherheitsbildende Maßnahme, und ihre umfassende Freiheit von Kernwaffen muss von den bekannten Atommächten garantiert werden. Da die Etablierung einer solchen Zone in Europa der aktuellen Erweiterung des NATO-Vertragsgebietes entgegenstehen würde – die Allianz hat nie auf den Einsatz von Kernwaffen verzichtet –, wurde die Umsetzung verhindert. Internationale Vereinbarungen: der Vertrag von Tlatelolco (1969), der Lateinamerika zur kernwaffenfreien Zone deklariert; der Vertrag von Rarotonga (1985) für den Südpazifischen Raum; der Vertrag der Staaten der OAU (Organisation für Afrikanische Einheit; Kairo 1996) über eine kernwaffenfreie Zone Afrika. Drei bedeutende internationale Verträge, die Abmachungen über das Verbot der Stationierung von Kernwaffen bzw. Massenvernichtungswaffen beinhalten, sind: der Antark-tis-Vertrag (1959), der Weltraum Vertrag aus 1967 (Vereinbarung über friedliche Zusammenarbeit sowie das Verbot der Stationierung von Massenvernichtungswaffen im Weltraum und auf Himmelskörpern) und der Meeresboden-Vertrag (1972).

Die Südhalbkugel der Erde ist eine Atomfreie Zone.

Kernwaffen heute

Nach der Auflösung des Warschauer Vertrags wurde die Forderung laut, dass auch die NATO, als ein Relikt des Kalten Krieges, aufgelöst werden müsste. Dem ist die NATO bekanntlich

nicht gefolgt. Die in Staaten des ehemaligen Warschauer Vertrags stationierten Kernwaffen wurden nach Russland verbracht. Die Zahl der gelagerten Kernwaffen insgesamt wurde reduziert und ist heute etwa auf dem Stand der fünfziger Jahre. Von einer Abschaffung sind wir dennoch weit entfernt, und die verbliebene Zerstörungskraft reicht noch allemal für die mehrmalige Vernichtung allen Lebens auf der Erde.

Eine Reihe von Verträgen und Abkommen über Rüstungskontrolle, Rüstungsbegrenzung und Abrüstung konnten vereinbart werden: so etwa der Vertrag über die Nichtweiterverbreitung von Atomwaffen (Non Proliferation Treaty, NPT; 1968); rund 170 Staaten verzichten hierin auf Besitz und Produktion von Kernwaffen und unterziehen sich internationalen Kontrollen. Die Kernwaffenrüstung der fünf Atommächte bzw. der dem Vertrag nicht beigetretenen Staaten wird davon allerdings nicht berührt. Der NPT verpflichtet in Artikel VI die kernwaffenbesitzenden Staaten zur Aufnahme von Verhandlungen über die vollständige Abrüstung dieser Waffen. Dieser Verpflichtung sind sie bis heute in nur unzureichendem Maß bzw. in Ansätzen nachgekommen. 1995 wurde der Vertrag unbefristet verlängert. Die Republik Südafrika und einige Nachfolgestaaten der Sowjetunion sind dem Vertrag als nicht-kernwaffenbesitzende Staaten beigetreten. Die USA und die UdSSR (heute: Russische Föderation) haben Vereinbarungen über die Begrenzung und Reduzierung von strategischen nuklearen Waffen ausgehandelt: SALT I 1972; SALT II 1979; START I 1991, START II 1993; doch noch sind nicht alle diese Verträge in Kraft, so hat das Russische Parlament START II bis heute nicht ratifiziert. Die Begrenzung von Raketenabwehrsystemen regelt der ABM-Vertrag 1972; er ist Bestandteil der SALT I-Vereinbarungen und in seiner Festlegung auf jeweils ein System von Abwehrraketen für die USA und die Sowjetunion (Russische Föderation) eine der wesentlichen Etappen in der Begrenzung strategischer Waffen. Der INF-Vertrag (1987) über die Eliminierung von Mittelstreckenraketen. Am 8. Juli 1996 veröffentlichte der Internationale Gerichtshof in Den Haag (IGH) sein Gutachten ("Advisory Opinion") über die Illegalität von Atomwaffen: Die Androhung des Einsatzes bzw. der Einsatz von Atomwaffen sind völkerrechtswidrig, die Verpflichtung der Atommächte, Verhandlungen über die Eliminierung von Atomwaffen zu führen, wurde vom IGH bestätigt. Der Vertrag über einen umfassenden Atomteststopp (Comprehensive Test Ban Treaty, CTBT): 1996 von der UN-Generalversammlung mit überwältigender Mehrheit angenommen und zur Unterzeichnung aufgelegt. Der Vertrag kann allerdings erst in Kraft treten, sobald ihn 44 namentlich angeführte Staaten ratifiziert haben. Da sich in dieser Staatenliste Kritiker des Vertrags wie etwa Indien, Pakistan, u.a. befinden, ist der Termin für das Inkrafttreten des Teststopp-Vertrags nicht abzuschätzen.

Die endgültige Abschaffung von Atomwaffen muss auf der Tagesordnung bleiben.

Die Bemühungen von Friedensbewegungen und internationalen NGOs (Nicht-Regierungsorganisationen) leisteten wesentliche Beiträge zum Zustandekommen von Vereinbarungen und halfen, wie im Fall des Erkenntnisses des Internationalen Gerichtshofes, öffentlichen Druck auf Regierungen zu kanalisieren. Vorschläge international besetzter staatlicher Kommissionen oder Foren ehemaliger PolitikerInnen zur Abschaffung von Kernwaffen (wie das Aktionsprogramm für die Abschaffung von Kernwaffen von 28 nichtpaktgebundenen Staaten, oder die Empfehlungen der sog. "Canberra-Kommission" wurden von den Friedensbewegungen aufgenommen und in die öffentliche Diskussion getragen. Die bedrohliche Zerstörungskraft durch Kernwaffen ist heute aus dem Blickfeld geraten. Immer noch ist jedoch der Artikel VI des NPT nicht erfüllt, werden die von der Generalversammlung der Vereinten Nationen angenommenen Resolutionen zur Kernwaffenabrüstung nicht oder nur unzureichend umgesetzt – so die Initiative der "New Agenda Coalition" (Neue Tagesordnung für die Abrüstung, ins Leben gerufen von Ägypten, Brasilien, Irland, Mexiko, Neuseeland, Schweden, Slowenien und Südafrika; auf der UN-Generalversammlung 1999 mit Mehrheit angenommen), sind Kernsprengköpfe in Europa gelagert, bestärkt die NATO ihre Atomwaffendoktrin und schreibt Russland eine neue in seinen militärischen Richtlinien fest, versuchen die USA den ABM-Vertrag auszuhebeln, um effiziente Raketenabwehrsysteme zu installieren, werden heute Kernwaffen immer noch als unverzichtbar angesehen und Bemühungen zu ihrer Reduzierung als "Sicherheitsrisiko" eingestuft. Ende 1999 lehnte der US-Senat die Ratifizierung des Atomteststoppvertrages ab, und nicht zuletzt erklärten sich Indien und Pakistan als "neue" Atommächte (so dass heute von manchen PolitikerInnen bereits von sieben Atommächten gesprochen wird). 1978 erstellte die I. Sondertagung der Vereinten Nationen über Abrüstung ein beachtliches – in weiten Teilen immer noch unerfülltes – detailliertes Programm für umfassende Abrüstung, das auch heute noch als Richtschnur für die weitere Arbeit gelten kann. Der oben angeführte Problemkatalog soll keine Anleitung zum Rückzug sein, sondern soll im Gegenteil klar machen, welche schwierigen Aufgaben auch künftig noch vor den Friedensbewegungen stehen und dass sie sich auf diese mit neuer Kraft werden einstellen müssen. Die endgültige Abschaffung von Atomwaffen muss auf der Tagesordnung bleiben.

Aktiv gegen Atomwaffen, für Abrüstung, für aktive Neutralitätspolitik.

... für Neutralität

Seit dem 2. Weltkrieg ist die österreichische Sicherheitspolitik durch die immerwährende Neutralität aus dem Jahre 1955 bestimmt. Schon zu Beginn der 50er Jahre gab es von Seiten der Friedensbewegung eindeutige Stellungnahmen gegen die Eingliederung Österreichs in einen militärischen Block. Im Mai 1952 ergriff der katholische Geistliche Dr. Johannes Ude die Initiative zur Einberufung einer Konferenz für die Neutralität Österreichs. 250 Delegierte von Friedensorganisationen trafen sich am 29. Juni 1952 in Linz. Neutralität wurde seinerzeit als "Heraushaltung Österreichs aus allen militärischen Kombinationen und einseitigen wirtschaftlichen und politischen Bindungen" gesehen. Die Bewegung für Neutralität wurde von verschiedenen politischen und weltanschaulichen Richtungen unterstützt. Von einer überwiegenden Mehrheit der AktivistInnen der Friedensbewegung wurde die Neutralität über all die Jahre politisch unterstützt. Dies drückte sich beispielsweise im Motto des Ostermarsches 1964 aus: "Aktiv gegen Atomwaffen, für Abrüstung, für aktive Neutralitätspolitik". Die Neutralität wurde im Hinblick auf die Reform bzw. die Abschaffung des Bundesheeres oder die österreichische Rüstungsproduktion in die Argumentation aufgenommen, ohne ihren Sinn in Frage zu stellen. Sie wurde auch als Argumentation verwendet, um nachdrücklicher gegen die Stationierung von Pershing II und Marschflugkörpern in Europa aufzutreten.

Die Neutralität wurde von international tätigen österreichischen Friedensgruppen explizit als ausgezeichnete Ausgangsbasis für internationale Kooperationen bezeichnet. In der "Blütezeit" der Friedensbewegung wurden von den Gruppen zahlreiche im Zusammenhang mit der Neutralität zu sehende Forderungen aufgestellt. Dazu zählen beispielsweise die Errichtung atomwaffenfreier Zonen auf den Gebieten der Neutralen bzw. die Errichtung militärisch verdünnter Zonen rund um die neutralen Staaten. Im Zeichen eines positiven Friedensbegriffs wurden unter anderem auf Basis der Neutralität soziale Gerechtigkeit, ökologisches Gleichgewicht, eigenständige Entwicklung der Völker und eine gerechte Weltwirtschaftsordnung eingefordert. Die Hauptstoßrichtung der Arbeit der Friedensbewegung lag zumeist außerhalb Österreichs.

Gefordert wurde u.a. die Errichtung eines Blocks der Neutralen. Zahlreiche Treffen von Friedensinitiativen neutraler und blockfreier Länder wurden zur Intensivierung der Zusammenarbeit organisiert. Zur Koordination dieser friedenspolitischen Aktivitäten wurde ein internationaler "Verein zur Förderung des Neutralitätsgedankens, der Neutralitätsforschung und neutralitätspolitischer Aktivitäten" beschlossen. Mitte der 80er Jahre wurde diesem Bemühen durch das "CONNPI Office Vienna" Rechnung getragen. Das österreichische Sicherheitskonzept der Nachkriegsordnung bedurfte in den maßgeblichen Gruppen der österreichischen Friedensbewegung bis zu den Diskussionen um den Beitritt zur EG keiner näheren Erörterung oder Begründung. Mit Beginn der konkreter werdenden Aufnahme Österreichs zur EG bildeten sich Initiativkreise und Plattformen, die durch einen EG-Beitritt die immerwährende Neutralität massiv gefährdet sahen. Spätestens mit der Volksabstimmung Österreichs zum Beitritt zur EG sahen zahlreiche Gruppen die Herausbildung eines gemeinsamen Rüstungskomplexes, von EU-Kampfeinsätzen oder einer Euroarmee auf Österreich zukommen. In der ersten Phase nach dem Beitritt konzentrierten sich die Mehrheit der Bündnisse auf ihre Arbeit gegen die von konservativen und liberalen Kräften erhobene Forderung nach einem NATO-Beitritt Österreichs. Anlässlich der Revisionen des Maastrichter Vertrages (EU-Vertrag) legten die Mehrheit der friedenspolitischen Gruppierungen ihr Augenmerk auf die Entwicklung in der EU. Der Vertrag von Amsterdam mit der Konkretisierung der "Gemeinsamen Außen- und Sicherheitspolitik" (GASP) und die Bemühungen zur Integration des Militärpaktes Westeuropäische Union (WEU) – und damit einer militärischen Beistandsverpflichtung in die EU – sind nun zu Schwerpunkten der Mehrheit der sicherheitspolitisch arbeitenden Gruppen in der österreichischen Friedensbewegung geworden. Eine stabile Mehrheit der österreichischen Bevölkerung unterstützt eine Beibehaltung der immerwährenden Neutralität.

"Der Stärkere hat Recht" ist ultima ratio militärischer Konfliktregelung.

... ohne Militär

Militärisches Denken beeinflusst den Handlungshorizont. Das Prinzip: "Der Stärkere hat Recht" ist ultima ratio jeder militärisch dominierten Konfliktregelung. AnitimilitaristInnen gehen davon aus, dass Konflikte nur dann dauerhaft gelöst werden können, wenn alle beteiligten KonfliktpartnerInnen die getroffenen Abmachungen langfristig als gerecht empfinden. Je früher ein Konfliktherd entdeckt wird, umso effektiver kann die Lösung ausfallen. Jeder Deeskalationsschritt braucht "neutrale" ModeratorInnen, die keine Interessen im Konflikt haben. Zivile Lösungen sind nur möglich, wenn der/die Vermittelnde das Vertrauen der Kriegsparteien genießt und weder "auf einer Seite steht", noch eigene Interessen (wirtschaftliche, machtpolitische, etc.) verfolgt.

AntimilitaristInnen gehen davon aus, dass Krisen, frühzeitig erkannt und bearbeitet, nicht zu Kriegen eskalieren. Frieden wollen, heißt Stellung beziehen gegen gesellschaftliche Benachteiligung, gegen soziale und materielle Ausgrenzung, gegen Rassismus und Fremdenfeindlichkeit. AntimilitaristInnen treten dafür ein, dass Soziale Sicherheit und Bildung Vorrang in der Gesellschaft haben.

Für Militär ist Unsicherheit und Angst der Leitgedanke. Wir sollen uns vor den Flüchtlingen ängstigen, deshalb steht das Militär an den Grenzen. Wir sollen uns vor den Nachbarstaaten fürchten, deshalb müssen alle Männer zum Bundesheer. Wir sollen uns von wirtschaftlichen und machtpolitischen Änderungen verunsichern lassen, deshalb gehen die Regierung und das Militär in Richtung Nato.

Gerade für eine zivile Zukunft brauchen wir Menschen, die sich nicht ängstigen, fürchten und verunsichern lassen. Schaffen wir hiergegen viele antimilitaristische Initiativen, neutrale Zonen und entmilitarisierte Gebiete.

Pazifismus im Nachkrieg

Unmittelbar nach dem Zweiten Weltkrieg gab es in Europa und auch in Österreich eine starke antimilitaristische Bewegung. Gegen die Forderung "Nie wieder Krieg!" konnte keine gesellschaftspolitisch aktive Gruppe etwas einwenden. Der Status Österreichs ließ darüber hinaus keinen Spielraum für die Wie-

Käthe Kollwitz

derbewaffnung zu. Es war Österreich von den Besatzungsmächten ausdrücklich untersagt, eine eigene Armee aufzubauen.
1963 veröffentlichte der Politiker Hans Thirring einen Plan zur Entmilitarisierung Österreichs. Doch die Weichen waren schon anders gestellt. Der Staatsvertrag und die Neutralität Österreichs sind untrennbar mit dem Aufbau einer Armee verbunden. Erst wurde die Bundes-Gendarmerie aufgestellt, später die allgemeine Wehrpflicht eingeführt. Von Beginn an musste sich das Bundesheer mit Wehrdienstverweigerern herumschlagen. Waren zu Beginn eher religiöse Gründe für die Waffenverweigerer ausschlaggebend, so kamen später auch gesellschaftspolitische Gründe hinzu.

Wilfried Daim initiierte gemeinsam mit Günther Nenning und Gerhard Oberschlick von der Zeitschrift Forum 1969 ein Volksbegehren zur Abschaffung des Bundesheeres, um diese Gesellschaft zu dynamisieren und aus der Stagnation herauszuführen. Die Abschaffung des Bundesheeres war ein langfristiges Ziel, wir wollten die Diskussion ins gesellschaftliche Establishment tragen.

Die SPÖ führte 1970 als Folge des Volksbegehrens den Wahlkampf (auf das Bundesheer bezogen) mit der Forderung "Sechs Monate sind genug!" und wurde erstmals in der zweiten Republik stimmenstärkste Partei. Dennoch wurde die Dienstzeit beim Bundesheer bis heute nicht auf sechs Monate verkürzt, und auch die Einführung des Wehrersatzdienstes wurde erst 1975 beschlossen, bis dahin gab es einen waffenlosen Dienst innerhalb des Heeres. Wilfried Daim gesteht auch zu, dass eine negative Folge des Volksbegehrens, obwohl es nie parlamentarisch eingebracht wurde, die Verankerung des Bundesheeres in der Verfassung war. "Ich glaube, dass auch heute 20% der Bevölkerung für die Abschaffung des Bundesheeres wären, und zwar ohne Diskussion," meinte Wilfried Daim noch 1986.

Gewalt kann durch Gewalt nicht überwunden werden.

Friedensbewegung

Die Friedensbewegung der 80er Jahre richtete sich vorerst gegen atomare Abrüstung, später entstand daraus eine gesellschaftspolitisch relevante außerparlamentarische Bewegung. ÖsterreicherInnen beteiligten sich an internationalen Friedensmärschen in Deutschland, England, Skandinavien und Italien. Ein internationaler Friedensmarsch führte 1982 sternförmig von Deutschland, England und Griechenland nach Wien. Mehr als 1.000 AktivistInnen bevölkerten zwei Wochen lang die Arenawiese im Prater und veranstalteten Informations- und Protestkundgebungen. In den Folgejahren wurden in Österreich viele große Kundgebungen organisiert.
Antimilitaristische Gruppen stellten die Wehrpflicht in Frage. Waffenschauen und Angelobungen waren Ziel von Protestveranstaltungen. Gewaltfreie Methoden, wie Blockaden, wurden besonders in Großbritannien zur Aktionsform gegen militärische Einrichtungen. Der Ankauf von Saab Draken Militärjets führte vor allem in der Steiermark zu heftigen Kontroversen über die Landesverteidigung. Symbolische Aktionen richteten sich gegen den Militärflughafen in Zeltweg, und um den Flughafen Graz Thalerhof entstand ein Friedenscamp. 1985 wurde ein Volksbegehren gegen Abfangjäger eingeleitet. Über 120.000 Personen unterstützten diese außerparlamentarische Initiative.

Seit dem Zerfall des ehemaligen Jugoslawien leben wir in dem Bewusstsein, dass es auch in Europa Kriege gibt. Die Friedensbewegung steht für das Ende aller Kriege und arbeitet an der Beseitigung der Wurzeln des Krieges: Machtstreben, Kampf um Ressourcen, Rassismus und Intoleranz. AntimilitaristInnen haben sich deshalb organisiert und veranstalten Kundgebungen und sorgen für Hilfe für die Betroffenen. Sie fordern von der Bundesregierung die Aufnahme von Deserteuren und Flüchtlingen und die Abschaffung von Schubhaft und Abschiebung. Im Vorsitz bei der OSZE (Organisation für Sicherheit und Zusammenarbeit in Europa) hat Österreich besondere Verantwortung für die Zivilisierung der Konflikte und die Beendigung der Kriege.

Totalverweigerung

Mitte der 80er Jahre wurde im Parlament die Umfassende Landesverteidigung im Verfassungsrang beschlossen. Die zivilen Bereiche der Gesellschaft sollten der militärischen Verteidigung unterstellt werden. Für die Zivildiener wurden der Grundlehrgang und der außerordentliche Zivildienst nach militärischen Kriterien eingeführt. Die Selbstorganisation der Wehrdienstverweigerer organisierte den Widerstand gegen den Grundlehrgang und die Umfassende Landesverteidigung.

Zivildienst- und Wehrpflichtige schlossen sich in der Gruppe für Totalverweigerung zusammen. Immer wieder waren Inhaftierung oder Prozesse gegen Wehr- und/oder Zivildienstverweigerer Anlässe für Protestaktionen. Einen Aufruf zur Nichtbefolgung militärischer Gesetze und die Forderung zur Abschaffung der Disziplinarbestimmungen im Militärstrafgesetz wurde von mehr als 1.000 Personen unterstützt und in Medien veröffentlicht. Die Staatsanwaltschaft sah darin die Anstiftung zu strafbaren Handlungen leitete das jemals größte Strafverfahren der Republik ein. Ein Teil der Vorstrafen ist inzwischen zwar getilgt, aber noch mehrere hundert Personen warten auf ihren Prozess.

... ohne Wehrpflicht, ... ohne Heer

Für die heutige Identitätskrise des Bundesheeres sind verschiedene Entwicklungen ausschlaggebend. Den Feind im Osten gibt es nicht mehr. Das neue Feindbild, Flüchtlinge, Terroristen und Demonstranten (zum Beispiel Objektschutzübung von Bundesheer und Polizei im Oktober 1999 gegen antimilitaristische Demonstranten), ist für viele nicht glaubwürdig genug, um das Bundesheer rechtfertigen zu können. Das Bundesheer beruft die Präsenzdiener möglichst jung ein und verlegt immer mehr Wehrdiener an die Ostgrenze Österreichs, wo sie zur "Flüchtlingsabwehr" eingesetzt werden. Die Folge ist eine erhöhte Zahl an Präsenzdienern, die den Dienst nicht aushalten und unerlaubt fernbleiben, desertieren oder sich selbst gefährden. An der Schwelle ins nächste Jahrtausend wird der Zwangsdienst generell in Frage gestellt. Die Sinnhaftigkeit von Wehr- und Zivildienst wird von den Jugendlichen nicht mehr eingesehen. Stimmungsbilder unter SchülerInnen ergaben eine massive Ablehnung des Wehrdienstes.

Anfang der 90er Jahre wurde die Initiative "Österreich ohne Heer" gegründet. Das Ziel war, antimilitaristische Aktivitäten in kleinerem Rahmen zu unterstützen. Trotz Protestaktionen werden ab 1. April 1998 Frauen in das Österreichische Bundesheer aufgenommen. Den großen Paraden und Waffenschauen am 26. Oktober in Wien wurden Veranstaltungen mit Kulturprogramm gegenübergestellt. KünstlerInnengruppen mischten sich auch unter das Waffenschaupublikum, und kontroversielle Diskussionen konnten entfacht werden.

... für Gewaltfreiheit

Zwar ist die "Gewaltfreiheit ... so alt wie das Leben selbst" (M. Gandhi), aber erst im 20. Jahrhundert wurde sie zu einer gesellschaftlich relevanten Kraft, die ihre Entstehung und Weiterentwicklung in erster Linie großen Persönlichkeiten und Bewegungen verdankt. Namen wie Mahatma Gandhi, Martin Luther King, Mairead Corrigan-Maguire oder Jean und Hildegard Goss-Mayr stehen genauso für die Bekanntheit und Verbreitung des Begriffs Gewaltfreiheit wie gewaltfreie Aktionen gegen Militarismus und Rüstung, gegen Atomkraftwerke und Umweltzerstörung oder Volksbewegungen für die Überwindung von diktatorischen Regimen, für die Unabhängigkeit von Kolonialmächten oder zur Verteidigung von Menschen- und BürgerInnenrechten über die ganze Welt.

Wurzeln und Charakteristika

Zwei Wurzeln liegen der Gewaltfreiheit als Lebenshaltung und als Methode zu Grunde: zum einen der absolute Respekt vor dem (menschlichen) Leben, die Achtung der Würde jedes Menschen unter allen Umständen; zum anderen die Überzeugung, dass Gewalt nicht durch Gewalt überwunden werden kann, sondern dass Gewaltfreiheit der wirksamere Weg zur Beseitigung von Unrecht, zur Lösung von Konflikten und zur Veränderung bestehender Verhältnisse ist. Diese beiden Grundvoraussetzungen finden sich sowohl in allen großen Religionen – viele gewaltfreie Bewegungen und Persönlichkeiten speisten ihre Motivation aus religiösen Quellen – wie auch in vielen humanistischen Ansätzen wieder, auf die sich soziale Bewegungen beziehen. Aber auch pragmatische Gründe der höheren Effizienz lassen Menschen zu gewaltfreien Handlungsmöglichkeiten greifen, so dass die gewaltfreie Aktion in einem bestimmten Gesellschaftsspektrum inzwischen als legitime und verbreitete Form gesellschaftlicher Einflussnahme anerkannt wird. Trotzdem wird im alltäglichen Verständnis und Sprachgebrauch Gewaltlos-Sein noch immer sehr oft mit Passivität, Zuschauen und Sich-alles-gefallen-lassen im Gegensatz zum Sich-Wehren mit Mitteln der Gewalt verstanden. Demgegenüber ist zu betonen, dass Gewaltfreiheit eine aktive, verändernde Kraft und Handlungsmöglichkeit darstellt, die ihre Stärke von der Entschlossenheit und Kreativität der Beteiligten gewinnt, aber bewusst auf den Einsatz von Gewalt gegen andere verzichtet. Die Gewalt in ihrer Realität wird nicht ignoriert oder verharmlost, sondern wahrgenommen, und weckt so die Betroffenheit als Voraussetzung jedes Handelns, das auf eine Veränderung der Situation abzielt.

Gewaltfrei Handeln heißt: Dialog und Aufzeigen konstruktiver Alternativen.

Nicht nur körperliche Gewalt, Rüstung und Krieg werden als Formen der Gewalt verstanden, vielmehr bezieht sich Gewaltfreiheit auf einen umfassenden Begriff von Gewalt im Sinne der Unterscheidung von Johan Galtung in direkte/personale, strukturelle und kulturelle Gewalt. Daraus ergibt sich u.a. ein weites Feld für gewaltfreie Handlungsansätze vom persönlichen über den sozialen bis zum politischen Bereich, aber auch eine Vertiefung des Verständnisses für die Entstehungsgründe von Gewalt, die nicht allein durch eine Bekämpfung von Symptomen (z.B. der Existenz und dem Besitz von bestimmten Waffen) behoben werden können.

Ein gewaltfreier Handlungsansatz beinhaltet neben dem Element des Widerstandes gegen Gewalt und Unrecht immer auch positive Ansätze wie den Dialog und das beispielhafte Aufzeigen konstruktiver Alternativen zur bestehenden Situation. Dies ergibt sich daraus, dass nicht ein Denken in Freund-Feind- und Sieg-Niederlage-Schemata im Vordergrund steht, sondern die Überwindung von Gewalt und die Lösung von Konflikten, an der alle Beteiligten ihren Anteil haben und die letztlich nur im Dialog möglich ist.

Übertragen auf friedenspolitische Positionen bedeutet das, dass eine aktive, gewaltfreie Friedenspolitik im Zentrum der Aktivitäten der Friedensbewegungen stehen muss. Während bis vor zehn Jahren beispielsweise der Zivildienst und seine Gestaltung sowie die Soziale Verteidigung als Alternative zur militärischen Landesverteidigung als wichtige Ansatzpunkte einer gewaltfreien Friedenspolitik gesehen wurden, konzentrieren sich heutige Aktivitäten u.a. auf Zivile Friedensdienste, die Vermittlung in Konflikten oder die Schaffung von Voraussetzungen für die Friedensarbeit (z.B. Friedenserziehung, Zivilcourage, gewaltfreie Konfliktlösung).

Ausblick

Nach der Zeit großer Demonstrationen und direkter gewaltfreier Aktionen hat sich die Arbeit gewaltfreier Friedensinitiativen wie dem Internationalen Versöhnungsbund, Pax Christi und anderen in den letzten Jahren vermehrt auf Kampagnen mit konkreten, eingrenzbaren Zielen (Anti-Personenminen, Neutralitätsbewegung etc.) und auf die Bildungsarbeit zur aktiven Gewaltfreiheit konzentriert. In der von der UNO erklärten "Internationalen Dekade für eine Kultur des Friedens und der Gewaltfreiheit" (2001–2010) steht das Ziel im Vordergrund, die Ebenen der persönlichen Befähigung zum gewaltfreien Handeln ("Empowerment") und die gleichzeitig notwendige Veränderung gesellschaftlicher (Unrechts-)Strukturen zusammen zu bringen. Das wird nur gelingen können, wenn immer mehr Menschen einer Kultur des Friedens und der Gewaltfreiheit einen klaren Vorrang vor der Kultur der Gewalt einräumen und dies längerfristig auch im Einsatz der dafür notwendigen Ressourcen aller Art zum Ausdruck kommt.

Andreas Pecha
Thomas Roithner
Christian Mokricky
Pete Hämmerle

FRIEDEN

...Gedanken zur Gestaltung

Wie ist Frieden ausstellbar?

"Lass mich in Frieden!"

Die Ausstellung Krieg oder Frieden, Untertitel "Vom Kult der Gewalt zur Kultur des Friedens", ist ein Ort des Austauschs; sie will die Betrachter ganz und gar nicht in Frieden lassen, sondern eine mannigfaltige, spannende Darstellung vieler Objekte und wissenschaftlich-künstlerischer Inhalte zum Thema anbieten. Angesichts der beeindruckenden Vielfalt an wissenschaftlichen Konzepten stellt sich aber gleich die Frage: Wie soll man den Frieden in einer Ausstellung darstellen? Wie strukturiert man diese Schau? Wie soll man die Botschaft vermitteln?

Die Ausstellung will die BesucherInnen ganz und gar nicht in Frieden lassen.

Um diese Ausstellung künstlerisch zu gestalten muss man sich erst einmal an die durch die wissenschaftlichen Partner vorgegebenen Inhalte herantasten. Mit Sensibilität , Intuition und Flexibilität muss man sich künstlerische Freiräume suchen , sie sich aber auch erstreiten.

Es gilt, die Gefühlsantennen auszufahren, Knäuel von hilfreichen Gedanken zu entwirren und herauszufinden, welche Inspirationsquellen und welcher Stil sich am besten zur Präsentation des Themas eignen. Noch ist schwer zu sagen , ob man sparsam oder üppig darstellen soll. Leere, nur von Licht und Schatten erfüllte Räume, wären künstlerisch betrachtet, eine adäquate Präsentationsform. Die kritische Auseinandersetzung mit Wissenschaftlern verlangt aber auch, dass umfangreiche Stellen aus ihren Werken wiedergegeben und analysiert werden. Manchmal kommt es dennoch auf die "Kunst des Weglassens" an. Die Erfüllung dieser Aufgabe ist unendlich komplexer als diejenige des Präsentierens von z.B. alter oder moderner Kunst.

Der Arbeitsprozess läuft beileibe nicht Schritt für Schritt und immer klar überschaubar. Öfters schwankt man zwischen Entwerfen und Verwerfen hin und her. Unzählige Einzelbilder, Szenarien verschiedenster Wechselbeziehungen, Möglichkeiten der räumlichen Zuordnung, unterschiedlich ausdrucksstarke Arrangements stürzen auf chaotische Weise von allen Seiten zugleich auf den Gestalter ein. Diesen Wettlauf zeichnerisch zu fixieren ist fast unmöglich. Abstrahierend und pointierend, mit den Mitteln der Verfremdung wie der Übersteigerung, sucht man den Schlüssel. Wie soll die Botschaft den Besuchern vermittelt werden? Soll bloß statisch "gestellt" oder soll inszeniert werden? Vertraut man auf die auratische Wirkung von Einzelobjekten? Soll man mit eng an die Exponate gebundenen Symbolen arbeiten oder soll die Mehrdeutigkeit neuer gedanklicher Assoziationen zu Metaphern genützt werden?

Zusätzlich muss eine Sprache des Friedens erfunden, ihr Wortschatz entwickelt werden. Dabei hilft das Herausfiltern von Schlüsselbegriffen aus den vorhandenen Texten. Manche dieser Begriffe führen über erste Skizzen zu komplexen Raumvorstellungen. Das Anfertigen zahlreicher Skizzen, das Ausprobieren immer neue Ansätze, das erneute Einkreisen des Themas durch weitere Skizzen, das Entfalten und anschließende Verwerfen von Lösungen ergibt vorerst einmal ein volles Skizzenbuch.

Zwischendurch muss man einiges an Gestaltung zurücknehmen, um manche Räume zu beruhigen und möglichst neutrale Ausgangssituationen herzustellen. Im Sinne der Ausgewogenheit werden atmosphärisch verdichtete Akzente, Symbole oder Metaphern nur sparsam eingesetzt. Wesentlich für die Gesamtgestaltung ist, die

Objekte – möglichst Originale – ins Zentrum der Betrachtung zu rücken . Heutzutage, in einer Welt der Simulationen und Informationen oft aus zweiter Hand, kommt den greifbaren Dingen besondere Bedeutung zu.

In ähnlicher Weise muss man sich auch eine effektvolle Ausstellungsdramaturgie zurechtlegen, die einen klaren Erzählfluss erkennen lässt und sich dem gehenden Besucher in Nah- und Weitsicht erschließt. Entlang eines Friedenspfades bauen Haupt- und Nebenstränge die Spannung stetig auf, bis der Hauptpfad die "Schatzkammern des Friedens" – den Höhepunkt der Ausstellung – erreicht.

Parallel dazu sollen stille und schrille Raumton- und Klanginstallationen wechselnde Empfindungen wie Einsamkeit oder Engagement, Freiheit und Zusammenarbeit, Balance (für den Frieden) oder Instabilität (für den Krieg) ausdrücken. Durch Beleuchtung erzeugt man die Konzentration auf das Wesentliche. Mit bestimmten Lichtwirkungen lässt sich der Wahrnehmungsapparat herauszufordern. Licht und Schatten definieren unterschiedlichste Bereiche. Neben Intensität und Farbe des Lichtes spielt der Einfallswinkel eine besondere Rolle.

Ausstellungen schildern aber nicht nur Funktionszusammenhänge, sondern inszenieren auch den Ort, an dem sie stattfinden. Ein Verständnis der Burg-architektur erfordert, dass man sich ausgehend von dem bestehenden Bau und seinen mehr oder weniger vielfältig aufragenden Formen, mit der Organisation der Bauvolumen auseinandersetzt. Um die Verknüpfung und die Gliederung der Strukturen erfassen zu können, muss man auf den Ursprung des Bauwerks, seine "Grundidee", seinen Plan zurückgehen und sich mit der Anlage der Baukörper, Höfe, eines ganzen Labyrinths von Räumen in verschiedenen Ebenen beschäftigen.

Die Mauern wurden ursprünglich gegen den Krieg errichtet. Für die Friedensausstellung müssen neue

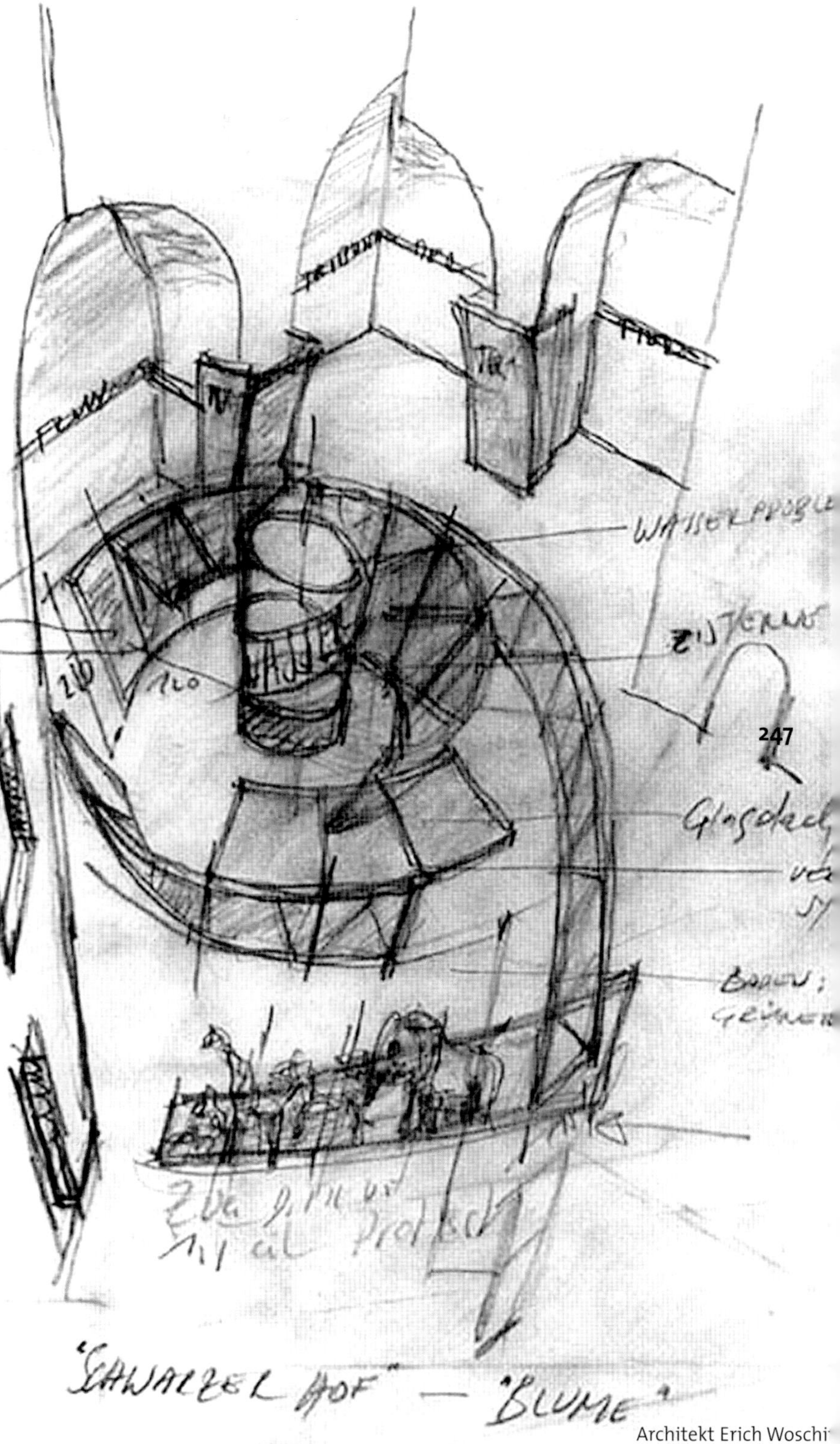

Architekt Erich Woschi

Architekt Erich Woschitz

Konstruktionprinzipien entwickelt werden. Die alte Struktur wird somit abwechselnd gezeigt und verhüllt, überschnitten und ergänzt.

Als visuelles "Vorwort" ist das weiße Band zu verstehen, welches die Burgfassade umrundet und ein weithin sichtbares Zeichen des Friedens setzt. Begrüßt werden die Besucher von einer Installation – an Seilen hängende Tropfen –, die hoch über dem Niveau des Betrachters plaziert ist. Dieses Exponat, ein Friedenssymbol, scheint zuerst weit entfernt und unerreichbar. Ein Fenster des "Kaisersaals" bringt die Besucher in räumliche Nähe zum Symbol , und es wird greifbar nah.

Im Eingangsbereich mahnt ein metaphorisches Beispiel – eine Schwelle als Hindernis im doppelten Sinn. Das Überschreiten einer Türschwelle wird der psychologischen "Hemmschwelle" gegenübergestellt.

Die nächsten Räume sind der Darstellung von Gewalt in unterschiedlichsten Auswirkungen gewidmet. Die Atmosphäre ist aufgeregt, hier präsentieren sich wilde Bereiche, die ein Gefühl der Bedrückung, eine irritierende Stimmung erzeugen. Mit einfachsten szenischen Mitteln – Wandfragmenten, Raumscherben, Neonlicht, Alltagsgrau– wurde die Absicht der Texte allgemein nachvollziehbar umgesetzt.

Im verdunkelten Keller unter der Burgkapelle verkehrt sich die Bedeutung von Licht und Dunkelheit ins Gegenteil. Dunkelheit ist nicht mehr das bedrohliche Chaos, sondern Mittel der Tarnung und des Schutzes. Licht bedeutet nicht mehr Sicherheit und Geborgenheit, sondern tödliche Gefahr. Im "Bunker" hört man zunächst nur die Geräuschkulisse und wird erst später mit der Realität der Zerstörung konfrontiert. Schwarz steht hier für Destruktion.

Über eine Rampe gelangt man in den lichthelleren "Schwarzen Hof" der Burg , wo Umweltzerstörungen präsentiert werden, die Installation "Blume" aber auch Hoffnung symbolisiert. Die Besucher haben die Möglichkeit, verschiedene Klänge von Natur und Technik untereinander zu vergleichen.

Es muss eine Sprache des Friedens gefunden werden.

Danach führt der Friedenspfad zu einem weiteren Themenbereich: "Konflikt und Konfliktbearbeitung".

In einem nachgebauten Nachrichtenstudio können Besucher selbst "Weltnachrichten" sprechen. Ein bis zweimal pro Woche werden Schauspieler alltägliche Konfliktszenen mitten unter den Ausstellungsbesuchern spielen.

Herz- und Glanzstück unserer Ausstellung ist die "Friedensetage". Das Ambiente ist hier ruhig, gelassen , manchmal still und manchmal laut. Die vorherrschenden Farben sind Weiß in verschiedensten Nuancen und Blau. Von einem Raum kann der Besucher mittels Teleskop eine andere Wartburg – Bernstein – heranzoomen.

Präsentationen unterschiedlichster Friedensarbeit, zahlreiche Objekte und Dinge des täglichen Lebens sollen neben zeitgenössischen Medien wie Film, Video, Dia- oder Multimediaprojektionen sowie verschiedene Raumton- und Klanginstallationen den Betrachter zwischen Objekten und Raum auf nicht immer eindeutige Weise zum Nachdenken anregen. Er wird dazu aufgefordert, sich die verschiedenen Erscheinungsformen des Friedens selbst zu erschließen. Hier gelangt der Friedenspfad zu seinem Höhepunkt und Abschluss.

Im "Engelsaal", in diesem weißen Raum mit weißem Fußboden und restaurierter, von Engelsdarstellungen geschmückter Stuckdecke, wurde versucht, heutige Objekte mit dem Barock zu verschränken. Aus der unendlich mannigfaltigen Formenwelt werden exemplarisch drei geometrische Grundformen ausgewählt. Kugel, Pyramide und Kubus reproduzieren die Vielschichtigkeit unserer Gesellschaft. In und an diesen dreidimensionalen Objekten werden Mahatma Gandhi und Bertha von Suttner, stellvertretend für alle Friedensnobelpreisträger, aus der Sicht ihrer Zeit präsentiert.

Einer der Grundgedanken dieser Ausstellung war die Überlegung, dass alle Friedensaktivitäten, so verschieden sie auch sein mögen, ein und derselben "Wurzel" entspringen: der Friedenssehnsucht. Diese Sehnsucht soll durch den in allen Farben schillernden Glastropfen versinnbildlicht werden, dem man sich jetzt an einem Fenster im "Kaisersaal" greifbar nähern kann: Der Friede ist in Reichweite.

Den Abschluss der Ausstellung bildet eine Bodeninstallation, bestehend aus einer aufblasbaren Matte, die den Weg nach Außen erschwert: Man kann sich des Friedens nie sicher sein und muss sich immer sehr bemühen, ihn zu erhalten. Verknüpft mit dieser Metapher ist eine Videoinstallation – ein Abschiedsgruß, eine Umarmung –, die aber auch durch einen Zaun erschwert wird ...

Erich Woschitz

Veranstalter
Land Burgenland, Landesrat Helmut Bieler, Kulturreferent in der Burgenländischen Landesregierung, Eisenstadt
Österreichisches Studienzentrum für Frieden und Konfliktlösung (ÖSFK), Dr. Gerald Mader (Präsident), Stadtschlaining

Direktorium
Dr. Gerald Mader, Stadtschlaining
HR Dr. Gerald Schlag, Eisenstadt
Dr. Manfred Hainzl, Stadtschlaining
Dr. Wolfgang Vogt, Hamburg
Architekt Erich Woschitz, Stegersbach

Vertragliche Kooperationspartner
Österreichische UNESCO-Kommission, Wien
Förderkreis des Europäischen Museums für Frieden, Hamburg/Deutschland
Stockholm International Peace Research Institute, Solna/Schweden
Berghof-Stiftung für Konfliktforschung GmbH, Berlin/Deutschland
University of Bradford, Department of Peace Studies, Bradford/Großbritannien
International Network of Peace Museums, Bradford/Großbritannien
The Peace Museum Company, Bradford/Großbritannien
International Court of Justice/Library, Den Haag/Niederlande
Memorial de Caen, Caen/Frankreich

Konzeption und wissenschaftliche Leitung
Dr. Wolfgang Vogt, Hamburg

Gestaltung und Inszenierung
Arch. Erich Woschitz

MitarbeiterInnen-Team der Wissenschaftlichen Leitung:

Eingang/Begrüßung
Andreas Lehner, Markt Allhau

Wege aus der Gewalt
Dr. Reiner Steinweg, Linz
Eva Maringer, Wien
Renate Grasse, München
Dr. Gabriele Stöger, Wien
Andreas Lehner, Markt Allhau
Johannes Weidinger, Sauerbrunn

Zitadelle des Krieges
Prof. Dr. Klaus-Jürgen Gantzel, Hamburg
Helmut Hoffmann, Oldenburg
Elisa Kauffeld, Sillenstede
Astrid Nissen, Hamburg
Torge Kübler, Kappeln
Wilhelm Nolte, Hamburg
Christine Rosenbrock, Hamburg
Ortrun Venth, Hamburg
Karsten Vollrath, Hamburg

Labyrinth der Konflikte und Krisen
Günther Gugel, Tübingen
M.A. Uli Jäger, Tübingen
Christoph I. Lang, Rottenburg am Neckar
Dieter Lünse, Hamburg
Christoph Rohloff, Duisburg
Hardi Schindler, Linkenheim

Arkaden der Umweltkrise
Prof. Dr. Jürgen Schneider, Göttingen
Dr. Günther Bächler, Bern
OTl. iG. Jörg Barandat, Hamburg
Dr. Volker Böge, Hamburg
Reiner Braun, Dortmund
Dr. Hans-Jürgen Fischbeck, Mülheim an der Ruhr
Christian Fronczak, Bonn
Anja Nolte, Hamburg
Michael Schulz, Dortmund

Foren der Friedenspolitik
Prof. Dr. Dieter Senghaas, Bremen
PD Dr. Johannes M. Becker, Marburg
Daniel Bein, Hamburg
Martin Bergmann, Northeim
Dr. Volker Böge, Hamburg
Mara Busch, Hamburg
Oberst dG. Gerald Karner, Wien
Dr. Berthold Meyer, Rodenbach
Dr. Günther Mohrmann, Hamburg
Christian Mokricky, Wien
Andreas Pecha, Wien
Thomas Rabehl, Odisheim
Dr. Thomas Roithner, Wien
Prof. Dr. Werner Ruf, Edermünde
Dr. Jürgen Scheffran, Marburg
Dr. Lutz Schrader, Köln
Prof. Dr. Gert Sommer, Marburg

Frauen für den Frieden
Ellen Diederich, Oberhausen
Mag. Eva Maria Hinterhuber, Berlin

Sinneswelten des Friedens
Univ.Prof. Dr. André Gingrich, Wien
Arthur Eyffinger, Den Haag
Mag. Miriam Anne Frank, Wien
Dr. Guido Grünewald, Köln
Holger Güssefeld, Hamburg
Dr. Stefan Hanheide, Belm
Ass.Prof. Dr. Manfred Kremser, Wien
Andreas Lehner, Markt Allhau

Mag. Sabine Maierhofer, Wien
Verena de Prato, Wien
Achim Roscher, Berlin
Gerhard Ruiss, Wien
Walter Seidler, Berlin
Prof. Dr. Dieter Senghaas, Bremen
Ortrun Venth, Hamburg

Schatzkammern des Friedens
Elisabeth Ari, Wien
HR Dr. Leopold Auer, Wien
Tobias Damjanov, Reinbek bei Hamburg
Dr. Ulrike Davis-Sulikowski, Wien
Helmut Donat, Bremen
Dr. Peter van den Dungen, Bradford
Dr. Dorothea van Endert, München
Dr. Arthur Eyffinger, Den Haag
Prof. Dr. Richard Friedli, Granges-Paccot
Dr. Gisbert Hoffmann, Hamburg
Prof. Dr. Karl Holl, Bremen
Nicole Kloth, Hamburg
Günther Knebel, Bremen
Mag. Manfred Koch, Stadtschlaining
Stamatis Limperopoulos, Kreta
Bernhard Nolz, Siegen
Prof. Dr. Wolfgang Popp, Siegen
Prof. Dr. Dieter Riesenberger, Paderborn
Peter Rühe, Berlin
Dr. Ursula-Maria Ruser-Bräuning, Berlin
Dr. Leonhard Schmeiser, Neusiedl bei Güssing
Ortrun Venth, Hamburg

Friedenspfade und Querschnitte
Ellen Diederich, Oberhausen (Frauen)
Mag. Eva Maria Hinterhuber, Berlin
Sara Smidt, Wien (Kinder)
Roman Spieß, Wien (Kinder)

Werkstätten des Friedens
Dr. Dr. Susanne Jalka

Kunstobjekte, Installationen und Inszenierungen
Manfred Blieffert, Osnabrück
Utz Brocksieper, Hagen
Hanni Feigl, Wien
Herbert Friedl, Pregarten
Antjepia Gottschalk, Essen
Alexandra Höner, Düsseldorf
Wolfgang Janisch, Berlin
Stefan Kaluza, Düsseldorf
Perry Kretz, Hamburg
Gabriele M. Lanner, Wien
Andreas Lehner, Markt Allhau
Günter Miklenic, Wien
Mike R. Neubauer, Düsseldorf
Anja Nolte, Hamburg
Hans Georg Rauch, Worpswede
Claudia Rogge, Düsseldorf
Hiltrud Schäfer, Osnabrück
Karl-Henning Seemann
Peter Maria Schäfer, Essen
Roman Spieß, Wien
Erich Tschinkel, Kirchdorf in Tirol
Jay Ullal, Hamburg
Horst Wackerbarth, Düsseldorf
Kurt Weckel, Wien

Beratung
Dr. Dierk-Eckhard Becker, Hamburg
Dirk Becker, Hamburg
Ika Gerrard, Hamburg
Nina Holsten, Hamburg
Ursula Rauch, Worpswede
Achim Roscher, Berlin
Dr. Gabriele Stöger, Wien
Prof. Dr. Dieter Senghaas, Bremen
Dr. Schrage, Palais Liechtenstein, Wien
Prof. Dr. Ernst Schwarcz, Wien

Grafik-Design-Team
Alexander Beitz, Hamburg (Bild-Text-Tafeln)
Johannes Hartmann, Hamburg
(Bild-Text-Tafeln, Collagen)
Anja Nolte, Hamburg (Illustrationen)
Horst Langner-Gerdes, Hamburg (Text-Tafeln)
Falk Zirkel, Lübeck (Katalog, Info-Mappen)

Kern-Team Organisation und Realisation
Daniel Bein, Hamburg
Mara Busch, Hamburg
Dr. Gisbert Hoffmann, Hamburg
Wilhelm Nolte, Hamburg
Ortrun Venth, Hamburg

MitarbeiterInnen-Team
der Gestaltung und Inszenierung:

Mitarbeit Gestaltung
Christine Heindorf

AkustikDesign
Sam Auinger

Audiovisuelles Konzept
Sebastian Grandits

Künstlerische Malerei
Wolfgang und Madelon Weitzdörfer

Lichtgestaltung
Christian Weißkircher

Bildhauerische Arbeiten
Christine und Irene Hohenbüchler

Grafische Gestaltung
Marianne und Günter Winkler (Text-Tafeln)

Ausführende Firmen
Artex Kunstausstellungsservice
Bauunternehmen Ing. H. Schwartz
Berufsförderungsinstitut, Oberwart
Containex
Die Ausstellungswerkstatt
Elektro Engelbert Brandstätter
Gestra – Spielgeräte
Glaserei Johannes Schober
Malerei Roland Marsch
Swarovski-Optik

Kooperationspartner
Antikriegsmuseum, Berlin-Wedding
Arbeitsstelle Friedensforschung, Bonn
Arbeitsgemeinschaft Friedenspädagogik e.V., München
Arbeitsgemeinschaft für Wehrdienstverweigerung und Gewaltfreiheit, Wien
Arbeitsgemeinschaft Kriegsursachenforschung, Hamburg
Artists for Peace Association, Genf
Bonn International Conversion Center, Bonn
Bundesministerium für Familie, Senioren, Frauen und Jugend, Berlin
CONCENTRUM – Forum für politische, ethnische, kulturelle und soziale Ökumene, Stadtschlaining
Creative Repro, Hamburg
Deutsche UNESCO-Kommission, Bonn
DokStelle Friedens- u Sicherheitspolitik e.V., Münster
draft fachlektorat frieden, Hamburg
Erich Maria Remarque-Archiv / Forschungsstelle Krieg und Literatur, Osnabrück
Evangelische Akademie, Mülheim an der Ruhr
Evangelische Arbeitsgemeinschaft zur Betreuung der Kriegsdienstverweigerer, Bremen
Evangelisches Pfarramt, Stadtschlaining
Förderkreis des Europäischen Museums für Frieden e.V., Hamburg
Forum Naturwissenschaftler für Frieden und Abrüstung e.V., Münster
Friedensbüro Salzburg, Salzburg
Friedensbüro Wien, Wien
Friedensforschung Linz, Außenstelle Linz des ÖSFK
Friedenswerkstatt, Linz
Friedenszentrum – Antikriegshaus, Sievershausen
Gandhiserve e.K., Berlin
grafische werkstätten feldstraße – ateliergemeinschaft für freie und angewandte grafik – ausstellungskonzeption, Hamburg
Hiroshima Peace Memorial Museum, Hiroshima
IANUS Interdisziplinäre AG Naturwissenschaft, Technik Sicherheit, Darmstadt
IG Autorinnen Autoren, Literaturhaus, Wien
Industrie-Museum, Osnabrück
Institut für Ethnologie,
Kultur und Sozialanthropologie, Universität Wien
Institut für Ethnomusiktherapie, Schloß Rosenau
Institut für Entwicklung und Frieden Uni/GHS Duisburg, Duisburg
Institut für Pädagogik der UNESCO, Hamburg
interconflict - Zentrum für Konfliktinformation, Heidelberg
International Court of Justice / Library, Den Haag
Internationaler Versöhnungsbund, Österreichischer Zweig, Wien
Internationales Frauenfriedensarchiv Fasia Jansen e.V., Oberhausen
Männer gegen Männergewalt – Kontakt- und Beratungsstelle, Hamburg
NaturwissenschaftlerInneninitiative Verantwortung für Frieden und Zukunftsfähigkeit, Dortmund
Österreichische Friedensdienste, Wien
Österreichische Militärzeitschrift, Wien
Österreichisches Rotes Kreuz, Johannes Meister, Wien
Michael Pamelsberger, Ohlshausen
Peace Bird – Holger Güssefeld, Hamburg
Robert-Jungk-Bibliothek für Zukunftsfragen, Salzburg
Pädagoginnen und Pädagogen für den Frieden, Siegen
Schweizerische Friedensstiftung, Bern
Secession, Wien
Stiftung Entwicklung und Frieden, Bonn-Bad Godesberg
SYNPRO – Verband zur Förderung von Synergieprojekten zwischen Wirtschaft, Tourismus, Sport, Kunst, Kultur, Wien
United Nations – Information Office, VIC Wien
United Nations Library – Leage of Nations Archive, Genf
Verband der Österreichisch-Ausländischen Gesellschaften, DDr. Min.Rat Claus Walter, Wien
Wiener Friedensbewegung, Wien
Wissenschaft und Frieden e.V., Bonn
ZISLAWENG - Verein zur Konzeption, Organisation und Gestaltung künstlerischer, kunst- und kulturwissenschaftlicher Projekte, Wien

Fotografie
Andreas Bruckner, Pinkafeld
Horst Langner-Gerdes, Hamburg
Brenne -Wegener, Hamburg

Werbung und Grafik
Werbeagentur Josef Novotny, Oberwart

Leihgeber
Philipp Abresch, Berlin
Thalia Campbell, Glan Gors Ynyslas, Wales
Klaus Dittmer, Berlin
Helmut Donat, Bremen
Helmut Hoffmann, Oldenburg
Dr. Manfred Kremser, Wien
Museum für Völkerkunde, Wien
Österreichisches Rotes Kreuz, Wien
stern, Hamburg
Prof. Dr. Karl-Henning Seemann, Tübingen

Österreichisches Staatsarchiv, Haus-, Hof- und Staatsarchiv, Wien

Hauptsponsoren
Berghof-Stiftung für Konfliktforschung GmbH, Berlin
Europäische Union, Brüssel
Österreichische Nationalbank, Wien

Weitere Sponsoren
AOL, Hamburg
Badische Zeitung, Freiburg im Breisgau
Peter Beike, Sylt
Berliner Abendblatt, Berlin
Berliner Morgenpost, Berlin
COLORS von Benetton, Italien
Creative Repro, Hamburg
Evangelische Arbeitsgemeinschaft zur Betreuung der Kriegsdienstverweigerer, Bremen
Förderkreis des Europäischen Museums für Frieden, Hamburg
GEO, Hamburg
Lausitzer Rundschau, Cottbus
Mainpost, Würzburg
Münchner Verein für Friedenspädagogik, München
M+W-Test, Hamburg
Sächsische Zeitung, Dresden
Südwestpresse, Lörrach
Tagesspiegel, Berlin
Stiftung Gratenau, Hamburg
Trierischer Volksbote, Trier
Westdeutsche Zeitung
Thomas Witt, Hamburg
Die Zeit, Hamburg

Sachspenden und Sachleistungen
Elly Antrack, Langen
Dr. Bernhard Appel, Düsseldorf
Apple, München
Albert Bartmann, Sendenhorst
Bayerische Motorenwerke, München
Dirk Becker, Hamburg
Dr. Karl Becker, Stuttgart
Falk und Daniela Bersch, Neugersdorf
Friederike Berking, Bergisch Gladbach
Ernst Busche, Bremen
Carl-Kabat-Haus, Mutlangen
Irmgard Damitz, Bremerhaven
Irene Fleischmann, München
Familienarchiv Nolte, Barsinghausen
Friedensbüro Hannover
Klaus Jürgen Gantzel, Hamburg
Nadir Gezı_10_lu, Konya
Yard. Doc. Dr. R. Oruç Güvenç, Istanbul
Bernd Guß, Kiel
Helmut Hoffmann, Oldenburg
Wolfgang Janisch, Berlin
Hanna Jaskolsky, Erftstadt
Elisa Kauffeld, Sillenstede
Frau Knobloch, Trier
Jens Knöfel, Hamburg
Ass. Prof. Dr. Manfred Kremser, Wiesen
Herbert Krohn, Hamburg
Bernd Lieneweg, Senden
Gerta Manz, München
Peter Meffert, Velbert
Inge und Volker Müller, Dresden
Margret Nolte, Detmold
Bernhard Nolz, Siegen
Thomas Nüssle, Steinen
Harald Meier-Wiegand, Hamburg
Anne Peters, Köln
Familie Olsen, Oldenburg
Irmela Schramm, Berlin
Dodo von Randenborgh, Berlin
Ursula Rauch, Worpswede
Dirk Reichart, Berlin
Annette und Hans-Peter Richter, Berlin
Bärbel Saefkow-Schindler
Dr. Marion Schmitt, Trier
Ursula Schulze, Calau
Dr. Gerhardt W. Schuster, Innermanzing
Werner J. Schwister, Fleringen
Walter Seidler, Berlin
Familie Siems, Buchholz
Karl-Heinz Stahnke, Hamburg
Marianne Stürzebecher, Berlin
Theo Temme, Münster
Gerhard K. Tucek, Schloß Rosenau
Ortrun Venth, Hamburg
DDr. Min.Rat Claus Walter, Wien
Jürgen Zeck, Berlin

Organisatorische Unterstützung
Elisabeth Horvath, Stadtschlaining
Andreas Kaim, Hamburg
Dr. Robert Messner, Stadtschlaining
Heidemarie Pock, Stadtschlaining
Gabriele Strehl, Hamburg
Walter Strobl, Stadtschlaining
Dr. Ronald H. Tuschl, Stadtschlaining
Kristina Vogt, Berlin

Verzeichnis der Abbildungen

A. Verzeichnis Farbtafeln

"Tüskigis"
- Mandala- Wandteppich aus Usbekistan, 260x170 cm

"Chi-Lin", China
- Chinesisches Fabelwesen versinnbildlicht Gerechtigkeit und Tugendhaftigkeit, Harmonie zwischen Mensch und Natur, die gerechte Herrschaft eines Kaisers, und den daraus erwachsenden umfassenden Frieden.

Sagenji Yoshida, Japan
- "Ho-O-Raigi"- Japanische Friedenskraniche, monumentales Gemälde in der Rotunde der Wiener UNO-City.

Johannes Hartmann, Hamburg
- "Stell´ Dir vor, ...", Foto mit Beschriftung und Aquarellierung, 1982

N.N.
- "Time for Peace", Foto

B. Verzeichnis der Schwarz-weiß-Abbildungen

Prof. Karl-Henning Seemann
- "Auseinandersetzung", Bronze, lebensgroß, 1975-76
- "Tauziehergruppe" auf dem Marktplatz von Löchgau, Bronze, lebensgroß, 1985-87
- "Wiedervereinigungsbrunnen" in Duderstadt, Bronze, lebensgroß, 1993-94

Foto-Sammlung, Holger Güssefeld, Hamburg
"Friedenskette" Foto, Peace Bird-Action

Foto-Sammlung Andreas Kaim, Hamburg
- Boote am Nilufer
- Staudämme in Nahost
- Afrikanische Schulkinder

Alexandra Höner, Haan/Rheinland
- Kinder und Zukunft. Eine Dokumentation über Straßenkinder in Bangalore (Indien), Porträts, Texte und Klangcollage, abgebildet ist eine Bildfahne, ca. 150x200 cm (1999)

Hans-Georg Rauch
- "Profis – Professionals", 1988
- "Schule der Nation – National Schooling", Federzeichnung, 1990
- 3 Federzeichnungen aus den "Schlachtlinien", 1977

Hiltrud Schäfer, Osnabrück
- "Alles hat seine Zeit", Installation aus handgeschöpftem Pflanzenpapier und Feldsteinen

C. Kunstobjekte, Installationen und Inszenierungen ohne Abbildung im Katalog

Hanni Feigl, Wien
- "Krieg/Frieden", 420x260 cm

Herbert Friedl, Pregarten
- "Anmerkungen gegen das Vergessen", Holzschnitt-Zyklus, ca. 1992-1995

Antjepia Gottschalk, Ratingen
- "Fragility of Strength – Strength of Fragility", Holz-Skulptur, ca. 230x50x80 cm

Andreas Lehner, Markt Allhau/Burgenland
- "Krieg" und "Frieden", Collagen, je ca. 180x120 cm
- "Täter-Opfer-Zuschauer-Dreieck", Objektgruppe aus Holz, lebensgroße Figuren, April 2000
- "Blechlawine". Installation im "Schwarzen Burghof"
- "Wegstecken", Installation, Stahlrohre und Holz,
- "Behindern", Installation mit stereoskopischen Guckkästen

Mike R. Neubauer, Düsseldorf
- Folter, 12 Opfertafeln, Eichen-Kiefern-Buchenholz, Kunstharz,
  Kunststoffschlauch, Draht und Blut, ca. 40x190 cm (März 2000)

Peter Maria Schäfer, Essen
- "Sicher ist sicher". Transformationen aus dem Krieg. Eine Raum-Videoinstallation: sechs Objekte und ein Endlosvideo 1´58 Minuten; (1993)

Roman Spieß, Wien
- "Gottesanbeterin", Skulptur, geschmiedetes Eisen, ca. 300x150x150 cm

Kurt Weckel/Günter Miklenic, Wien
- "Hinweggehen", 7 verschweißte Blechtafeln (je 2x1m) mit den Matrizen der Texte der Menschenrechte als Ruhestätte installiert, 1990